U0451996

万卷楼
国学经典
珍藏版

汲取先贤智慧
铺就成功阶梯

万卷楼国学经典 珍藏版

孟 子

［战国］孟子 等 著

张博 编译

北方联合出版传媒（集团）股份有限公司
万卷出版公司
2020年·沈阳

ⓒ 孟子等　张博　2020

图书在版编目（CIP）数据

孟子 /（战国）孟子等著；张博编译. —沈阳：万卷出版公司，2020.11

（万卷楼国学经典：珍藏版）

ISBN 978-7-5470-5503-8

Ⅰ．①孟… Ⅱ．①孟… ②张… Ⅲ．①儒家②《孟子》－注释③《孟子》－译文 Ⅳ．① B222.5

中国版本图书馆 CIP 数据核字（2020）第 194924 号

出 品 人：王维良
出版发行：北方联合出版传媒（集团）股份有限公司
　　　　　万卷出版公司
　　　　　（地址：沈阳市和平区十一纬路 25 号 邮编：110003）
印 刷 者：辽宁新华印务有限公司
经 销 者：全国新华书店
幅面尺寸：170mm×240mm
字　　数：350 千字
印　　张：21.5
出版时间：2020 年 11 月第 1 版
印刷时间：2020 年 11 月第 1 次印刷
责任编辑：李　明
封面设计：徐春迎
版式设计：范　娇
责任校对：杨　顺
ISBN 978-7-5470-5503-8
定　　价：48.00 元

联系电话：024-23284090
邮购热线：024-23284050

常年法律顾问：李　福　　版权所有　侵权必究　举报电话：024-23284090
如有印装质量问题，请与印刷厂联系。　　　　　　　　联系电话：024-31255233

出版说明

"读万卷书，行万里路"这是中国古人"修身"的两条基本途径。晋代著名史学家陈寿给自己的书斋命名为"万卷楼"，此后，历代以"万卷楼"命名的书斋，由宋至清有数十家：宋代有方略、石待旦等；元代有陈杰、汪惟正等；明代有项笃寿、杨仪、范钦等；清代有孙承泽、黄彭年等。可见，"读万卷书"的理想在中国传统知识分子中是何等的根深蒂固。

读"万卷书"不仅是古人的理想，当我们懂得了读书的意义，都会自然而然地产生强烈的"博览群书"的愿望。然而，人类历史悠久，书籍浩如汪洋大海，时代发展到今天，科技与经济的发展更使得人类的精神领域空前丰富，获取信息与知识的途径不断增加。"万卷书"早已不再是一个象征性的概念，如何从这"万卷"之中，找到最值得细细品读的作品，已经成为人们必须解决的问题。

爱因斯坦曾说过："在阅读的书中找出可以把自己引到深处的东西，把其他一切统统抛掉。"这正是在阐述读书时选择的重要性。而他所说的把我们"引到深处的东西"无疑就是我们所需要深度阅读的作品，也就是我们常说的经典作品。

卡尔维诺对经典作出的定义之一是：经典就是我们正在重读的。的确，在对经典作品反反复复的品味中，人们思想得到了升华，从浅薄走向思考，最后走到通达。我们都曾有这样的感触，面对海量的书籍和信息，一方面，人们在向着功利性浅阅读大张其道，另一方面，我们的精神深处又在不断地呼唤能够滋养自己内心的深度阅读。因此，经典的价值不仅没有因为浅阅读时代的到来而有所损失，反而更显示出其珍贵来。

在惜字如金的中国传统典籍当中，从来不乏这种需要反复品味的经典。从先秦诸子到历代的经史子集，这些经典为一代代的中国人提供了取之不尽的精神滋养，为中华文化的传承和发展建立了基础。我们把这种包蕴中国文化的学问称为国学。国学的范围非常广泛，它包含了文学、历史、哲学、艺术、语言、音韵等在内的一系列内容。

包罗万象的国学经典为我们提供了广泛的教育。阅读国学经典，也就是在与我们的"先圣先贤"对话和交流，一步步地揳进我们的历史和传统。这个过程可以让我们领会先贤的旨趣，把握他们的神髓，形成恢宏的历史意识，可以让我们通晓文义、熟习经史、通彻学问，让我们成为博学之士。另一方面，国学经典所代表的传统学问，更是具有极为厚重的伦理色彩。阅读国学经典的过程，不仅是增进知识的过程，而且是一个熏陶气质、改善性情、提高涵养的过程，这个过程在潜移默化中培养着行谊谨厚、品行端方、敦品厉行的谦谦君子。

当然，随着时代的发展，国学早已不再是人们追求事功的唯一法典，我们也不赞成对国学的功能无限夸大。但毫无疑问，阅读国学经典，必能促进我们对真、善、美的崇敬之心，唤起我们对伟大、深邃、美好事物的敏感和惊奇，同时也让我们了解到先贤们在探寻知识过程中思考的重大课题和运用的基本原则。这些作品体现着我们民族精神的精髓，如《周易》所阐述的"自强不息"的君子人格，《论语》所强调的"和而不同"的包容精神，《诗经》所培养的温柔敦厚的情感，《道德经》所闪耀的思辨智慧，等等，它们共同构筑了中华民族传统的精神范式。品读先贤留下的经典，恰如与他们进行一次次心灵的直接触碰，进而去审视我们自己的内心，见贤思齐，激浊扬清。

正是基于对国学经典的这种认识，我们精选了这套《万卷楼国学经典》系列丛书，以期引导步履匆匆的现代人走近国学经典、了解国学经典。在选编过程中，我们希望能够体现这样一些特点。

首先，我们希望这套丛书能够最具代表性。在选目中，我们注重于最经典、最根源的作品，在有限的时间内，把那些最具影响力、最应该知道的作品提交给读者。四书五经、先秦诸子、唐诗宋词等这些具有符号意义的作品无疑是最应该为我们所熟知的，因此，我们首先推出的30种作品都是这些经典中的经典。

其次，我们希望能够做出好读的经典。在面对国学作品时，佶屈的文言和生僻的字词常让普通读者望而却步。所以，我们试图用简洁易懂的形式呈现经典，使普通读者可随时随地以自己的时间、自己的速度来进入阅读。因此，我们为原著精心添加了大量的注音、注释和译文，使读者能够真正地"无障碍阅读"。需要说明的是，我们对部分作品做了一些删减，将那些专业研究者更关注的内容略去，让普通读者能够更快地了解经典概况。作为一名普通读者，也许你会常常感慨，以前没有花更多的时间去读更多的经典，如今没有机会或能力来细读，但实际上，读经典什么时间开始都不算晚，"万卷楼"就是一个极好的途径。重读或是初读这些经典，一样可以塑造我们未来的生活。

第三，我们希望呈现一套富有美感的读物。对于经典而言，内容的意义永远排在第一位，但同时，我们也希望有精彩的形式与内容相匹配，因而，我们在编辑过程中选取了大量的古代优秀版画作为本书的插图，对图片的说明也做了精心设计，此外，图书的编排、版式等细节设计都凝聚了我们大量的思索。我们希望这套经典不只是精神的食粮，拥有文本意义上的价值，更能带来无限美感，成为诗意的渊薮。

"经典作品是这样一些书，我们越是道听途说，以为我们懂了，当我们实际读它们，我们就越是觉得它们独特、意想不到和新颖。"卡尔维诺经典的评论让人击节叹赏，我们也希望这套丛书能够彰显经典的价值，使读者在细细品读中真正融化经典，真正做到"开茅塞、除鄙见、得新知、增学问、广识见"。同时，经典又是可以被享受的。当我们走进经典之时，不能只作为被动的接受者，也可用个人自我的方式进入经典，做精神的逍遥之游，对经典作品进行贴近个体生命的诠释和阅读，在现实社会之中营造自由的人生意境和精神家园，获取一种诗意盎然的人生。

怎样阅读本书

注释：准确、简明，极具启发性。

译文：流畅、贴切，以现代白话完整展现原著全貌。

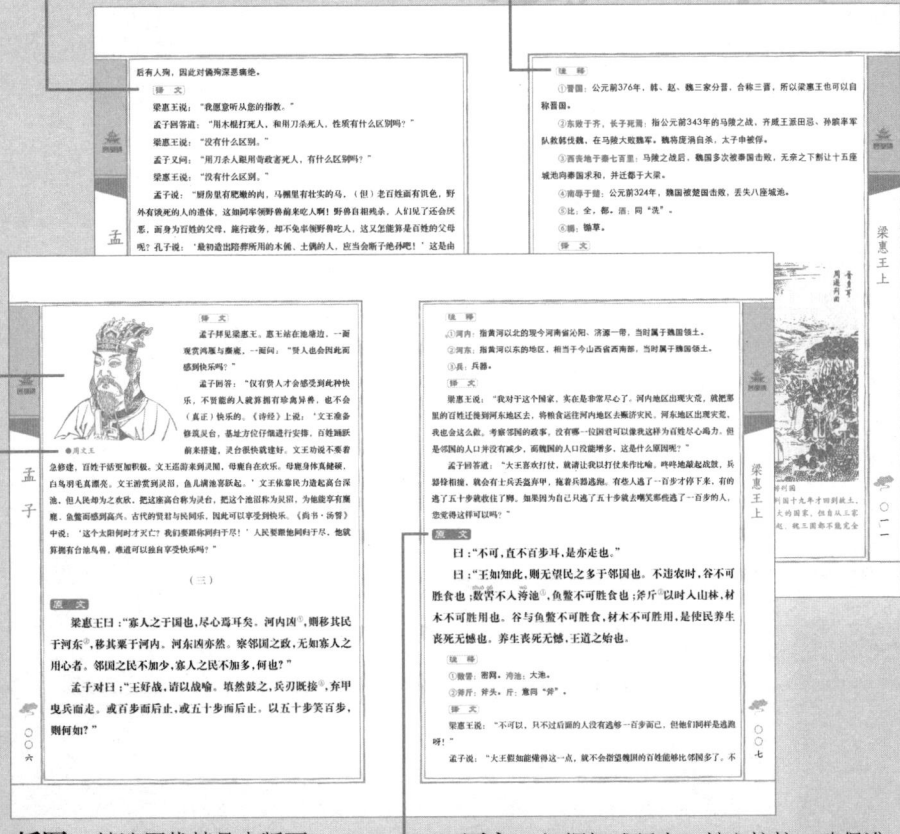

插图：精选历代精品古版画，美妙传神，增强美感。

图注：以图释义，扩展阅读，丰富全书知识含量。

原文：根据权威版本，精心核校，确保准确性，对生僻字反复注音，使读者无障碍阅读。

内容概要

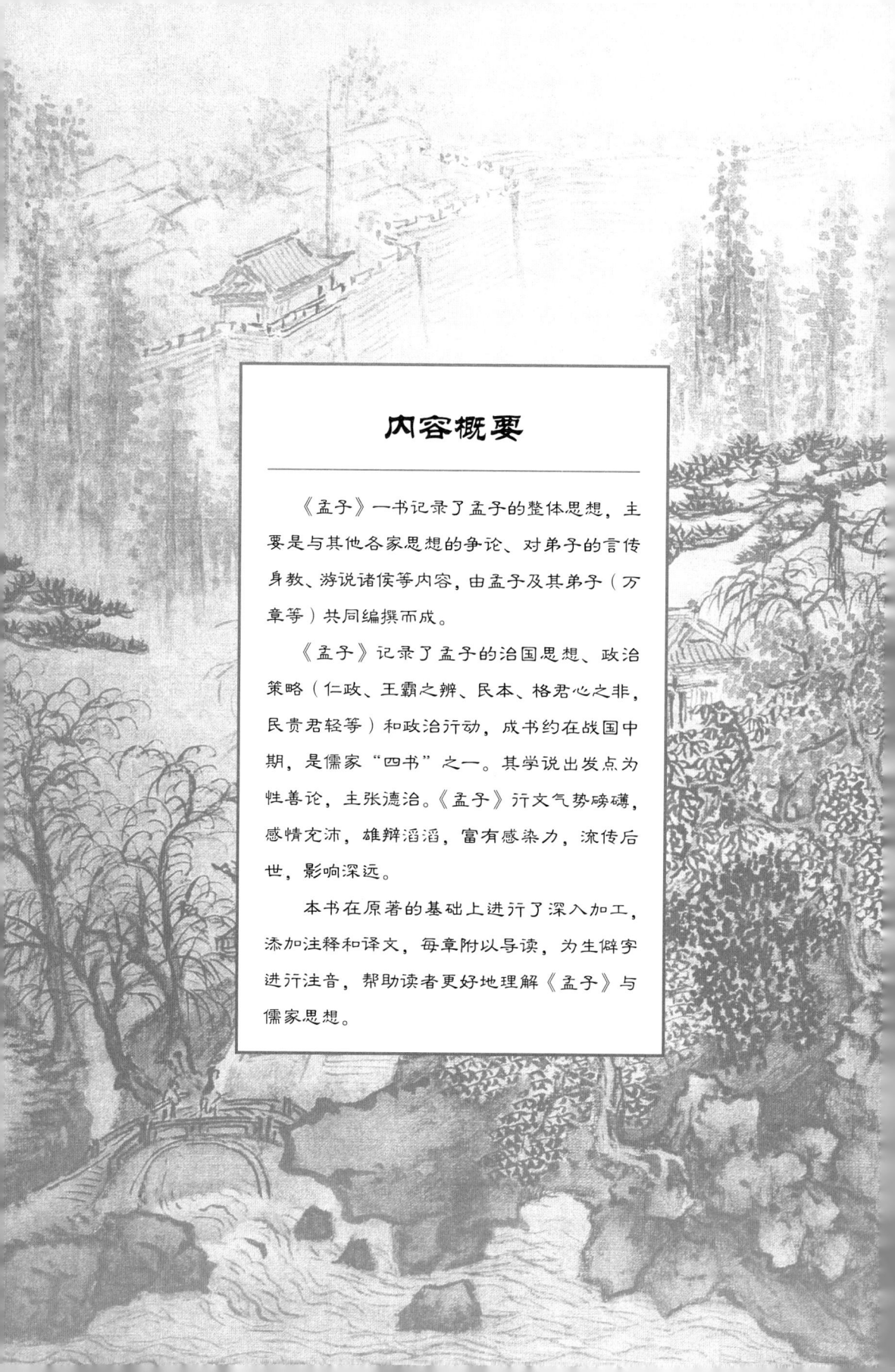

　　《孟子》一书记录了孟子的整体思想，主要是与其他各家思想的争论、对弟子的言传身教、游说诸侯等内容，由孟子及其弟子（万章等）共同编撰而成。

　　《孟子》记录了孟子的治国思想、政治策略（仁政、王霸之辨、民本、格君心之非，民贵君轻等）和政治行动，成书约在战国中期，是儒家"四书"之一。其学说出发点为性善论，主张德治。《孟子》行文气势磅礴，感情充沛，雄辩滔滔，富有感染力，流传后世，影响深远。

　　本书在原著的基础上进行了深入加工，添加注释和译文，每章附以导读，为生僻字进行注音，帮助读者更好地理解《孟子》与儒家思想。

目录

梁惠王上 …………………… 〇〇一

梁惠王下 …………………… 〇二三

公孙丑上 …………………… 〇五一

公孙丑下…………………… 〇七五

滕文公上 …………………… 〇九九

滕文公下…………………… 一二三

离娄上……………………… 一四五

离娄下……………………… 一六九

万章上……………………… 一九三

万章下……………………… 二一五

告子上…………………………… 二三七

告子下 …………………………… 二五九

尽心上…………………………… 二八三

尽心下…………………………… 三一一

梁惠王上

《孟子》共分七篇，每篇又分为上、下两篇，《孟子》的每一篇和《论语》一样，原本都是没有篇名的，后人根据每一篇的第一小节第一句话里的几个字为这一篇命名。

　　《梁惠王上》共有七章，内容是孟子与梁惠王、梁襄王以及齐宣王的对话。本篇当中，孟子主要提出了自己的仁政思想，并对孔子关于"仁"的思想进行进一步发展。孔子认为仁者爱人，在《论语》中提出"己欲立而立人，己欲达而达人""己所不欲，勿施于人"。而孟子进一步将"仁"归入政治思想当中，提出仁政。《梁惠王上》当中，孟子提出仁义与利的关系，仁政与快乐、治国之间的关系，最终强调仁政与统一天下的必然关联，指出以民为本、施行仁政，百姓得以安居乐业，国家得以富强，这些是远超一般利益的，因此，孟子说："何必曰利？亦有仁义而已矣。"

（一）

原　文

　　孟子见梁惠王①。王曰："叟！不远千里而来，亦将有以利吾国乎？"

　　孟子对曰："王！何必曰利？亦有仁义而已矣②。王曰：'何以利吾国？'大夫曰：'何以利吾家③？'士庶人曰：'何以利吾身？'上下交征利而国危矣。万乘(shèng)之国④，弑其君者，必千乘之家；千乘之国，弑其君者，必百乘之家。万取千焉，千取百焉，不为不多矣。苟为后义而先利，不夺不餍(yàn)⑤。未有仁而遗其亲者也⑥，未有义而后其君者也。王亦曰仁义而已矣，何必曰利？"

注　释

① **梁惠王**：即战国时代的魏惠王魏

●孟子

罃，前369—前319年在位。魏国原本定都于安邑，后来由于黄河以西的土地都被秦国占据，迫于秦国的军事压力，前361年，魏惠王迁都于大梁，因此魏国也被称为梁国，魏惠王也被称为梁惠王。"惠"是其死后获得的谥号。

②**仁义**："仁"是儒家思想的一种内涵非常丰富的道德观念，是各种各样品德的总括，核心主要指人与人彼此亲爱。"义"，儒家学说当中指思想行为都符合一定规范。

③**大夫**：先秦时期职官的等级名，国君下面有卿、大夫、士三级。**家**：大夫封邑称为家。封邑是诸侯赏赐手下的卿、大夫作为世禄的田邑（包括该片土地上的住户），又称采地。

④**乘**：古代将一车四马合称为一乘。先秦时期的主要战争形式为车战，一辆兵车由四匹马拉动，车上载有三名武士，车后有若干名步兵跟随。古代一般都以兵车数量的多少衡量诸侯国或卿大夫封邑的大小与实力。

⑤**餍**：满足。

⑥**遗**：抛弃。

译文

孟子拜见梁惠王。梁惠王说："老先生，您不远千里来到我们这里，将会有什么利益带给我的国家吗？"

孟子回答："大王，您为什么一定要谈到利益呢？有仁义就已经足够了。大王说：'将会有什么利益带给我的国家吗？'大夫说：'将会有什么利益带给我的采邑吗？'士人、平民说：'将会有什么利益带给我自己吗？'上下都在争权夺利，国家就会危险了。在拥有万辆兵车的国家当中，杀掉国君的，必然是国内有着千辆兵车实力的大夫；在拥有千辆兵车的国家当中，可以杀掉国君的，必然是国内拥有百辆兵车实力的大夫。在拥有万辆兵车的国家当中，这些大夫有着千辆兵车；在拥有千辆兵车的国家里，这些大夫有着百辆兵车，实力不算弱了，如果轻义重利，他们不夺取国君的权位是绝对无法满足的。没有讲仁的人会去做遗弃自己父母的事，没有行义的人能够不顾自己的君主。大王只要讲仁义就足够了，何必去谈利益呢？"

（二）

原　文

孟子见梁惠王。王立于沼上，顾鸿雁麋鹿，曰："贤者亦乐此乎？"

孟子对曰："贤者而后乐此，不贤者虽有此，不乐也。《诗》云①：'经始灵台，经之营之，庶民攻之，不日成之。经始勿亟，庶民子来。王在灵囿②，麀鹿攸伏。麀鹿濯濯③，白鸟鹤鹤④。王在灵沼、于牣鱼跃。'文王以民力为台为沼，而民欢乐之，谓其台曰灵台，谓其沼曰灵沼，乐其有麋鹿鱼鳖。古之人与民偕乐，故能乐也。《汤誓》曰⑤：'时日害丧⑥，予及女偕亡⑦。'民欲与之皆亡，虽有台池鸟兽，岂能独乐哉？"

注　释

①**《诗》**：即《诗经》，我国最早的诗歌总集。儒家将其列为经典，故称《诗经》，基本上是周初至春秋中期的作品，共三百零五篇，分为风、雅、颂三类。此章所引诗句出自《大雅·灵台》。

②**王**：此处指周文王姬昌，商纣王时的诸侯，其子武王伐纣，灭商。

③**麀鹿**：母鹿。**濯濯**：肥胖的样子。

④**鹤鹤**：洁白的样子。

⑤**《汤誓》**：《尚书》中的一篇，《尚书》是我国上古历史文件和部分追述上古事迹著作的汇编，是儒家经典之一。《汤誓》的内容是商汤讨伐夏桀的誓师词。传说，夏桀曾自比太阳，说太阳灭亡，他才会灭亡。这里引用的是百姓诅咒夏桀的话。

⑥**时**：这。**害**：同"曷"，何时。

⑦**女**：同"汝"，你。

译文

孟子拜见梁惠王。惠王站在池塘边,一面观赏鸿雁与麋鹿,一面问:"贤人也会因此而感到快乐吗?"

孟子回答:"仅有贤人才会感受到此种快乐,不贤能的人就算拥有珍禽异兽,也不会(真正)快乐的。《诗经》上说:'文王准备修筑灵台,基址方位仔细进行安排,百姓踊跃前来搭建,灵台很快就建好。文王劝说不要着急修建,百姓干活更加积极。文王巡游来到灵囿,母鹿自在欢乐。母鹿身体真健硕,白鸟羽毛真漂亮。文王游赏到灵沼,鱼儿满池喜跃起。'文王依靠民力造起高台深池,但人民却为之欢欣,把这座高台称为灵台,把这个池沼称为灵沼,为他能享有麋鹿、鱼鳖而感到高兴。古代的贤君与民同乐,因此可以享受到快乐。《尚书·汤誓》中说:'这个太阳何时才灭亡?我们要跟你同归于尽!'人民要跟他同归于尽,他就算拥有台池鸟兽,难道可以独自享受快乐吗?"

(三)

原 文

梁惠王曰:"寡人之于国也,尽心焉耳矣。河内凶①,则移其民于河东②,移其粟于河内。河东凶亦然。察邻国之政,无如寡人之用心者。邻国之民不加少,寡人之民不加多,何也?"

孟子对曰:"王好战,请以战喻。填然鼓之,兵刃既接③,弃甲曳兵而走。或百步而后止,或五十步而后止。以五十步笑百步,则何如?"

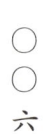

注释

① **河内**：指黄河以北的现今河南省沁阳、济源一带，当时属于魏国领土。
② **河东**：指黄河以东的地区，相当于今山西省西南部，当时属于魏国领土。
③ **兵**：兵器。

译文

梁惠王说："我对于这个国家，实在是非常尽心了。河内地区出现灾荒，就把那里的百姓迁徙到河东地区去，将粮食运往河内地区去赈济灾民。河东地区出现灾荒，我也会这么做。考察邻国的政事，没有哪一位国君可以像我这样为百姓尽心竭力。但是邻国的人口并没有减少，而魏国的人口没能增多，这是什么原因呢？"

孟子回答道："大王喜欢打仗，就请让我以打仗来作比喻。咚咚地敲起战鼓，兵器相撞，就会有士兵丢盔弃甲，拖着兵器逃跑。有些人逃了一百步才停下来，有的逃了五十步就收住了脚。如果因为自己只逃了五十步就去嘲笑那些逃了一百步的人，您觉得这样可以吗？"

原文

曰："不可，直不百步耳，是亦走也。"

曰："王如知此，则无望民之多于邻国也。不违农时，谷不可胜食也；数罟不入洿池①，鱼鳖不可胜食也；斧斤以时入山林②，材木不可胜用也。谷与鱼鳖不可胜食，材木不可胜用，是使民养生丧死无憾也。养生丧死无憾，王道之始也。

注释

① **数罟**：密网。**洿池**：大池。
② **斧斤**：斧头。**斤**：意同"斧"。

译文

梁惠王说："不可以，只不过后面的人没有逃够一百步而已，但他们同样是逃跑呀！"

孟子说："大王假如能懂得这一点，就不会指望魏国的百姓能够比邻国多了。不耽误百姓的农时，粮食就不会被吃完；细密的渔网不放入大的池塘进行捕捞，鱼鳖就会吃不完；按一定的时令去山林中采伐，木材就用不完。粮食和鱼鳖吃不完，木材用不完，这就让百姓养家糊口、办理丧事没有什么遗憾。百姓生养死丧没有遗憾，这便是王道的起点。

原文

"五亩之宅，树之以桑，五十者可以衣帛矣。鸡豚狗彘①之畜，无失其时，七十者可以食肉矣。百亩之田，勿夺其时，数口之家可以无饥矣。谨庠序之教②，申之以孝悌之义③，颁白者不负戴于道路矣。七十者衣帛食肉，黎民不饥不寒，然而不王者，未之有也。

"狗彘食人食而不知检，涂有饿莩而不知发④；人死，则曰：'非我也，岁也'，是何异于刺人而杀之，曰：'非我也，兵也'。王无罪岁，斯天下之民至焉。"

注释

①**豚**：小猪。**彘**：猪。

②**庠序**：古代地方上所设置的学校。

③**申**：反复陈述。

④**涂**：通"途"，道路。**莩**：饿死的人。**发**：开仓放粮赈济百姓。

译文

"五亩田的宅地，房屋周围多种桑树，五十岁的人就可以穿上丝质的衣袄了。鸡、猪和狗之类的家畜就不会错过其繁殖的时节，七十岁的人就可以吃上肉了。一百亩的田地，不要占夺农时，几口人的家庭就能够吃饱了。搞好学校教育，不断向年轻人灌输孝顺父母、敬爱兄长、友爱弟弟的道理，头发花白的老人就可以不用肩扛头顶着东西来赶路了。七十岁的人可以穿上丝棉袄，吃上肉，百姓不会受饿挨冻，做到这样却无法统一天下的情况，是绝不会有的。

"（富贵人家当中的）猪狗吃掉人吃的粮食，却不去制止；道路边有饿死的人的尸体,却不知道去开仓赈济灾民;人饿死了,却说:'这并非我的责任,是收成不好。'这跟把人刺死了,却说:'不是我杀的人,而是兵器杀的。'又有什么区别呢?大王请您不要怪罪年成不好,推行仁政,这样天下的百姓就都会投奔到您这里了。"

(四)

原　文

梁惠王曰:"寡人愿安承教①。"

孟子对曰:"杀人以梃与刃②,有以异乎?"

曰:"无以异也。"

"以刃与政,有以异乎?"

曰:"无以异也。"

曰:"庖有肥肉,厩有肥马,民有饥色,野有饿莩,此率兽而食人也。兽相食,且人恶之,为民父母,行政不免于率兽而食人,恶在其为民父母也?仲尼曰:'始作俑者③,其无后乎!'为其象人而用之也。如之何其使斯民饥而死也?"

注　释

① **安**:愿意。
② **梃**:杖。
③ **俑**:古代用来殉葬之用的木偶或陶偶。在奴隶社会,起初是用活人殉葬的,由于社会生产力的不断发展,劳动力的数量逐渐被重视,后来便改用俑来殉葬。孔子不清楚这一情况,误认为先有俑殉,

● 举粥供民
天下出现灾荒时,统治者要为灾民提供粮食,施粥来救济百姓。

后有人殉,因此对俑殉深恶痛绝。

译 文

梁惠王说:"我愿意听从您的指教。"

孟子回答道:"用木棍打死人,和用刀杀死人,性质有什么区别吗?"

梁惠王说:"没有什么区别。"

孟子又问:"用刀杀人跟用苛政害死人,有什么区别吗?"

梁惠王说:"没有什么区别。"

孟子说:"厨房里有肥嫩的肉,马棚里有壮实的马,(但)老百姓面有饥色,野外有饿死的人的遗体,这如同率领野兽前来吃人啊!野兽自相残杀,人们见了还会厌恶,而身为百姓的父母,施行政务,却不免率领野兽吃人,这又怎能算是百姓的父母呢?孔子说:'最初造出陪葬所用的木俑、土偶的人,应当会断子绝孙吧!'这是由于木俑、土偶像人,却用来殉葬。(土偶、木俑殉葬都不可以,)那又怎能让百姓因饥饿而死呢?"

(五)

原 文

梁惠王曰:"晋国①,天下莫强焉,叟之所知也。及寡人之身,东败于齐,长子死焉②;西丧地于秦七百里③;南辱于楚④。寡人耻之,愿比死者壹洒之⑤,如之何则可?"

孟子对曰:"地方百里而可以王。王如施仁政于民,省刑罚,薄税敛,深耕易耨(nòu)⑥,壮者以暇日修其孝弟忠信,入以事其父兄,出以事其长上,可使制梃以挞秦、楚之坚甲利兵矣。彼夺其民时,使不得耕耨以养其父母。父母冻饿,兄弟妻子离散。彼陷溺其民,王往而征之,夫谁与王敌?故曰:'仁者无敌。'王请勿疑!"

注　释

①**晋国**：公元前376年，韩、赵、魏三家分晋，合称三晋，所以梁惠王也可以自称晋国。

②**东败于齐，长子死焉**：指公元前343年的马陵之战，齐威王派田忌、孙膑率军队救韩伐魏，在马陵大败魏军。魏将庞涓自杀，太子申被俘。

③**西丧地于秦七百里**：马陵之战后，魏国多次被秦国击败，无奈之下割让十五座城池向秦国求和，并迁都于大梁。

④**南辱于楚**：公元前324年，魏国被楚国击败，丢失八座城池。

⑤**比**：替，为。**壹**：全，都。**洒**：同"洗"。

⑥**耨**：锄草。

译　文

梁惠王说："我们魏国，过去天下没有任何国家比它更加强大，这是老先生您知道的事情。可是国家传到我的手中，东边败给了齐国，我的长子也被害了；西边又有七百里地方被秦国占据；南边被楚国欺侮，打了败仗。对此我深感耻辱，想要为死难者洗刷冤仇，怎么做才好呢？"

孟子回答："百里见方的小国也可以取得天下。大王假如对百姓可以施行仁政，少用刑罚，减轻赋税，使得百姓进行深耕细作、勤除杂草，让年轻人在耕种的间歇去学习孝亲、敬兄、忠诚、守信的道理，在家要侍奉父兄，在外要敬重尊长，这样可以让他们拿起木棍去打赢盔甲坚硬、刀枪锋利的秦、楚两国的军队了。秦、楚两国常年夺占百姓的农时，使百姓无法耕作来奉养父母。父母受冻挨饿，兄弟、妻儿逃散。他们使自

●晋重耳周游列国

晋文公周游列国十九年才回到故土，让晋国成为最强大的国家，但自从三家分晋之后，韩、赵、魏三国都不能完全继承晋国的强大。

己的百姓陷入痛苦之中，（如果）大王前去讨伐他们，谁能同大王对抗呢？因此说：'实施仁政的人可以天下无敌。'大王请不要怀疑这个道理。"

（六）

原　文

孟子见梁襄王①，出，语人曰②："望之不似人君，就之而不见所畏焉。卒然问曰：'天下恶乎定？'吾对曰：'定于一。''孰能一之？'对曰：'不嗜杀人者能一之。''孰能与之？'对曰：'天下莫不与也。王知夫苗乎？七八月之间旱，则苗槁矣。天油然作云③，沛然下雨，则苗浡然兴之矣。其如是，孰能御之？今夫天下之人牧，未有不嗜杀人者也。如有不嗜杀人者，则天下之民皆引领而望之矣④。诚如是也，民归之，由水之就下⑤，沛然谁能御之？'"

注　释

①梁襄王：梁惠王之子，名嗣，前318年—前296年在位。

②语：告诉。

③油然：云兴起的样子。

④引领：伸长脖子。

⑤由：同"犹"，如同。

译　文

孟子拜见梁襄王，退出来之后，对人说："在远处看，他就不像一位国君，走到近前也看不出他有什么威严。他突然问道：'天下怎样才可以安定？'我回答：'天下统一了，就

●仁政惠民

仁政是儒家学说的重要组成部分，孟子对爱惜百姓、仁政治国是非常看重的。

能够安定。'梁襄王问：'谁可以使天下得以统一？'我答道：'不喜欢杀人的国君可以使天下统一。'梁襄王又问：'谁会归顺而服从他呢？'我回答：'天下的人没有不会去归顺服从的。大王知道禾苗生长的情况吗？七八月间遇到天旱，禾苗就会枯萎了。天上忽然涌来乌云，降下大雨，那么禾苗就又可以蓬勃旺盛地生长。果真是这样，谁又可以阻止它生长下去呢？如今天下的国君没有不喜好杀人的。如果有不好杀人的君主，天下的老百姓必然都会伸长脖子去期望他到来。果真这么去做了，老百姓都会归顺他，就跟水会向低处奔流一样，浩浩荡荡，谁又能阻挡呢？'"

（七）

原 文

齐宣王问曰①："齐桓、晋文之事可得闻乎②？"

孟子对曰："仲尼之徒无道桓、文之事者，是以后世无传焉，臣未之闻也。无以，则王乎？"

曰："德何如，则可以王矣？"

曰："保民而王，莫之能御也。"

曰："若寡人者，可以保民乎哉？"

曰："可。"

曰："何由知吾可也？"

注 释

①**齐宣王**：战国时代的齐国国王田辟疆，前319年—前301年在位。

②**齐桓、晋文**：齐桓公，春秋时齐国国君，前685年—前643年在位，春秋时首位霸主。晋文公，春秋时晋国国君，前636年—前628年在位，春秋五霸之一。

译 文

齐宣王问："齐桓公、晋文公称霸诸侯之事，可以说给我听听吗？"

孟子回答："孔子的门徒都不去谈论齐桓公、晋文公的事，因此后世没有流传下来,我也就从没听说过。一定要我来讲的话,那就谈谈用仁德来统一天下的道理吧?"

宣王问:"仁德怎样能够统一天下呢?"

孟子回答道:"安抚百姓而统一天下,就没有人能阻挡他。"

宣王问:"像我这样的国君能够做到安抚百姓吗?"

孟子说:"可以。"

宣王问:"从何处得知我可以做到呢?"

原文

曰:"臣闻之胡龁曰①,王坐于堂上,有牵牛而过堂下者,王见之,曰:'牛何之?'对曰:'将以衅钟②。'王曰:'舍之!吾不忍其觳觫③,若无罪而就死地。'对曰:'然则废衅钟与?'曰:'何可废也?以羊易之!'不识有诸?"

曰:"有之。"

注释

①胡龁:齐宣王的近臣。

②衅钟:古代的一种祭祀仪式。新钟铸好后,要杀牲取血,涂在钟的缝隙处。

③觳觫:因恐惧而全身发抖的样子。

译文

孟子说:"我在胡龁那里听说了这样的事:(有一次,)大王坐在堂上,有人牵着牛从堂下路过,大王见到后,问:'你把牛牵到哪里?'那个人回答:'要用它来祭钟。'大王说:'放了它吧!我不忍心看到它因为惊惧而全身发抖的样子,像这样毫无罪过而被拉走杀掉。'(那人)问:'那么就不要进行祭钟仪式了吗?'大王说:'怎么可以不做呢?用羊来替代它!'不知是否有这事?"

宣王说:"有这事。"

原文

曰:"是心足以王矣。百姓皆以王为爱也,臣固知王之不忍也。"

王曰："然，诚有百姓者。齐国虽褊小，吾何爱一牛？即不忍其觳觫，若无罪而就死地，故以羊易之也。"

曰："王无异于百姓之以王为爱也。以小易大，彼恶知之？王若隐其无罪而就死地，则牛羊何择焉？"

王笑曰："是诚何心哉？我非爱其财而易之以羊也。宜乎百姓之谓我爱也。"

译文

孟子说："凭这样的思想就能够统一天下啦！用羊来代替牛祭钟，百姓都认为大王是出于吝啬，我原本就知道大王是对此不忍啊。"

宣王说："是这样，确实有如此议论的百姓。齐国尽管狭小，我怎么会吝惜一头牛呢？就是由于不忍心看到它惊惧发抖的样子，毫无罪过就被拉出去杀掉，所以才用羊去替代它的。"

孟子说："大王不要责怪百姓认为您吝啬。用小羊换下大牛，他们如何可以理解您的做法？（因为）大王假如可怜牲畜无辜被杀的话，那么牛和羊有什么区别呢？"

宣王笑着说："这究竟是一种什么心理呢？我并非吝惜钱财而用羊换牛啊。也难怪百姓要说我吝啬。"

原文

曰："无伤也，是乃仁术也，见牛未见羊也。君子之于禽兽也，见其生，不忍见其死；闻其声，不忍食其肉。是以君子远庖厨也。"

王说①，曰："《诗》云：'他人有心，予忖度之。'② 夫子之谓也。夫我乃行之，反而求之，不得吾心。夫子言之，于我心有戚戚焉。此心之所以合于王者，何也？"

注释

①说：同"悦"。

②以上两句出自《诗经·小雅·巧言》。

译文

孟子说："没什么关系，这便是仁德的表现方式，当时您只看到牛而没有看到羊啊。君子对禽兽，看到它们有活力，就不忍心见到它们死去；听到它们哀叫悲鸣，就不忍心再去吃它们的肉。正因为如此，君子要将厨房设置在距离自己较远的地方。"

宣王高兴地说："《诗经》中说：'别人想什么，我可以猜得出。'正像老先生所说的啊。我做了这事，反过来推求为什么要去这样做，自己心里也不明白。先生这番话，使我心里有数了。这样的心理之所以符合王道，又是因为什么呢？"

原文

曰："有复于王者曰：'吾力足以举百钧①，而不足以举一羽；明足以察秋毫之末②，而不见舆薪③。'则王许之乎？"

曰："否。"

"今恩足以及禽兽，而功不至于百姓者，独何与？然则一羽之不举，为不用力焉；舆薪之不见，为不用明焉；百姓之不见保，为不用恩焉。故王之不王，不为也，非不能也。"

注释

①**钧**：古代重量单位，一钧约合十五千克。

②**秋毫之末**：秋天鸟兽身上毫毛的末端。

③**舆薪**：一车的柴草。

译文

孟子说："假如有个人向大王禀告：'我的力气足以能举起三千斤的东西，却举不起一片羽毛；我的视力能够看清秋天野兽毫毛的尖端，却看不到满车的柴火。'大王会相信这话吗？"

宣王说："不会。"

孟子说："现在大王的恩惠足以普及到禽兽身上，而功德却体现不到百姓的身上，这是什么原因呢？显然，一片羽毛都举不起来，是由于不肯用力；一车柴火看不见,是因为不肯使用视力;百姓得不到您的安抚,是因为您不肯施予恩德啊。所以大王未能做到用仁德统一天下,是由于不去做,而不是不能去做啊。"

原 文

曰:"不为者与不能者之形何以异?"

曰:"挟太山以超北海①,语人曰:'我不能。'是诚不能也。为长者折枝②,语人曰:'我不能。'是不为也,非不能也。故王之不王,非挟太山以超北海之类也;王之不王,是折枝之类也。"

"老吾老,以及人之老;幼吾幼,以及人之幼。天下可运于掌。《诗》云,'刑于寡妻,至于兄弟,以御于家邦。'③言举斯心加诸彼而已。故推恩足以保四海,不推恩无以保妻子。古之人所以大过人者,无他焉,善推其所为而已矣。今恩足以及禽兽,而功不至于百姓者,独何与?权,然后知轻重;度,然后知长短。物皆然,心为甚。王请度之!抑王兴甲兵,危士臣,构怨于诸侯,然后快于心与?"

注 释

①**挟**:在腋下夹着。**超**:跨越。**北海**:渤海。

②**折枝**:在此处可以有三种解释,第一种是:枝通"肢",为长辈按摩;第二种是鞠躬;第三种是折取枝条。

③以上三句出自《诗经·大雅·思齐》。**刑**:同"型",示范。**寡妻**:嫡妻,正妻。**家邦**:大夫封邑,诸侯封国。

译 文

宣王问:"不去做和不能做的表现形式,凭什么去区分呢?"

孟子说:"用胳膊挟着泰山跳着越过北海,对人说:'这件事我无法办到。'这是真的不能。给年长的人鞠躬行礼,对人说:'我无法办到。'这就是不想去做,而不是做不到。所以,大王没能做到以仁德统一天下,不是属于挟着泰山跳着越过北海一类;大王没有做到用仁德统一天下,这是属于为长者弯腰行礼这一类。"

孟子又说:"尊敬爱护自己的长辈,进而也尊敬爱护别人的长辈;爱护自己的孩子,进而也去爱护他人的孩子。这样,天下就能在掌心当中随意转动。《诗经》上说:'先为妻子做榜样,再带给兄弟好的影响,凭这些去治家和安邦。'是说要把这样的用心推广到周围的各个方面罢了。所以,如果广施恩德就足以去安抚天下,不施恩德,连妻子儿女也无法安稳。古代的贤明君主能够远超常人,没有其他原因,只是善于将他们所做的事推广开而已。现在大王的恩德已推行到了禽兽身上,而却惠及不到百姓身上,这是什么原因呢?称一称,随后才知道轻重;量一量,才知道长短。万物都是如此,人心更是如此。大王请认真地加以考虑吧!难道大王要兴师动众,使得将士们身陷危险之中,同别的国家结下怨仇,然后心里才感到痛快吗?"

原　文

王曰:"否,吾何快于是?将以求吾所大欲也。"

曰:"王之所大欲可得闻与?"

王笑而不言。

曰:"为肥甘不足于口与?轻暖不足于体与?抑为采色不足视于目与?声音不足听于耳与?便嬖不足使令于前与?王之诸臣皆足以供之,而王岂为是哉?"

曰:"否,吾不为是也。"

曰:"然则王之所大欲可知已,欲辟土地,朝秦、楚,莅中国而抚四夷也①。以若所为求若所欲,犹缘木而求鱼也。"

王曰:"若是其甚与?"

曰:"殆有甚焉。缘木求鱼,虽不得鱼,无后灾。以若所为求若所欲,尽心力而为之,后必有灾。"

注 释

①莅中国：来到中原。

译 文

宣王说："不，对此我怎么会感到痛快呢？我只是想借此来实现我的心愿。"

孟子问："大王的最大心愿可以说来让我听一听吗？"

宣王笑而不语。

孟子问："是由于肥美甘甜的食物不能让口腹享受吗？轻软温暖的衣服不足以让身体满足吗？艳丽的色彩不足以让眼睛观赏吗？美妙的音乐不够让耳朵去聆听吗？左右的侍从不够听从您使唤吗？这些，大王的臣下都足以供给，大王难道是为了这些事物吗？"

宣王说："不，我不是为了这些。"

孟子说："那么，大王的最大心愿，我知道了，是想扩张疆土，使秦国、楚国前来朝拜，君临中原，安抚四周的民族。（不过，）凭您的做法去追求您心愿的实现，真好比是爬上树去抓鱼一样。"

宣王说："有这么严重吗？"

孟子说："只怕比这样还要严重呢！上树捉鱼，就算捉不到鱼，也不会有后患。按您的做法去实现心愿，费心尽力去做了，最终必定遭遇灾祸。"

原 文

曰："可得闻与？"

曰："邹人与楚人战，则王以为孰胜？"

曰："楚人胜。"

曰："然则小固不可以敌大，寡固不可以敌众，弱固不可以敌强。海内之地，方千里者九，齐集有其一。以一服八，何以异于邹敌楚哉？盍（hé）亦反其本矣①。今王发政施仁，使天下仕者皆欲立于王之朝，耕者皆欲耕于王之野，商贾皆欲藏于王之市，行旅皆欲出于王之涂,天下之欲疾其君者皆欲赴愬于王②。其若是,孰能御之?"

注释

①盍:何不。

②愬:控诉。

译文

宣王问:"(其中的道理)能说给我听吗?"

孟子说:"邹国与楚国打仗,大王认为谁会获胜?"

宣王说:"楚国胜。"

孟子说:"是这样的,弱小的一方本来不能同强大的一方敌对,人少的一方本来不可与人多的一方敌对,势力弱的原本不可以同势力强大的一方敌对。天下方圆千里的地方有九块,齐国的土地拼凑在一起,占有了其中的一块。靠这块地方去征服此外的八块地方,这同邹国跟楚国打仗有什么区别呢?大王何不回到(实施仁政)这一根本上来呢?假如现在大王开始发布政令施行仁政,使得天下做官的人都希望到大王的朝廷当中任职,农夫都希望到大王的田野当中来耕作,商人都希望到大王的市集上做买卖,旅客都想在大王的道路上往来,各国痛恨其国君的人都希望向您诉说。果真做到这样,谁还能阻挡大王统一天下?"

原文

王曰:"吾惛①,不能进于是矣。愿夫子辅吾志,明以教我。我虽不敏,请尝试之。"

曰:"无恒产而有恒心者,惟士为能。若民,则无恒产,因无恒心。苟无恒心,放辟邪侈,无不为已。及陷于罪,然后从而刑之,是罔民也②。焉有仁人在位,罔民而可为也?是故明君制民之产,必使仰足以事父母,俯足以畜妻子,乐岁终身饱,凶年免于死亡。然后驱而之善,故民之从之也轻③。

注释

① 惛：头脑混乱。

② 罔：陷害。

③ 轻：简单，容易。

译文

宣王说："我的脑子混乱，做不到这样的事。希望先生辅佐我来实现大志，明白地教给我做事的方法。我虽然迟钝，请让我来尝试着做一下。"

孟子说："没有固定的产业，却又拥有稳定不变的信念，这是只有士人才能做到的事情。至于百姓，没有固定的产业，因此也就没有稳定不变的信念。如果没有稳定不变的信念，就会胡作非为，无恶不作了。等到犯了罪，随后就以刑罚来处置他们，这就犹如布置罗网去坑害百姓。哪有仁人当了君主可以使用这种方法去治理国家的呢？所以贤明的君主所规定的百姓拥有的产业，一定要使他对上足以奉养好父母，对下足以养活妻子儿女，年景好的时候可以终年吃饱，年景不好的时候也能免于被饿死。这样就可以督促他们一心向善，百姓也就容易听从命令了。"

原文

"今也制民之产，仰不足以事父母，俯不足以畜妻子，乐岁终身苦，凶年不免于死亡。此惟救死而恐不赡①，奚暇治礼义哉②？

王欲行之，则盍反其本矣。五亩之宅，树之以桑，五十者可以衣帛矣。鸡豚狗彘之畜，无失其时，七十者可以食肉矣。百亩之田，勿夺其时，八口之家可以无饥矣。谨庠序之教，申之以孝悌之义，颁白者不负戴于道路矣。老者衣帛食肉，黎民不饥不寒，然而不王者，未之有也。"

注释

① 赡：满足。

② 奚暇：哪里有闲暇。

译 文

　　"而如今所规定的百姓的产业,对上不足以奉养父母,对下不足以养活妻子儿女,年景好的时候也还是终年受苦,年景不好的时候还避免不了被饿死。这就使百姓连维持生计都难以做到,哪里会有空闲去讲究礼义呢?

　　"大王想实施仁政,那么何不回到根本的问题上来呢?五亩的宅地,(房屋四周)都栽上桑树,五十岁的人就可以穿上丝袄了。鸡、狗、猪等禽畜,不要错过其繁殖时机,七十岁的人就可以吃上肉了。一百亩的田地,不要侵夺农时,八口之家就能够不挨饿了。搞好学校教育,反复说明要孝顺父母、敬重兄长、友爱兄弟的道理,上了年纪的人就不会需要肩扛头顶着东西赶路了。老年人穿上丝袄、吃上肉,一般百姓不会挨饿受冻,这样还无法统一天下的情况,是从来不会有的。"

梁惠王下

本篇共十六章，其中有十一章都是孟子和齐宣王的对话，应该是孟子在齐国任客卿时所进行的活动，其核心内容承接《梁惠王上》，主要还是如何以仁政治理国家。

本篇集中讨论仁政当中以民为贵的政治思想，包括：国君与百姓同乐，则百姓无不拥戴国君，可以以此称王天下，如君主不顾百姓，则民不聊生，国家衰落；国家应该让鳏寡孤独皆有所养；"君之视臣如手足，则臣视君如腹心；君之视臣如犬马，则臣视君如国人；君之视臣如土芥，则臣视君如寇仇"；是否吞并国家，也要听取本国百姓的意见。也就是说治国必须要时刻考虑到百姓，而不是君主独断专行，这样才能实现王道。王道不是厉兵秣马，以武力席卷天下的霸道，而是真正让百姓安居乐业。称王天下，只是王道带来的必然结果，而不是最终目的，而且已经有了朴素的民主思想。

孟子还提出"乐民之乐者，民亦乐其乐；忧民之忧者，民亦忧其忧"的与民同忧同乐思想，这在先秦时期也是非常难能可贵的。

（一）

原文

庄暴见孟子①，曰："暴见于王②，王语暴以好乐③，暴未有以对也。"

曰："好乐何如？"

孟子曰："王之好乐甚，则齐国其庶几乎④？"

他日见于王，曰："王尝语庄子以好乐，有诸？"

王变乎色，曰："寡人非能好先王之乐也，直好世俗之乐耳。"

曰："王之好乐甚，则齐其庶几乎！今之乐由古之乐也。"

曰："可得闻与？"

曰："独乐乐，与人乐乐，孰乐？"

曰："不若与人。"

注释

①庄暴：齐国大臣。
②王：这里指齐宣王。
③乐：音乐。
④庶几：差不多。

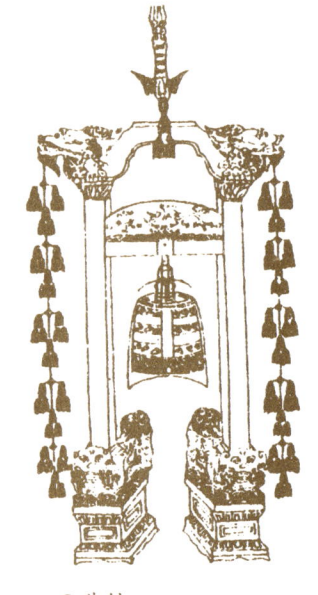

译文

庄暴来拜见孟子,说:"我得到齐王的召见,齐王告诉我,他喜爱音乐,我没有话来答复他。"随后又问道:"喜爱音乐怎么样啊?"

孟子说:"假如齐王很喜爱音乐,齐国恐怕就治理得比较好了!"

后来有一天,孟子被齐王接见,问齐王:"大王曾经对庄暴说过自己喜爱音乐,有这件事吗?"

齐王脸色一下子就改变了,说:"我并非喜爱古代先王的音乐,只是喜爱世俗的音乐而已。"

孟子说:"大王很喜爱音乐,齐国恐怕就有希望了!现在的音乐与古代的音乐效果相似。"

●黄钟

齐王说:"可以把其中的道理讲给我听吗?"

孟子问:"一个人欣赏音乐的快乐,同和别人共同欣赏音乐的快乐相比,哪一种更快乐呢?"

齐王说:"不如与别人一起欣赏快乐。"

原文

曰:"与少乐乐,与众乐乐,孰乐?"

曰:"不若与众。"

"臣请为王言乐。今王鼓乐于此,百姓闻王钟鼓之声,管籥之音①,举疾首蹙頞而相告曰②:'吾王之好鼓乐,夫何使我至于此极也?父子不相见,兄弟妻子离散。'今王田猎于此,百姓闻王车马之音,见羽旄之美③,举疾首蹙頞而相告曰:'吾王之好田猎④,夫何使我至于此极也?父子不相见,兄弟妻子离散。'此无他,不与民同乐也。

"今王鼓乐于此,百姓闻王钟鼓之声,管龠(yuè)之音,举欣欣然有喜色而相告曰:'吾王庶几无疾病与,何以能鼓乐也?'今王田猎于此,百姓闻王车马之音,见羽旄之美,举欣欣然有喜色而相告曰:'吾王庶几无疾病与,何以能田猎也?'此无他,与民同乐也。今王与百姓同乐,则王矣。"

注释

① **管龠**:古管乐器名。**龠**:似笛而短小的一种乐器。
② **蹙頞**:忧愁的样子。**蹙**:紧缩。**頞**:鼻梁。
③ **羽旄**:鸟羽和旄牛尾,古人时常用羽旄作为旗帜上的装饰,因此这里用羽旄代指旗帜。
④ **田猎**:打猎。

译文

孟子问:"同少数人共同欣赏音乐感到的快乐,与同很多人共同欣赏音乐感到的快乐,哪一种觉得更快乐?"

齐王说:"不如同很多人一起欣赏感到快乐。"

孟子说:"请让我为大王讲一讲音乐。假设如今大王在这里奏乐,百姓听到大王钟鼓的声音,箫笛的曲调,都会头脑作痛,眉头紧皱,彼此谈论说:'我们君王喜欢音乐,为什么会让我们痛苦到极点?父子无法相见,兄弟妻儿离散。'假设如今大王在此处打猎,百姓听到大王车马的声音,看到旗帜的华美,都会头脑作痛,眉头紧皱,互相议论说:'我们君王喜欢打猎,为什么会让我们痛苦到极点?父子无法相见,兄弟妻儿离散。'这没有其他原因,是不能与百姓共同快乐的缘故啊。

"假设如今大王在这里奏乐,百

●秋猎
打猎如果无度,会使得民不聊生。

姓听到钟鼓的声音，箫笛的曲调，都会为之欢欣鼓舞，喜形于色，彼此议论说：'我们君王应该没什么疾病吧，不然怎么会奏乐呢？'假设如今大王在这里打猎，百姓听到君王车马的声音，看到旗帜的华美，都为之欢欣鼓舞，喜形于色，彼此议论：'我们君王大概没什么疾病吧，不然怎么能出来打猎呢？'这没有其他原因，是和百姓共同快乐的缘故。假如大王能与百姓共同快乐，那就可以称王天下了。"

（二）

原文

齐宣王问曰："文王之囿方七十里①，有诸？"

孟子对曰："于传有之②。"

曰："若是其大乎？"

曰："民犹以为小也。"

曰："寡人之囿方四十里，民犹以为大，何也？"

曰："文王之囿方七十里，刍荛者往焉③，雉兔者往焉④，与民同之，民以为小，不亦宜乎？臣始至于境，问国之大禁，然后敢入。臣闻郊关之内有囿方四十里，杀其麋鹿者如杀人之罪，则是方四十里为阱于国中，民以为大，不亦宜乎？"

注释

① **囿**：古代畜养禽兽用来供贵族打猎的园林。
② **传**：古代文献的统称。
③ **刍荛者**：打柴草的人。刍：草。荛：柴。
④ **雉兔者**：捕捉鸟兽的人。

译文

齐宣王问道："文王的园林有方圆七十里，有这回事吗？"

孟子回答："在过去的文献上有这样的记载。"

宣王问："居然有这么大吗？"

孟子说："百姓还觉得小了呢。"

宣王说："我的园林有方圆四十里，百姓还是会觉得大，这是为什么呢？"

孟子说："文王的园林方圆七十里，割草砍柴的人可以进去，捕鸟猎兽的人可以进去，这种园林是与百姓共享的，百姓认为太小，不也是非常自然的吗？我刚刚来到齐国边境时，问明了齐国重要的禁令，这才胆敢入境。我听说国都郊区有一处园林方圆四十里，杀了其中的麋鹿，就如同犯了杀人罪一样，这就犹如在国内设下一个方圆四十里的陷阱，百姓认为太大了，不也是应该的吗？"

（三）

原　文

齐宣王问曰："交邻国有道乎？"

孟子对曰："有。惟仁者为能以大事小，是故汤事葛①，文王事混夷②。惟智者为能以小事大，故大王事獯鬻(dài xūn yù)③，勾践事吴(gōu)④。以大事小者，乐天者也；以小事大者，畏天者也。乐天者保天下，畏天者保其国。《诗》云：'畏天之威，于时保之。'"⑤

注　释

①**汤事葛**：汤，即商朝的开创者成汤。葛，古国名，位于今河南省宁陵县北。"汤事葛"的典故见《孟子·滕文公下》。

②**混夷**：即昆夷，商末周初时期的西戎国名。

③**大王**：也作"太王"，即周文王的祖父古公亶父，周族首领。**獯鬻**：古代北方的一个少数民族，周代称猃狁，秦汉时称匈奴。

④**勾践**：春秋时越国君主。公元前494年，越国被吴国打败，勾践屈辱事吴，后卧薪尝胆，发愤图强，最终灭掉吴国。

⑤以上两句出自《诗经·周颂·我将》。**于时**：通"于是"。

译文

齐宣王问:"同邻国交往有什么原则吗?"

孟子答道:"有的。只有仁人才可以以大国的地位去侍奉小国,所以商汤曾经侍奉葛国,周文王曾侍奉混夷。只有聪明的人能以小国的地位侍奉大国,所以周太王曾侍奉獯鬻,勾践曾侍奉吴国。能以大国地位去侍奉小国的,是乐于听从天命的人;能以小国地位侍奉大国的,是害怕天命的人。乐于听从天命的可以安定天下,畏惧天命的可以保住其国家。《诗经》上说:'畏惧上天的威严,上天才能保佑他。'"

原文

王曰:"大哉言矣!寡人有疾,寡人好勇。"

对曰:"王请无好小勇。夫抚剑疾视,曰:'彼恶敢当我哉!'此匹夫之勇,敌一人者也。王请大之!《诗》云:'王赫斯怒①,爰整其旅②,以遏徂莒③,以笃周祜④,以对于天下。⑤'此文王之勇也。文王一怒而安天下之民。《书》曰:'天降下民,作之君,作之师。惟曰其助上帝,宠之四方。有罪无罪,惟我在,天下曷敢有越厥志?⑥'一人衡行于天下⑦,武王耻之。此武王之勇也。而武王亦一怒而安天下之民。今王亦一怒而安天下之民,民惟恐王之不好勇也。"

注释

①**赫斯**:极为愤怒的样子。

②**爰**:发语词,无实际意义。**旅**:军队。

③**以遏徂莒**:挡住侵犯莒国的敌人。莒:商末国名(并非指后来西周时所分封,于前431年被楚国所灭的莒国)。

④**笃**:巩固。**祜**:福。

⑤以上五句出自《诗经·大雅·皇矣》。

⑥以上六句为《尚书》逸文,伪古文《尚书》将其列入《泰誓》篇。

⑦**一人**：指商纣王。**衡**：横。

译文

宣王说："讲得太对了！（不过）我有个缺点，我喜欢勇武。"

孟子回答道："大王请不要喜欢小勇。有人按着剑、瞪着眼睛说：'他哪里敢抵挡我！'这是平常人的小勇，只能对付一个人而已。大王请将它扩大！《诗经》上说：'文王勃然发怒，于是整军备武，挡住侵犯莒国的敌人，增大周朝的威福，以此报答天下人的期望。'这便是文王的勇武。文王一怒而安定天下百姓。《尚书》上说：'上天生万民，为他们设置君主，设立师长，要他们协助上天爱护百姓，天下有罪和无罪的人，都由我来处罚或是安抚他们，天下谁敢超越其本分？'有一个人横行于天下间，武王就感到耻辱，这便是武王的勇武。而武王也是一怒便安定了天下百姓。如果现在大王也一怒就可以安定天下百姓，那么百姓还唯恐大王不喜欢勇武呢！"

（四）

原文

齐宣王见孟子于雪宫①。王曰："贤者亦有此乐乎？"

孟子对曰："有。人不得，则非其上矣。不得而非其上者，非也；为民上而不与民同乐者，亦非也。乐民之乐者，民亦乐其乐；忧民之忧者，民亦忧其忧。乐以天下，忧以天下，然而不王者，未之有也。"

注释

①**雪宫**：齐宣王的离宫（正宫之外供君主临时居住的宫室）之一。

译文

齐宣王在雪宫会见孟子。宣王问："贤人也有这种快乐吗？"

孟子答道："有的。人们得不到这种快乐，就会抱怨其君主了。得不到就会抱怨其君主，这是不好的；作为百姓的君主却不能与百姓同乐，也是不好的。君主将百姓

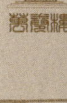

的快乐当作是自己的快乐，百姓也就会将君主的快乐看作是自己的快乐；君主把百姓的忧患作为自己的忧患，百姓也就将君主的忧患当作自己的忧患。乐，同天下人一起欢乐，忧，同天下人一起忧愁，这样还不可以称王天下，是从来不会有的事。"

原　文

"昔者，齐景公问于晏子曰①：'吾欲观于转附、朝儛（cháo wǔ）②，遵海而南，放于琅邪（yá）③；吾何修而可以比于先王观也？'晏子对曰：'善哉问也！天子适诸侯曰巡狩④。巡狩者，巡所守也。诸侯朝于天子曰述职。述职者，述所职也。无非事者。春省耕而补不足，秋省敛而助不给。夏谚曰：'吾王不游，吾何以休？吾王不豫，吾何以助？一游一豫，为诸侯度。'今也不然，师行而粮食，饥者弗食，劳者弗息。睊睊（juàn juàn）胥谗⑤，民乃作慝（tè）⑥。方命虐民，饮食若流；流连荒亡，为诸侯忧。从流下而忘反谓之流，从流上而忘反谓之连，从兽无厌谓之荒，乐酒无厌谓之亡。先王无流连之乐、荒亡之行。惟君所行也。'

注　释

①**齐景公**：春秋时齐国君主姜杵臼，前547年—前490年在位。**晏子**：即齐国著名贤臣晏婴。

②**转附、朝儛**：均为山名。

③**琅邪**：山名，在今山东诸城南，靠黄海。

④**巡狩**：天子前往诸侯国视察称为巡狩。

⑤**睊睊**：侧目而视的样子。**胥谗**：都在抱怨。

⑥**慝**：恶。

译　文

"从前，齐景公问晏子：'我希望去游览转附、朝儛这两座山，然后沿海边一直往南，直到游览到琅邪；我要怎样做才可以与先王的巡游相比呢？'晏子答道：'问得好啊！天子到诸侯那里称为巡狩。所谓巡狩，就是巡视诸侯所守卫的疆土。诸侯去朝见天子称为述职。所谓述职，便是汇报自己履行职守的相关情况。天子与诸侯都没有无事外出的。春天要去视察耕作情况，救济（种子、耕种能力）不足的人；秋天视察秋收的情况，周济庄稼歉收的人。夏代的民谚说：'我王没有出来巡游，我们哪里会得到休息呢？我王不出来视察，我们哪会得到救济呢？巡游视察，成为诸侯的榜样。'如今却不是这样，出巡时要兴师动众，征集粮食，使得饥饿的人吃不上饭，劳累的人得不到休息。人人侧目而视，全都怨声不绝，百姓就会造反。（这样的巡游）违反天意，祸害百姓，吃喝浪费犹如流水；流连荒亡，成为诸侯的忧患。从上游顺流玩到下游，乐而忘返，这称为流；从下游逆水玩到上游，乐而忘返，这称为连；打猎不知尽兴，这称为荒；喝酒不知满足，这称为亡。先王没有纵情享乐、做出荒亡的行径。只看您怎样去做了。'

● 八骏巡游
周穆王当年外出巡游无度，使得徐偃王造反，天下动乱。

原文

"景公说，大戒于国，出舍于郊。于是始兴发补不足。召太师曰：'为我作君臣相说之乐！'盖《徵招》《角招》是也①。其诗曰：'畜君何尤？'畜君者，好君也。"

注释

① 《徵招》《角招》：古代的乐曲名。

译文

"景公听了很高兴，在都城内进行了充分的准备，然后离开宫室搬往郊外住。随后就开仓赈济穷人。又招来乐官，吩咐道：'给我作一首关于君臣同乐主题的乐曲！'大概就是《徵招》《角招》这两首曲子吧。其中有句歌词是说：'君有什么过错？'畜君就是爱护君主的意思。"

（五）

原　文

齐宣王问曰："人皆谓我毁明堂①，毁诸？已乎？"

孟子对曰："夫明堂者，王者之堂也。王欲行王政，则勿毁之矣。"

王曰："王政可得闻与？"

对曰："昔者文王之治岐也②，耕者九一，仕者世禄，关市讥而不征，泽梁无禁，罪人不孥。老而无妻曰鳏，老而无夫曰寡，老而无子曰独，幼而无父曰孤。此四者，天下之穷民而无告者。文王发政施仁，必先斯四者。《诗》云：'哿(gě)矣富人，哀此茕独！'"③

注　释

①**明堂**：周天子东巡时接受诸侯朝见之处，位于泰山脚下。

②**岐**：地名，在今陕西省岐山县东北。相传周太王古公亶父自豳迁此建邑，成为周族居住之处与周朝发祥地。

③以上两句出自《诗经·大雅·绵》。哿，同"可"。

译　文

齐宣王问道："人家都建议我毁掉明堂，到底是毁掉它呢，还是不毁呢？"

孟子答道："明堂是（施行仁政的）王者殿堂。大王假如打算施行仁政，就不能毁掉它。"

宣王说："仁政的道理，可以说给我听吗？"

孟子说："过去周文王治理岐地，对农民只抽取全部收成的九分之一作为赋税；做官的人世代享受俸禄，关卡与市场（对商人）只进行稽查而不征税；湖泊池沼不设置禁令（任人去捕鱼）；惩办罪人不会去牵连其妻儿。年老无妻者称为鳏，年老无夫者称为寡，年老无子者称为独，年幼无父者称为孤。这四种人是天下间最困难而又无依靠的人。文王发布政令、施行仁政，必定要率先照顾这四种人。《诗经》上说：'富人的生活是称心如意啦，要怜悯这些孤独无依的人啊！'"

原文

王曰："善哉言乎！"

曰："王如善之，则何为不行？"

王曰："寡人有疾，寡人好货。"

对曰："昔者公刘好货①，《诗》云：'乃积乃仓，乃裹糇粮，于橐于囊②，思戢用光。弓矢斯张，干戈戚扬，爰方启行。'③故居者有积仓，行者有裹囊也，然后可以爰方启行。王如好货，与百姓同之，于王何有？"

注释

①公刘：周族早期的首领，曾率部落从邰地迁至豳地，周族从此兴旺起来。

②橐：无底的口袋。囊：有底的口袋。

③以上七句出自《诗经·大雅·公刘》。

译文

宣王说："说得好啊！"

孟子说："大王如果觉得说得好，那么为什么不照着这样去实施呢？"

宣王说："我有一个缺点，我爱财。"

孟子说："从前公刘喜爱钱财，《诗经》上说：'粮食积聚满囤仓，筹足干粮装橐囊。团结安定声威扬。箭上弦弓猛张开，干戈斧钺都带上，于是启程往前方。'这就是说，留守故土的人，其粮食会装满囤仓，迁徙新地的人要带足干粮，然后才启程远行。大王假如爱财，能与百姓共享，那么实行仁政会有什么困难呢？"

原文

王曰："寡人有疾，寡人好色。"

对曰："昔者太王好色,爱厥妃。《诗》云:'古公亶甫,来朝走马,率西水浒,至于岐下,爰及姜女①,聿来胥宇。'②当是时也,内无怨女③,外无旷夫④。王如好色,与百姓同之,于王何有?"

注释

①**姜女**:太王之妻。

②以上六句出自《诗经·大雅·绵》。

③**怨女**:超过适婚年龄的女子。

④**旷夫**:超过适婚年龄的男子。

●贞妇爱色,纳之以礼

译文

宣王说:"我还有个缺点,我好色。"

孟子说:"过去太王也好色,宠爱自己的妃子。《诗经》上说:'古公亶父清晨骑马驰骋,沿着西边的水滨,抵达岐山脚下,带着宠妃姜氏女,来勘查能够修建宫室的地方。'在那时候,在内没有找不到丈夫的女子,外无没有娶妻的单身汉。大王假如好色,(同时)也能让百姓都拥有配偶,那么,实行仁政会有什么困难呢?"

(六)

原文

孟子谓齐宣王曰:"王之臣有托其妻子于其友而之楚游者,比其反也①,则冻馁其妻子②,则如之何?"

王曰:"弃之。"

曰:"士师不能治士③,则如之何?"

王曰："已之④。"

曰："四境之内不治，则如之何？"

王顾左右而言他。

注释

①比：等到。

②馁：这里是使动用法，使其饥饿。

③士师：负责刑狱的官员。

④已之：免官。

译文

孟子对齐宣王说："如果大王有一位臣子，将妻子、儿女托付给朋友来照顾，自己前往楚国游历，等他回来时，妻子儿女却都在受冻挨饿，对这种朋友应该怎么办？"

宣王说："抛弃他！"

孟子说："司法官不能监管好他的下级，那该怎么办？"

宣王说："罢免他。"

孟子说："一个国家治理不好，那应该怎么办？"

宣王扭头去看周围的人，把话题扯到其他事情上去了。

（七）

原文

孟子见齐宣王，曰："所谓故国者，非谓有乔木之谓也，有世臣之谓也①。王无亲臣矣，昔者所进，今日不知其亡也②。"

王曰："吾何以识其不才而舍之？"

曰："国君进贤，如不得已，将使卑逾尊，疏逾戚，可不慎与？左右皆曰贤，未可也；诸大夫皆曰贤，未可也；国人皆曰贤，然后察之,见贤焉,然后用之。左右皆曰不可,勿听;诸大夫皆曰不可,勿听;国人皆曰不可,然后察之;见不可焉,然后去之。左右皆曰可杀,勿听;诸大夫皆曰可杀,勿听;国人皆曰可杀,然后察之;见可杀焉,然后杀之。故曰国人杀之也。如此,然后可以为民父母。"

注 释

①世臣:累世修养德行的臣子。

②亡:弃用。

译 文

孟子拜见齐宣王,说:"所谓故国,并不是说国中要有高大的树木,而是说要有累世修养德行的臣子。现在大王没有亲信的臣子,过去任用的人,如今不知不觉都被弃用了。"

宣王说:"我如何去识别哪些人没有才干,而不能重任他们呢?"

孟子说:"国君选用人才,如果不得已,将会使地位低的人超过地位高的人,关系远的超过关系近的,对此怎么可以不慎重呢?(对于一个人,)左右侍臣都说他好,这还不够;大夫们都说他好,也还不够;全国的人都说他好,这才能去仔细考察他,发现他确实好,这才能任用他。左右侍臣都说一个人不行,不可以听信;大夫们都说不行,也不要听信;全国的人都说他不行,这才去考察他,发现他确实不行,这才可以罢免他。左右侍臣都说可杀,不要去听信;大夫们都说可杀,不要去听信;全国的人都说可杀,这才去考察他,见他确实可杀,这才可以杀掉他。所以,是全国的人杀掉他的。这样,国君才算是百姓的父母。"

(八)

原 文

齐宣王问曰:"汤放桀①,武王伐纣②,有诸?"

孟子对曰:"于传有之。"

曰："臣弑其君，可乎？"

曰："贼仁者谓之贼，贼义者谓之残；残贼之人谓之一夫③。闻诛一夫纣矣，未闻弑君也。"

注释

①**汤放桀**：桀是夏朝最后的君主，暴虐无道。传说商汤灭夏后，将桀流放到南巢（今安徽省巢县附近）。

②**武王伐纣**：纣是商朝最后的君主，昏乱残暴。周武王起兵讨伐，灭掉商朝，纣自焚。

③**一夫**：一作独夫，即被孤立的人。

译文

齐宣王问道："商汤流放夏桀，武王讨伐商纣，这些事存在吗？"

孟子回答："古代的文献上是有这样的记载。"

宣王问："身为臣子却去杀害他的君主，这样可以吗？"

孟子说："败坏仁的人称为贼，败坏义的人称为残；残、贼这样的人被称为独夫。我只听说杀了独夫纣罢了，没听说过臣杀君啊。"

（九）

原文

孟子见齐宣王，曰："为巨室，则必使工师求大木①。工师得大木则王喜，以为能胜其任也。匠人斫而小之，则王怒，以为不胜其任矣。夫人幼而学之，壮而欲行之，王曰'姑舍女所学而从我'，则何如？今有璞玉于此②，虽万镒③，必使玉人雕琢之。至于治国家，

则曰'姑舍女所学而从我',则何以异于教玉人雕琢玉哉?"

注释

①**工师**：管理各类工匠的官员。
②**璞玉**：未经雕琢加工的玉。
③**镒**：古代的重量单位，二十两（也有说法是二十四两）为一镒。

译文

孟子拜见齐宣王，说："建造大房子，就必须让工师去寻找大的木料。工师找到了大木料，大王就会高兴，认为工师是称职的。木匠砍削木料，将木料变小了，大王就发怒，认为木匠不称职。一个人从小学到一种本领，长大之后想要运用它，大王却说'暂且放弃你所学到的本领来听我的指挥'，这样可以吗？设想现在有一块璞玉放在这里，尽管价值万金，也必定要让玉匠来进行雕琢加工。至于治理国家，却说'暂且放弃你所学过的本领来听我的'，那么，这和非要玉匠（按照您的办法）去雕琢玉石不可，有什么区别呢？"

（十）

原文

齐人伐燕①，胜之。宣王问曰："或谓寡人勿取，或谓寡人取之。以万乘之国伐万乘之国，五旬而举之，人力不至于此。不取，必有天殃。取之，何如？"

孟子对曰："取之而燕民悦，则取之。古之人有行之者，武王是也。取之而燕民不悦，则勿取。古之人有行之者，文王是也②。以万乘之国伐万乘之国，箪食壶浆③，以迎王师，岂有他哉？避水火也。如水益深，如火益热，亦运而已矣。"

注释

①**齐人伐燕**：齐宣王五年，燕王哙让位给丞相子之，国内大乱。齐国讨伐燕国，

大败燕军。

②**文王是也**：指周文王在已经拥有天下大半土地的情况下，依旧以臣子的身份侍奉商纣王的事。

③**箪食壶浆**：用箪装着食物，用壶装着酒浆。箪：古代盛饭用的圆形竹器。

译文

齐国攻打燕国，打败了燕国。齐宣王问道："有人劝我不可以吞并燕国，有人劝我应当吞并燕国。以拥有万辆兵车实力的国家，去攻打另一个拥有万辆兵车实力的国家，五十天就攻了下来，光凭人力是不足的。不吞并它，必定会有上天降下的灾祸出现。吞并它，这样做怎么样？"

孟子回答："如果吞并了它，燕国百姓会感到高兴，那就吞并它。古代有人这样做过，武王就是这样做的。吞并了，燕国百姓感到不高兴，那就不可以吞并。古代也有人这么做过，文王便是这样。以拥有万辆兵车实力的国家，去攻打另一个拥有万辆兵车实力的国家，百姓带着酒食来欢迎大王的军队，难道有其他的要求吗？只是想躲开水深火热的环境罢了。如果环境更加恶劣，百姓也就只有转而期望别人去解救他们了。"

（十一）

原文

齐人伐燕，取之。诸侯将谋救燕。宣王曰："诸侯多谋伐寡人者，何以待之？"

孟子对曰："臣闻七十里为政于天下者，汤是也。未闻以千里畏人者也。《书》曰：'汤一征，自葛始。'天下信之，东面而征，西夷怨；南面而征，北狄怨，曰：'奚为后我？'民望之，若大旱之望云霓也。归市者不止，耕者不变，诛其君而吊其民①，若时雨降，民大悦。《书》曰：'徯我后②，后来其苏。'今燕虐其民，王往而征之，民以为将拯己于水火之中也,箪食壶浆以迎王师。若杀其父兄,系累其子弟,毁其宗庙③,迁其重器④,如之何其可也? 天下固畏齐之强也,今又倍地而不行仁政,是动天下之兵也。王速出令,反其旄倪⑤,止其重器,谋于燕众,置君而后去之,则犹可及止也。"

注释

①**吊**:慰问。

②**徯**:等待。

③**毁其宗庙**:宗庙,天子、诸侯祭祀先祖的地方。国家留存,宗庙就得以保存。故"毁其宗庙"意味着灭掉这个国家。

④**迁其重器**:重器,古代君王所铸造的,作为传国之宝的鼎之类的器物。迁其重器,意味着灭亡这个国家。

⑤**旄倪**:旄,同"耄",古时八十至九十岁的人称耄,这里泛指老人。倪:指儿童。

译文

齐国攻打燕国,并占领了燕国。别的诸侯国合谋去解救燕国。宣王说:"很多诸侯谋划要来进攻我,我应该怎么对付他们呢?"

孟子回答道:"我听说凭借七十里见方的一块地方就统一天下的,商汤就是这样的情况。没有听说凭借千里见方的土地还怕别人的情况。《尚书》上说:'商汤的征伐,从葛开始。'天下人都信任商汤,他向东征伐,西边的民族就会抱怨,向南征伐,北边的民族就会抱怨,他们说:'为什么(不首先征伐我们这里,而要)把我们排在后面呢?'人民盼望他,犹如大旱时节盼望乌云虹霓一般。(汤的军队到了一个地方,)赶集市的人会照常做买卖,种田的人照常干农活。杀了那里的暴

君，慰问那里的百姓，犹如及时雨一般从天而降，百姓欣喜若狂。《尚书》上又说："等待我们的君王，君王来了，我们就由此得到了新生。"现在，燕国虐待其百姓，大王去征伐它，百姓都以为会把他们从水深火热当中拯救出来，所以用竹筐盛了饭，瓦壶装上酒，迎接大王的军队。如果您杀戮其父兄，囚禁其子弟，毁坏其宗庙，搬走这个国家的宝器，那怎么可以呢？天下本来就畏惧、忌惮齐国的强大，现在齐国扩张了一倍的土地却没有施行仁政，这就使得天下的诸侯准备出兵攻打您了。大王赶快发布命令，将被抓的老人与孩子遣返回去，停止搬运燕国的宝器，同燕国人商议，选立新的国君，然后撤离燕国，那么还来得及阻止（各国出兵）。"

（十二）

原 文

邹与鲁鬨(hòng)①。穆公问曰②："吾有司死者三十三人③，而民莫之死也。诛之，则不可胜诛；不诛，则疾视其长上之死而不救，如之何则可也？"

孟子对曰："凶年饥岁，君之民老弱转乎沟壑④，壮者散而之四方者，几千人矣⑤，而君之仓廪实，府库充，有司莫以告，是上慢而残下也。曾子曰⑥：'戒之，戒之！出乎尔者，反乎尔者也。'夫民今而后得反之也。君无尤焉。君行仁政，斯民亲其上，死其长矣。"

注 释

①**邹与鲁鬨**：邹，国名，其地在今山东省西南，国都在邹（今山东省邹县），后为楚所灭。鲁，国名，其地在今山东省西南部，国都在曲阜，前256年为楚所灭。鬨：通"哄"，冲突。

②**穆公**：邹国国君。

③**有司**：官吏。

④**转**：辗转而死。

⑤**几**：将近，几乎。

⑥**曾子**：即曾参，字子舆，孔子弟子。

译　文

邹国与鲁国打仗。邹穆公问孟子："我的官员有三十三人死去，而百姓没有一个愿意为长官效死命的。杀了他们吧，无法杀尽；不杀吧，又愤恨他们眼看着自己的长官死难而不去援救，怎么做才好呢？"

孟子回答："出现饥荒的年份，您的百姓，年迈体弱的会辗转奔走，饿死在荒山之中，年轻力壮的人会逃往四方，人数接近上千了，然而您的粮仓中的粮食还是满满的，库房中的财物还是很充足的，官员们没有一个向您报告（以上这些情况的），这便是对上怠慢国君，对下残害百姓啊。曾子说过：'警惕啊，警惕啊！你所做出的事，后果会反加到你的身上。'百姓从今以后可以反过来如此对待他们的长官了。您不可以责怪他们。您能施行仁政，百姓自然便会亲近其长官，愿意为长官牺牲了。"

（十三）

原　文

滕文公问曰①："滕，小国也，间于齐、楚。事齐乎？事楚乎？"孟子对曰："是谋非吾所能及也。无已，则有一焉：凿斯池也②，筑斯城也，与民守之，效死而民弗去，则是可为也。"

注　释

①**滕文公**：战国时滕国的国君。滕国是西周初期分封的诸侯国之一，其位置在今山东省滕州市西南。

②**池**：这里指护城河。

译　文

滕文公问道："滕国是一个小国，被齐国和楚国夹在中间，应当侍奉齐国，还是应当侍奉楚国呢？"

孟子答道："谋划这个问题并非我力所能及的事。一定要我来说，就唯有一个办法：深挖护城河，筑牢城墙，与百姓共同守卫这个国家，百姓宁愿献出生命也不逃离这里，这样就有希望了。"

（十四）

原文

滕文公问曰："齐人将筑薛①，吾甚恐，如之何则可？"

孟子对曰："昔者大王居邠②，狄人侵之③。去之岐山之下居焉④。非择而取之，不得已也。苟为善，后世子孙必有王者矣。君子创业垂统，为可继也。若夫成功，则天也。君如彼何哉？强为善而已矣。"

注释

①薛：国名，位于今山东省滕州市东南，战国初期被齐国所灭，后来成为齐国权臣田婴、田文的封邑。

②邠：地名，位于今陕西省郴县。

③狄：即獯鬻，后世称匈奴。

④岐山：位于今陕西省岐山县东北。

译文

滕文公问："齐国要修筑薛城的城墙，我感到很害怕，怎么办才好呢？"

孟子答道："过去，太王居住在邠地，狄人进攻那里，他便离开，迁到岐山脚下去居住。他不是愿意选择那里去居住，而是迫不得已罢了。（一个君主）假如能施行善政，后代子孙当中必定会有可以称王于天下的。君子创立基业，传给子孙后代，是为了能够继承延续下去。至于能否成功，那就要由上天来决定了。您怎样对付齐国呢？唯有努力推行善政而已。"

（十五）

原　文

滕文公问曰："滕,小国也,竭力以事大国,则不得免焉①,如之何则可？"

孟子对曰："昔者大王居邠,狄人侵之。事之以皮币②,不得免焉;事之以犬马,不得免焉;事之以珠玉,不得免焉。乃属其耆老而告之曰③：'狄人之所欲者,吾土地也。吾闻之也：君子不以其所以养人者害人。二三子何患乎无君？我将去之。'去邠,逾梁山,邑于岐山之下居焉。邠人曰：'仁人也,不可失也。'从之者如归市④。或曰：'世守也,非身之所能为也,效死勿去。'君请择于斯二者。"

注　释

①**免**：幸免。
②**皮币**：裘皮衣服和缯帛。
③**属**：会集。**耆**：六十岁。
④**归市**：拥向集市。

译　文

滕文公问道："滕国是一个小国,尽心竭力地去侍奉大国,却无法免受威胁,怎么办才好呢？"

孟子答道："过去,周太王居住于邠地,狄人侵略那里。太王拿出皮裘与丝绸送给狄人,依旧不能免遭侵犯；拿出好狗与良马送给狄人,无法免遭侵犯；拿出珠宝、玉器送给狄人,也无法免遭侵犯。太王于是召集邠地的百姓,对他们说：'狄人希望得到的是我们的土地。我听说过这样的话：君子不可以拿用来养活人的东西去残害人。你们何必担心没有君主呢？我准备要离开这里了。'太王于是离开邠地,翻越梁山，在岐山脚下建立城邑定居下来。邠地的人说：'这是一位仁人啊，不可以失去他。'追随他迁居到岐山的人，多得犹如赶集市一般。也有人说：'土地是必须世代予以守护的事物，不可以自作主张，拼了命也不可以舍弃它。'请您在这两种办法当中加以选择吧。"

（十六）

原文

鲁平公将出①，嬖人臧仓者请曰②："他日君出，则必命有司所之。今乘舆已驾矣③，有司未知所之，敢请。"

公曰："将见孟子。"

曰："何哉，君所为轻身以先于匹夫者？以为贤乎？礼义由贤者出，而孟子之后丧逾前丧。君无见焉！"

公曰："诺。"

注释

① 鲁平公：战国时代鲁国国君，名姬叔，前316年—前297年在位。
② 嬖人：被宠幸的人。
③ 乘舆：国君乘坐的车子。

译文

鲁平公准备外出，他所宠幸的近臣臧仓前来请示，说："过去您外出，总是告诉相关的官员准备前往的地方。如今车马都已经准备好了，官员还不知道您准备去哪里，因此冒昧前来请示。"

鲁平公说："准备去见孟子。"

臧仓说："您降低自己的身份主动去接见一个普通人，是为了什么呢？是认为他是一位贤人吗？礼义的事是由贤人所做出来的，然而孟子为母亲办丧事，超过了过去为父亲办丧事的规格。您不要去见他！"

鲁平公说："好吧。"

原文

乐正子入见①，曰："君奚为不见孟轲也？"

曰："或告寡人曰：'孟子之后丧逾前丧'，是以不往见也。"

曰："何哉，君所谓逾者？前以士，后以大夫；前以三鼎，而后以五鼎与？"

曰："否，谓棺椁衣衾之美也②。"

曰："非所谓逾也，贫富不同也。"

乐正子见孟子，曰："克告于君③，君为来见也。嬖人有臧仓者沮君④，君是以不果来也。"

曰："行，或使之；止，或尼之⑤。行止，非人所能也。吾之不遇鲁侯，天也。臧氏之子焉能使予不遇哉？"

注释

①**乐正子**：即乐正克，孟子的弟子，当时在鲁国为官。

②**椁**：外棺。**衣衾**：此处指死者入殓时所穿和所用的衣服、被褥。

③**克**：乐正子的名字。

④**沮**：阻止。

⑤**尼**：阻止。

译文

乐正子入朝拜会鲁平公，问："您为什么不去见孟轲呢？"

鲁平公说："有人对我说：'孟子为母亲办丧事的规格超过了为父亲办丧事的规格'，所以我没有去见他。"

乐正子说："您所说的超过，指的是什么呢？是指之前为父亲办丧事用的是士礼，后来为母亲办丧事用的则是大夫之礼；之前办丧事用三个鼎，后来的丧事用五个鼎吗？"

鲁平公说:"不是的,是指棺椁以及丧服的华美。"

乐正子说:"这并不是超过,是前后贫富不同的缘故。"

乐正子去拜会孟子,说:"我告诉过国君,他准备来见您的,国君的宠臣当中有个叫臧仓的人阻止他,因此国君最终没有前来。"

孟子说:"(道)行得通,是有某种力量在促使它;行不通,是有某种力量在阻挠它。行和不行,并非是人力所能决定的。我无法被鲁君信用,这是天意啊。姓臧的小子怎能使我无法得到鲁君的任用呢?"

公孙丑上

本篇共九章，主要论述此前在《梁惠王》篇中反复提及的实行仁政的内容，同时也对如何修养品行和认识人的本性等问题进行了阐释。

　　王道和霸道是孟子所希望严格区分的两种治国模式。霸道是当时的君主们都信奉的治国模式，以强大的武力征服其他国家，直到达到自己的目的。但孟子认为霸道只能解决一时的问题，暂时迫使人们屈服，而一旦武力衰落就无以为继，只有依靠王道才能让天下人真正心悦诚服。所以，孟子始终认为施行仁政可以做到无敌于天下。

　　为了给实施仁政找到理论依据，孟子专门提出了"性善论"，认为人性本善，人人都有不忍人之心，"恻隐之心，仁之端也；羞恶之心，义之端也；辞让之心，礼之端也；是非之心，智之端也"。将人性本善上升到智慧与道德的源泉的高度，这样也就给实施仁政找到了理论依据。

　　对于如何修养品行，孟子认为要养"浩然之气"，做到"四十不动心"，这样才能敢于坚持真理，不为世俗利益所动，重回"仁义""性善"的本源。

（一）

原　文

公孙丑问曰①："夫子当路于齐，管仲、晏子之功②，可复许乎？"

孟子曰："子诚齐人也，知管仲、晏子而已矣。或问乎曾西曰③：'吾子与子路孰贤④？'曾西蹙然⑤曰：'吾先子之所畏也。'曰：'然则吾子与管仲孰贤？'曾西艴然不悦⑥，曰：'尔何曾比予于管仲？管仲得君如彼其专也，行乎国政如彼其久也，功烈如彼其卑也。尔何曾比予于是！'"

曰："管仲，曾西之所不为也，而子为我愿之乎？"

注　释

①**公孙丑**：姓公孙，名丑，孟子弟子。

②**管仲**：名夷吾，字仲，春秋初期著名政治家，曾任齐国相国，在齐国实施了诸多改革，极大地增强了齐国的实力，辅佐齐桓公，使其成为春秋时代的首位霸主。

③**曾西**：名申，字子西，曾参的儿子。

④**子路**：姓仲，名由，字子路，孔子弟子。

⑤**蹙然**：吃惊的样子。

⑥**艴然不悦**：形容人在生气时脸色很难看的样子。

译文

公孙丑问："如果您在齐国能够掌握大权，管仲、晏婴那样的功业，可以再次建立起来吗？"

孟子说："你实在是一个齐国人啊，仅仅知道管仲、晏婴而已。有人问曾西：'你和子路相比，谁更加贤能呢？'曾西不安地说：'子路是我的先祖所敬畏的人。'那人又问：'那么你和管仲相比，谁更贤能呢？'曾西马上显得不快地说：'你为什么居然要拿我与管仲相比呢？管仲获得齐桓公的信任是如此专一，执掌国政是如此长久，而建立的功业却如此卑微。你为什么居然拿我同那个人相比呢？'"

孟子接着说道："管仲那种人是曾西所不愿去做的，而你认为我会愿意去同管仲相比吗？"

●晏婴沮封

原文

曰："管仲以其君霸，晏子以其君显。管仲、晏子犹不足为与？"

曰："以齐王，由反手也①。"

曰："若是，则弟子之惑滋甚。且以文王之德，百年而后崩，犹未洽于天下；武王、周公继之②，然后大行。今言王若易然，则文王不足法欤？"

注释

①**由**：通"犹"，犹如。

②**周公**：姓姬，名旦，周文王第四子，周武王之弟，因采邑位于周（今陕西岐山北），因此被称为周公。曾辅佐武王伐纣灭商，后又辅佐年幼的成王，平定叛乱，巩固了周朝初年的统治。

译文

公孙丑说:"管仲让他的君主能够称霸诸侯,晏子让他的君主声名远播,管仲、晏子还不值得人们去效仿吗?"

孟子说:"依靠齐国的条件可以称王天下,那真是易如反掌。"

公孙丑说:"假如是这样,我这个做学生的就越发糊涂了。凭文王的德行,寿近百岁才过世,尚且没能让仁政遍及天下;武王、周公继承其事业,这才使仁政遍及天下。现在您说到称王天下,似乎是很容易的事,那么文王也不值得后人去效法了吗?"

原文

曰:"文王何可当也。由汤至于武丁①,贤圣之君六七作②,天下归殷久矣,久则难变也。武丁朝诸侯,有天下,犹运之掌也。纣之去武丁未久也,其故家遗俗,流风善政,犹有存者;又有微子、微仲、王子比干、箕子、胶鬲③,皆贤人也,相与辅相之,故久而后失之也。尺地,莫非其有也;一民,莫非其臣也;然而文王犹方百里起,是以难也。"

注释

①**武丁**:商代君主,后被称为商高宗。

②**贤圣之君六七作**:指从成汤到武丁之间,殷商出现的太甲、太戊、祖乙、盘庚等有作为的君主。

③**微子、微仲、王子比干、箕子、胶鬲**:微子,商纣王的庶兄,名启。微仲:微子的弟弟。王子比干:纣王的叔父,由于多次劝谏纣王,被纣王挖心而死。箕子:纣王的叔父。胶鬲:纣王的臣子。

● 管仲

译文

孟子说："哪里能够同文王相比呢。从商汤到武丁，贤能的君主出现了六七位，天下臣服于殷朝已经很久了，时间久了就难以被改变。武丁使得诸侯都来朝拜，统治天下，就像转动自己的手掌一样容易。商纣距离武丁统治的时代并不算久，（武丁时代）勋旧世家遗留下来的习俗，还有当时流行的良好风气以及仁惠的政教举措，还留存着；又有微子、微仲、王子比干、箕子、胶鬲这些人，他们都是贤臣，一起辅佐他，所以过了很长的时间才失去天下。（那时）全天下没有一尺土地不属于他的疆土，没有一个人不是他的臣民，然而文王还是在百里方圆的地方兴起，因此很困难。

原文

"齐人有言曰：'虽有智慧，不如乘势，虽有镃基①，不如待时。'今时则易然也。夏后、殷、周之盛，地未有过千里者也，而齐有其地矣；鸡鸣狗吠相闻，而达乎四境，而齐有其民矣。地不改辟矣，民不改聚矣，行仁政而王，莫之能御也。且王者之不作，未有疏于此时者也；民之憔悴于虐政，未有甚于此时者也。饥者易为食，渴者易为饮。孔子曰：'德之流行，速于置邮而传命②。'当今之时，万乘之国行仁政，民之悦之，犹解倒悬也。故事半古之人，功必倍之，惟此时为然。"

注释

① **镃基**：锄头。
② **置邮**：驿站。

译文

"齐国人有一句俗谚：'尽管有智慧，不如借助形势；虽然有锄头，不如等待农时。'现在（要称王于天下）是很容易的。夏、商、周三朝在兴盛的时期，土地没有超过方圆一千里的，而如今齐国有了如此广大的国土；（夏、商、周三朝）国内的鸡鸣狗叫都彼此能听到，一直传到四周的边境，齐国已经有了那样众多的百姓。土地不必再扩大，百姓不必再招聚，施行仁政得以称王天下，没有人可以阻挡。况且，仁德的君王不出现，没有比如今间隔得更久的了；百姓遭受暴政折磨的痛苦，没有比如今更厉害的了。饥饿的人什么都吃，不会挑三拣四，喉咙干渴的人什么都喝，也不会挑剔。孔子说：'德政的推行与扩散，比用驿站传递政令更快。'如今这个时候，拥有万辆兵车的大国能够施行仁政，百姓对此倍感喜悦，就像在倒悬着时被解救下来一样。所以，事情只要做到古人一半的程度，功效必定可以达到古人的一倍，这是只有如今这个时候才能建立的功业。"

（二）

原 文

公孙丑曰："夫子加齐之卿相①，得行道焉，虽由此霸王，不异矣②。如此，则动心否乎？"

孟子曰："否，我四十不动心。"

曰："若是，则夫子过孟贲远矣③。"

曰："是不难，告子先我不动心④。"

注 释

①**加**：担任。

②**异**：认为……奇异。

③**孟贲**：古代著名勇士。

④**告子**：战国时代人，名不详，相传是墨子的弟子。

译 文

公孙丑问："如果让您出任齐国的卿相，可以推行您的主张，那么就算因此建立了霸业或王业，也不必觉得奇怪的了。如果是这样，您是否会感到动心呢？"

孟子说："不，我自从四十岁起就不会对此动心了。"

公孙丑说："如果是这样，老师就已经远超孟贲那样的勇士了。"

孟子说："做到这点不难，告子在我之前就已经做到不动心了。"

原文

曰:"不动心,有道乎?"

曰:"有。北宫黝之养勇也①:不肤桡②,不目逃;思以一豪挫于人③,若挞之于市朝;不受于褐宽博,亦不受于万乘之君;视刺万乘之君,若刺褐夫;无严诸侯,恶声至,必反之。孟施舍之所养勇也④,曰:'视不胜犹胜也;量敌而后进,虑胜而后会,是畏三军者也。舍岂能为必胜哉?能无惧而已矣。'孟施舍似曾子,北宫黝似子夏⑤。夫二子之勇,未知其孰贤,然而孟施舍守约也。昔者曾子谓子襄曰⑥:'子好勇乎?吾尝闻大勇于夫子矣:自反而不缩,虽褐宽博,吾不惴焉;自反而缩,虽千万人,吾往矣。'孟施舍之守气,又不如曾子之守约也。"

注释

①**北宫黝**:姓北宫,名黝,齐国人,事迹不详。

②**桡**:退。

③**挫**:拔。

④**孟施舍**:姓孟,名施舍;一说姓孟施,名舍。事迹不详。

⑤**子夏**:姓卜,名商,字子夏,孔子弟子。

⑥**子襄**:曾参门下弟子。

译文

公孙丑问:"做到不动心有什么方法吗?"

孟子说:"有。北宫黝是如此来培养勇气的:肌肤被刺而不会退缩,双目被刺却眼球不会转动;但他觉得,受到他人所给的一点小委屈,就犹如在大庭广众当中被人鞭打了一样;既不受平民的羞辱,也不会受到大国君主的羞辱;将刺杀大国国君看得跟行刺平民一样;对诸侯丝毫不感到畏惧,听到恶言恶语,一定会加以回击。孟施舍是如此培养勇气的,他说:'将无法取胜看作是能取胜;估量出势力相当才会前进,考虑到能够取胜再进行交战,这是对强大的敌人感到畏惧。我哪里可以做到必定胜利呢?能无所畏惧也就罢了。'(培养勇气的办法,)孟施舍类似曾子,北宫黝类似子夏。这两人的勇气,不清楚谁的更强一些,但孟施舍把握住了要点。过去,曾子对子襄说:'你喜欢勇敢吗?我曾经在孔子那里听说过有关大勇的道理:反省自己,感到理亏,那么就算对普通百姓,我也没有去恐吓;反省自己感到理直气壮,纵然面对千万人,我也会勇往直前。'孟施舍可以保持勇气,又不如曾子那样可以把握住要领。"

原文

曰:"敢问夫子之不动心与告子之不动心,可得闻与?"

"告子曰:'不得于言,勿求于心;不得于心,勿求于气。'不得于心,勿求于气,可;不得于言,勿求于心,不可。夫志,气之帅也;气,体之充也。夫志,至焉;气,次焉。故曰:'持其志,无暴其气①。'"

注释

①暴:乱。

译文

公孙丑说:"请问,您的不动心与告子的不动心,能够讲解给我听吗?"

孟子说:"告子曾经说过:'言论上有不通之处,心中不必去对道理加以寻求;心里有所不安,不必求助于意气。'心里有所不安,不必求助意气,这是对的;言论上有所不通,心里不寻求道理,这是不可以的。心志是意气的统帅,意气充满体内。心志关注到何处,意气就滞留在何处。所以说:'要把握住心志,不可以妄动意气。'"

原文

"既曰'志,至焉;气,次焉',又曰'持其志,无暴其气',何也?"

曰："志壹则动气，气壹则动志也。今夫蹶者趋者①，是气也，而反动其心。"

"敢问夫子恶乎长？"

曰："我知言，我善养吾浩然之气②。"

注释

①蹶者：不小心跌倒的人。

②浩然：盛大而流行的样子。

译文

公孙丑问："既然说'心志关注到何处，意气就滞留在何处'，又说：'要把握住心志，不可以妄动意气'，这是因为什么呢？"

孟子说："心志专一就可以调动意气，意气专一也就可以触动心志。譬如跌倒与奔跑，这便是意气专注导致的结果，反过来也可以让他的心志感到触动。"

公孙丑问："请问，老师擅长哪些方面呢？"

孟子说："我可以识别各类言论，我擅长培养我的浩然之气。"

原文

"敢问何谓浩然之气？"

曰："难言也。其为气也，至大至刚，以直养而无害，则塞于天地之间。其为气也，配义与道；无是，馁也①。是集义所生者，非义袭而取之也②。行有不慊于心③，则馁矣。我故曰，告子未尝知义，以其外之也。必有事焉，而勿正；心勿忘，勿助长也。无若宋人然：宋人有闵其苗之不长而揠之者④，芒芒然归，谓其人曰：'今日病矣⑤！予助苗长矣！'其子趋而往视之，苗则槁矣。天下之不助苗长者寡矣。以为无益而舍之者，不耘苗者也；助之长者，揠苗者也，非徒无益，而又害之。"

注释

① **馁**：饥饿。

② **袭**：朱熹注：袭，掩取也，如"齐侯袭莒"之袭。

③ **慊**：满足。

④ **闵**：担忧。**揠**：拔。

⑤ **病**：疲惫。

译文

公孙丑说："请问浩然之气是什么？"

孟子说："（浩然之气）是很难说得清楚的啊。它是一种气，最为盛大，至为刚强，靠正直去培养它而不可以伤害到它，这样就可以充塞于天地之间。它作为一种气，要与义及道相配合；没有这些东西，它就会随之萎缩。它是靠不断积累义产生的，并非偶然有过正义之举就可以取得的。假如行为有愧于心，浩然之气就会萎缩。因此我说，告子没有懂得过义，因为他将义看作是外在的事物。（对浩然之气）而言，必须要培养它，不可以停止；心里不可以忘记它，也不能妄自去助长它。不要像宋国人那样：宋国有位担心自己地里的禾苗不长而去拔高它的人，干完后昏昏沉沉地返回家中，对家里人说：'今天实在是太累了，我帮助禾苗长高啦！'他的儿子急忙跑到田里去查看，发现禾苗已枯死了。天下不助苗生长的人实在是很少的啊。以为（培养浩然之气）毫无作用而选择放弃的人，就像是不给禾苗锄草的懒人；妄自帮助其生长的，就犹如拔苗助长的人，非但没有得到好处，反而损害了它。"

原文

"何谓知言？"

曰："诐辞知其所蔽，淫辞知其所陷，邪辞知其所离，遁辞知其所穷①。生于其心，害于其政；发于其政，害于其事。圣人复起，必从吾言矣。"

注释

① **遁辞**：因为故意回避或掩饰错误，或者由于理屈词穷或不愿以真意告诉他人

时，用来搪塞的话。

译　文

公孙丑问："什么叫可以识别各类言论？"

孟子说："偏颇的言论，清楚它不全面之处；过激的言论，知道它错误之处；邪僻的言论，知道它背离正道之处；理屈词穷的言论，知道它敷衍塞责之处。（这些言论）从心中产生，会对政治有所危害；从政治上表现出来，会危害各种事业。假如有圣人再次出现，必定会赞成我所说的话。"

原　文

"宰我、子贡善为说辞①，冉牛、闵子、颜渊善言德行②。孔子兼之，曰：'我于辞命，则不能也。'然则夫子既圣矣乎？"

曰："恶！是何言也！昔者子贡问于孔子曰：'夫子圣矣乎？'孔子曰：'圣则吾不能，我学不厌而教不倦也。'子贡曰：'学不厌，智也；教不倦，仁也。仁且智，夫子既圣矣。'夫圣，孔子不居。是何言也？"

注　释

①**宰我、子贡**：均为孔子弟子。宰我，姓宰，名予，字子我。子贡，姓端木，名赐，字子贡。②**冉牛、闵子、颜渊**：均为孔子弟子。冉牛，姓冉，名耕，字伯牛。闵子，姓闵，名损，字子骞。颜渊，姓颜，名回，字子渊。

译　文

公孙丑说："宰我、子贡擅长言辞辩论，冉牛、闵子、颜渊擅长阐释德行。孔子兼有这两方面的专长，却还说：'我不擅长辞令。'（老师说自己擅长识别言论，）那么老师已然是圣人了吧？"

孟子说："哎呀！这算是什么话！过去，子贡问孔子：'老师已是圣人了吧？'孔子说：'圣人，我无法做到，我只是学习不感到满足，教诲别人不知疲倦。'子贡说：'我只是学习不感到满足，这样就拥有智慧；教诲别人不知疲倦，这是为了实践仁德。既有仁德又有智慧，老师已然是圣人了。'圣人，孔子尚且不敢自认圣人。

（你说我是圣人）这算是什么话呀？"

原文

"昔者窃闻之：子夏、子游、子张皆有圣人之一体①，冉牛、闵子、颜渊则具体而微。敢问所安。"

曰："姑舍是。"

曰："伯夷、伊尹何如②？"

曰："不同道。非其君不事，非其民不使；治则进，乱则退，伯夷也。何事非君③，何使非民；治亦进，乱亦进，伊尹也。可以仕则仕，可以止则止，可以久则久，可以速则速，孔子也。皆古圣人也，吾未能有行焉。乃所愿，则学孔子也。"

注释

①**子游、子张**：均为孔子弟子。子游，姓言，名偃，字子游。子张，姓颛孙，名师，字子张。

②**伯夷、伊尹**：伯夷，商末孤竹国君的长子。起初，孤竹国君准备以次子叔齐为继承人；孤竹国君死后，叔齐让位给伯夷，伯夷不接受，后两人都投奔到周。周武王伐纣时，伯夷兄弟两人拦马谏阻武王；周灭商后，两人隐居首阳山，不食周粟而死。伊尹，商汤之相，曾辅汤灭夏。

③**何**：通"可"。

译文

公孙丑说："过去我听说过这种话：子夏、子游、子张都拥有圣人的部分特点，冉牛、闵子、颜渊具备圣人全部的特点，只是特点还较为微浅。请问您属于哪种情况呢？"

孟子说："暂且不去谈论这个问题。"

公孙丑问："伯夷、伊尹如何？"

孟子说："处世的方法不同。非理想当中的君主不会去侍奉，不是理想当中的百姓不去役使；天下安定就会入朝为官，天下动乱就会辞官隐居，这便是伯夷的处世之道。可以侍奉不好的君主，可以役使不好的百姓，天下安定会出世做官，天下动乱也会去做官，这是伊尹的处世方法。该做官就做官，该辞官就辞官，该任职长久，就任职长久，该尽快辞职就尽快辞职，这是孔子的处世之道。他们均为古代的圣人，我还做不到他们这样。至于我所希望的处世之道，那便是学习孔子。"

原文

"伯夷、伊尹于孔子，若是班乎①？"

曰："否。自有生民以来，未有孔子也。"

曰："然则有同与？"

曰："有。得百里之地而君之，皆能以朝诸侯，有天下；行一不义，杀一不辜而得天下，皆不为也。是则同。"

注释

①**班**：等同。

译文

公孙丑问："伯夷、伊尹相对孔子来说，是同等水平的吗？"

孟子说："不。自从有人类以来，没有人能比得上孔子。"

公孙丑问："那么他们有何共同之处吗？"

孟子说："有的。如果可以在方圆百里的地方由他们担任君主，他们都能使诸侯来朝见而坐拥天下；如果要他们去干一件不义的事，杀一个无辜的人而让他们获得天下，他们都是不愿去做的。这些是他们的共同点。"

原文

曰："敢问其所以异？"

曰："宰我、子贡、有若①，智，足以知圣人；污②，不至阿其所好。宰我曰：'以予观于夫子③，贤于尧、舜远矣④。'子贡曰：'见其礼而知其政，闻其乐而知其德；由百世之后，等百世之王，莫之能违也。自生民以来，未有夫子也。'有若曰：'岂惟民哉！麒麟之于走兽，凤凰之于飞鸟，太山之于丘垤，河海之于行潦⑤，类也；圣人之于民，亦类也。出于其类，拔乎其萃。自生民以来，未有盛于孔子也。'"

注 释

①**有若**：姓有，名若，孔子弟子。

②**污**：地位低下。

③**予**：宰我的名。

④**尧、舜**：传说中原始社会后期部落联盟的两个首领，儒家推崇他们为古代圣君的代表。

⑤**行潦**：路上的积水。

译 文

公孙丑说："请问孔子和他们有所不同的地方吗？"

孟子说："宰我、子贡、有若，他们的智慧足以理解孔子，即使有夸大，也不至于阿谀吹捧其敬爱的人。宰我说：'根据我对老师的观察，老师远胜尧、舜。'子贡说：'见到一国礼制，就可以了解一国政治；聆听一国的音乐，就能了解一国的德教；就算从一百代以后来评价这一百代的君主，也没人可以违背孔子这个道理的。自从有人类以来，没有比得上孔子的人。'有若说：'岂止是人类有这种差异！麒麟对于走兽，凤凰对于飞鸟，泰山对于丘陵，河海对于沟渠，都是同类的事物；圣人对于普通人，也是同类的人。这些事物都超过了同类，超出了同群。自从有人类以来，没有比孔子更伟大的人了。'"

（三）

原 文

孟子曰："以力假仁者霸①，霸必有大国；以德行仁者王，王不待大。汤以七十里，文王以百里。以力服人者，非心服也，力不赡也；以德服人者，中心悦而诚服也，如七十子之服孔子也②。《诗》云：'自西自东，自南自北，无思不服。③' 此之谓也。"

注释

①假：借助。

②七十子：孔子办学多年，传说有弟子三千，其中优秀者七十二人，这里是选择其整数。

③以上三句出自《诗经·大雅·文王有声》。

译文

孟子说："依靠武力假托仁义的人足以称霸，称霸必然具备大国的实力；依靠道德施行仁义的人可以称王，称王不必非要有大国的实力。商汤凭方圆七十里的土地，文王凭方圆百里的土地就称王了。靠武力使人服从，并非是真心服从，只是力量不足以（反抗）罢了；靠道德使人服从，是心中高兴，是真心服从，就如七十位弟子尊敬服从孔子那样。《诗经》上说：'从西从东，从南从北，无不为之心悦诚服。'说的就是这种情况。"

（四）

原文

孟子曰："仁则荣，不仁则辱。今恶辱而居不仁，是犹恶湿而居下也。如恶之，莫如贵德而尊士，贤者在位，能者在职。国家闲暇，及是时，明其政刑，虽大国必畏之矣。《诗》云：'迨天之未阴雨①，彻彼桑土②，绸缪牖户③。今此下民，或敢侮予？'④孔子曰：'为此诗者，其知道乎！能治其国家，谁敢侮之？'今国家闲暇，及是时，般(pán)乐怠敖⑤，是自求祸也。祸福无不自己求之者。《诗》云：'永言配命，自求多福。'⑥《太甲》曰⑦：'天作孽，犹可违；自作孽，不可活。'此之谓也。"

注释

①迨：等到。

②彻：取。**桑土**：桑根的皮。**土**：根。

③绸缪：缠结。

④上五句出自《诗经·豳风·鸱鸮》。

⑤般乐：作乐。

⑥以上两句出自《诗经·大雅·文王》。

⑦《太甲》：《尚书》当中的一篇，目前已失传。当前《尚书》版本当中的《太甲》篇，系晋人伪作。

●伊尹

译文

孟子说："仁就获得尊荣，不仁就会惹来耻辱。如今有人厌恶耻辱却又甘心使自己处于不仁，这就像厌恶潮湿却又安心居住在低洼之处一样。如果确实厌恶耻辱，就不如崇尚道德、尊重士人，让贤人在位当官，让能人在职办事。国家太平，趁此时修明政教刑法，（这样，）就算是大国也必定会怕它。《诗经》说：'恰逢天气没有阴雨，取来桑皮和上泥，对窗洞门户仔细修葺。从今下边的人，有谁再敢欺负我？'孔子说：'写这篇诗的人，真是懂得道的人啊！能治理好国家，谁还敢欺侮他呢？'如果国家太平，趁此时寻欢作乐，怠惰傲慢，这是招惹灾祸啊。祸与福，没有不是自己招惹来的。《诗经》说：'永远配合天命，自己求得众多幸福。'《尚书·太甲》说：'上天降灾，还有办法可以躲避；自己做下罪孽，那就别想再活下去。'说的就是这个道理。"

（五）

原文

孟子曰："尊贤使能，俊杰在位，则天下之士皆悦，而愿立于其朝矣；市，廛(chán)而不征①，法而不廛(chán)，则天下之商皆悦，而愿藏于其市矣；关，讥而不征，则天下之旅皆悦，而愿出于其路矣；耕者，助而不税②，则天下之农皆悦，而愿耕于其野矣；廛①，无夫里之布③，则天下之民皆悦，而愿为之氓矣。信能行此五者，则邻国之民仰之若父母矣。率其子弟，攻其父母，自有生民以来未有能济者也。如此，则无敌于天下。无敌于天下者，天吏也。然而不王者，未之有也。"

注释

①廛：集市当中储藏、堆放货物的地方。

②助：即助耕公田。传说殷周时代曾经实行一种名为"井田制"的土地分配制度。土地被划分为"井"字形，划分为九块，每块方圆百亩，居中的一块地作为公田，其余八块分给八家，八家共同耕作公田。

③夫里之布：即"夫布""里布"。"夫布"，一个劳力需要分摊的劳役税；"里布"，一户需要缴纳的地税。布：这里指布币，先秦时期的一种货币。

译文

孟子说："尊重贤人，任用能人，杰出的人身居官位，则全天下的士人都会感到高兴，而且愿意前往这样的朝廷去做官；市场，提供场地存放货物而不征收租赁税，按照规定的价格收购滞销的货物，不让货物积压在货场当中，则天下的商人都会感到高兴，愿意将货物存放在那个市场里面；关卡，只检查却不征税，那么天下的羁旅之人都会感到高兴，愿意通过那条道路了；对于耕田的农民而言，只要他们助耕公田，对其不征收私田的赋税，则天下的农夫都会感到高兴，愿意在田野里耕种了；人们居住的地方，没有劳役税及额外的地租，那么天下的人都会感到高兴，愿意当那里的百姓了。真能做到这样五个方面，则邻国的百姓就会犹如敬仰父母一般去敬仰他了。（邻国想要率领这样的百姓去攻打他，那正犹如）率领子弟去攻击其父母，自从有人类以来，没有人能成功。像这样就可以做到无敌于天下。无敌于天下的人，是遵奉上天使命的人。这样还无法称王，是从来没过的事。"

（六）

原　文

孟子曰："人皆有不忍人之心。先王有不忍人之心，斯有不忍人之政矣。以不忍人之心，行不忍人之政，治天下可运之掌上。所以谓'人皆有不忍人之心'者，今人乍见孺子将入于井①，皆有怵惕恻隐之心②——非所以内交于孺子之父母也③，非所以要誉于乡党朋友也④，非恶其声而然也。由是观之，无恻隐之心，非人也；无羞恶之心，非人也；无辞让之心，非人也；无是非之心，非人也。恻隐之心，仁之端也；羞恶之心，义之端也；辞让之心，礼之端也；是非之心，智之端也。人之有是四端也，犹其有四体也。有是四端而自谓不能者，自贼者也⑤；谓其君不能者，贼其君者也。凡有四端于我者，知皆扩而充之矣，若火之始然⑥，泉之始达。苟能充之，足以保四海；苟不充之，不足以事父母。"

注　释

①**乍**：突然。**孺子**：幼儿。
②**怵惕**：恐惧。**恻隐**：哀伤，怜悯。
③**内**：同"纳"，结。
④**要**：求。
⑤**贼**：暴弃。
⑥**然**：同"燃"。

译　文

孟子说："人都有不忍去伤害别人的心。先王有不忍去伤害别人的心，才有不忍伤害别人的政治。用不忍去伤害别人的心，实施不忍去伤害别人的政治，那么治理天下就会犹如在手掌中转动它那样容易。之所以说人均有不忍伤害别人的心,假如现在有人忽然看见一个孩子要掉到井里了,都会有惊恐、同情的心情——并非想借此与孩子的父母结交,不是要在乡邻、朋友中博取名声,也不是讨厌那孩子惊恐的哭叫声才这么做的。由此看来,没有同情心的,不是人;没有羞耻心的,不是人;没有谦让心的,不是人;没有是非心的,不是人。同情心是仁的开端,羞耻心是义的开端,谦让心是礼的开端,是非心是智的开端。人有这四种开端,就像他有四肢一样。有这四种开端却说自己不行,这是自己害自己;说他的君主不行,这是害他的君主。凡自身保有这四种开端的,就懂得扩大充实它们,(它们就会)像火刚刚燃起,泉水刚刚涌出一样,如果能扩充它们,就足以安定天下;如果不扩充它们,那就连侍奉父母都做不到。"

(七)

原　文

孟子曰:"矢人岂不仁于函人哉①?矢人唯恐不伤人,函人唯恐伤人。巫、匠亦然②。故术不可不慎也。孔子曰:'里仁为美③。择不处仁,焉得智?'夫仁,天之尊爵也,人之安宅也。莫之御而不仁④,是不智也。不仁、不智,无礼、无义,人役也。人役而耻为役,由弓人而耻为弓,矢人而耻为矢也。如耻之,莫如为仁。仁者如射:射者正己而后发;发而不中,不怨胜己者,反求诸己而已矣。"

注　释

①**矢人**:制作箭的工匠。**函人**:制作铠甲的工匠。

②**巫**:以装神弄鬼为人祈祷为业的人。有的兼给人治病,称为"巫医"。**匠**:这里指制作棺椁的工匠。

③**里**:处。

④**御**:阻挡。

译文

孟子说:"造箭的人难道比造铠甲的人不仁吗?造箭的唯恐(造出的箭不锐利)不能射伤人,造铠甲的唯恐(铠甲不坚硬)使人被射伤。(求神治病的)巫医和(做棺材的)木匠之间的关系也是这样。所以谋生的职业不能不慎重选择啊。孔子说:'住在有仁德的地方才好。经过选择却不住在有仁德的地方,哪里能算聪明?'仁,是天(赋予人的)最尊贵的爵位,是人最安定的住所。没有谁阻挡他实行仁义,他却不仁,这是不明智。不仁、不智,无礼、无义,只配当别人的仆役。当了仆役而觉得当仆役羞耻,就像造弓的觉得造弓可耻,造箭的觉得造箭可耻一样。果真觉得可耻,不如就去行仁。行仁的人就如比赛射箭:射箭手先要端正自己的姿势,然后放箭;射不中,不怨恨赢了自己的人,只有反过来在自己身上找原因罢了。"

(八)

原文

孟子曰:"子路,人告之以有过,则喜。禹闻善言①,则拜。大舜有大焉②:善与人同,舍己从人,乐取于人以为善。自耕稼、陶、渔③,以至为帝,无非取于人者。取诸人以为善,是与(yǔ)人为善者也④。故君子莫大乎与人为善。"

注释

① 禹:传说中古代部落联盟的领袖,曾奉舜之命治理洪水,后成为夏朝开国君主。

② 有:通"又"。

③ 耕稼、陶、渔:舜曾从事耕种庄稼、烧制陶器、打鱼等工作。

④ 与:帮助,赞许。

●泰山问政

译文

孟子说:"子路,别人指出他的过错,他就高兴。禹,听到善言,就拜谢。伟大的舜又超过了他们:好品德愿和别人共有,抛弃缺点,学人长处,乐于汲取别人的优点来修养自己的品德。舜从当农夫、陶工、渔夫,直到成为天子,没有哪一点长处不是从别人那里学来的。汲取众人的长处来修养自己的品德,这又有助于别人培养品德。所以,君子没有比帮助别人培养好品德更好的行为了。"

(九)

原文

孟子曰:"伯夷,非其君不事,非其友不友。不立于恶人之朝,不与恶人言。立于恶人之朝,与恶人言,如以朝衣朝冠坐于涂炭①。推恶恶之心,思与乡人立,其冠不正,望望然去之②,若将浼(měi)焉③。是故诸侯虽有善其辞命而至者,不受也。不受也者,是亦不屑就已。柳下惠不羞污君④,不卑小官;进不隐贤,必以其道;遗佚而不怨,厄穷而不悯。故曰:'尔为尔,我为我,虽袒裼(xī)裸裎(chéng)于我侧⑤,尔焉能浼我哉?'故由由然与之偕而不自失焉⑥,援而止之而止。援而止之而止者,是亦不屑去已。"

孟子曰:"伯夷隘,柳下惠不恭。隘与不恭,君子不由也⑦。"

注释

①**涂炭**:污泥与黑炭,比喻非常肮脏的地方。

②**望望然**:不愉快的表情。

③**浼**:污染。

④**柳下惠**:春秋时鲁国大夫,姓展,名获。因封邑位于柳下,谥号"惠",故称为柳下惠。

⑤**袒裼**:肉体袒露。**裸裎**:露出身体。

⑥由由然：扬扬自得的样子。

⑦由：取。

译　文

孟子说："伯夷，不是他理想的君主就不去侍奉，不是他中意的朋友就不去结交。不在恶人的朝廷里做官，不同恶人交谈。在恶人的朝廷里做官，同恶人交谈，就觉得像是穿戴着上朝的衣帽坐在泥土炭灰上一样。把这种厌恶恶人的心理推广开去，他就会想，如果同一个乡下人站在一起，那人帽子戴得不正，就该生气地离开他，就像会被他玷污似的。因此，诸侯即使有用动听的言辞来请他，他也不接受。不接受，就是不屑于接近他们。柳下惠不认为侍奉坏君主是羞耻的事，也不因为官职小而瞧不上；到朝廷做官，不掩藏自己的贤能，必定按自己的原则行事；被国君遗弃而不怨恨，处境穷困而不忧伤。所以他说：'你是你，我是我，即使你赤身裸体地在我身旁，你又哪能玷污我呢？'所以他能高高兴兴地同这样的人相处而不失去自己的风度，拉他留下，他就留下。拉他留下，他就留下，这也就是不屑于离开罢了。"

孟子又说："伯夷狭隘，柳下惠不严肃。狭隘与不严肃，君子是不会效仿他们的。"

●柳下惠

公孙丑下

本篇共十四章，重点记录了孟子在齐国期间的言行，以及离开齐国时，其与弟子所进行的讨论。

孟子在本篇重点提出治国的过程中所要面临的具体问题以及如何加以解决，就像本篇开篇就提到的天时地利人和的问题，其实说的表面上是军事问题，实质上还是行仁政、得民心的问题。人和才是根本，天时地利只是附加的次要条件而已。

孟子能被后世始终尊崇，一个重要原因就是他从政并非为了高官厚禄，而是为了将自己的"道"推广到天下，使得苍生受益。因此他行事和出仕都有自己的原则，绝不屈从于强权，如称病不朝见国君，不接受馈赠的钱财等，孟子认为君臣关系应当是彼此尊重的，君主应当虚心向贤人学习。

但这样的君臣关系毕竟只是幻想，于是孟子和齐国国君的关系越来越差，最后不得不离开齐国，从根本上来说，孟子认为齐国是当世大国，实施仁政的一切必然条件，齐国其实都具备，只要能信任自己的学说，齐国是可以称王天下的，也就是孟子所说的"欲平治天下，当今之世，舍我其谁也"，勃勃自信扑面而来。但齐王始终不能完全接受孟子的主张，孟子最终黯然离开齐国，这也是他身处那个时代的必然结果。

（一）

原文

孟子曰："天时不如地利，地利不如人和。三里之城，七里之郭①，环而攻之而不胜②。夫环而攻之，必有得天时者矣，然而不胜者，是天时不如地利也。城非不高也，池非不深也，兵革非不坚利也③，米粟非不多也，委而去之④，是地利不如人和也。故曰：域民不以封疆之界⑤，固国不以山谿之险，威天下不以兵革之利。得道者多助，失道者寡助。寡助之至，亲戚畔之⑥；多助之至，天下顺之。以天下之所顺，攻亲戚之所畔，故君子有不战，战必胜矣。"

注释

①郭：外城。
②环：包围。
③兵革：兵器与铠甲。
④委：放弃。
⑤域：界限，限制。
⑥畔：通"叛"，背叛。

译文

孟子说："有利的天时比不上有利的地势，有利的地势比不上团结的人心。三里的内城，七里的外城，将城市包围起来进攻它，却无法取胜。包围起来攻打它，必然有得天时的战机，然而却无法取胜，这是有利的天时比不上有利的地势。城墙并非不高，护城河并非不深，兵器铠甲并非不坚利，粮食并非不多，（可是敌人来时却）弃城逃离，这就是有利的地势比不上团结的人心。所以说，控制人民不出逃，并不是依靠国家的疆界，拱卫国家不依靠山川险阻，威服天下不倚仗兵器铠甲的坚利。得到仁义的人，帮助他的人就多；失去仁义的人，帮助他的人就少。帮助他的人少到了极点，连他家里的人都会背叛他；帮助他的人多到了极点，全天下的人都会去归顺他。让天下人都归顺他的人去攻打连家里人都会背叛他的人（必然获得胜利），所以君子不战则已，战则必胜。"

（二）

原　文

孟子将朝王①，王使人来曰："寡人如就见者也，有寒疾，不可以风。朝②（zhāo），将视朝③（cháo），不识可使寡人得见乎④？"

对曰："不幸而有疾，不能造朝。"

明日，出吊于东郭氏⑤。公孙丑曰："昔者辞以病，今日吊，或者不可乎？"

注　释

①**王**：这里指齐王。
②**朝**：早晨。
③**朝**：朝廷。
④**识**：知道。
⑤**东郭氏**：齐国的一位姓东郭的大夫。

译　文

孟子正要去拜见齐王，齐王派人来说："我原本是应当来看望您的，但是由于有畏寒的病，不可以吹风。明天早晨，我将临朝听政，不知您可否肯前来让我见见？"

孟子回答:"我不幸生了病,无法到朝廷上去。"

第二天,孟子出门前往东郭氏家中去吊丧。公孙丑说:"昨天推说有病,今日却来吊丧,(这样做)也许不太好吧?"

原文

曰:"昔者疾,今日愈,如之何不吊?"

王使人问疾,医来。孟仲子对曰①:"昔者有王命,有采薪之忧②,不能造朝。今病小愈,趋造于朝,我不识能至否乎?"

使数人要于路,曰:"请必无归,而造于朝!"

不得已而之景丑氏宿焉③。

景子曰:"内则父子,外则君臣,人之大伦也。父子主恩,君臣主敬。丑见王之敬子也,未见所以敬王也。"

注释

① **孟仲子**:孟子的堂弟,也是他的学生。
② **采薪之忧**:代指患病。
③ **景丑氏**:齐国大夫景丑,下文称景子。

译文

孟子说:"昨天有病,今天痊愈了,怎么不能去吊丧呢?"

齐王派人来询问孟子的病情,医生也来了。孟仲子说:"昨天有国君的召令,他不巧有点小病,无法到朝廷去。今天病好了些,急匆匆赶往朝廷了,不知道现在抵达没有?"

孟仲子随后派了几个人前往路上去拦截孟子,告诉他:"请您一定不要回家,赶快前往朝廷!"

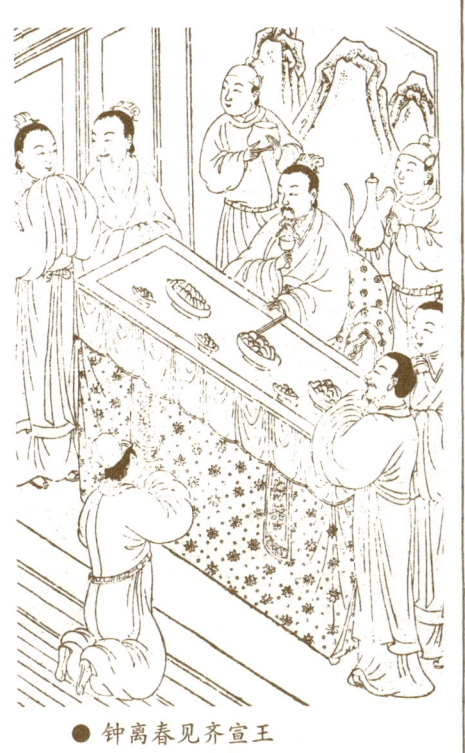

● 钟离春见齐宣王

孟子不得已，就在景丑氏家里歇宿。

景子说："在家有父子，在外有君臣，这是人世间最重要的伦理关系。父子关系以慈爱为主，君臣关系以恭敬为主。我看到了齐王对您敬重，却没能看到您敬重齐王。"

原文

曰："恶！是何言也！齐人无以仁义与王言者，岂以仁义为不美也？其心曰'是何足与言仁义也'云尔，则不敬莫大乎是。我非尧舜之道，不敢以陈于王前，故齐人莫如我敬王也。"

景子曰："否，非此之谓也。礼曰：'父召，无诺①。''君命召，不俟驾。'固将朝也，闻王命而遂不果，宜与夫礼若不相似然。"

注释

①诺：应答的语气词。

译文

孟子说："咦！这是什么话！齐国人当中没有一个用仁义的道理去劝说齐王的，难道是认为仁义不好吗？（只是）他们心中想：'这个君王哪里值得同他去谈论仁义！'那么，（对齐王的）不恭没有比这更大的了。至于我，不是尧、舜之道，就不敢在齐王面前阐释，所以齐国人没有一个像我这样敬重齐王的。"

景子说："不，不是说这些。礼法规定：父亲召唤，儿子来不及口头应答就要起身前去；君王宣召，臣子不等车子驾好就要动身。您本来准备去朝见，听到君王的诏令却不前往，这恐怕与礼的规定不相符合吧。"

原文

曰："岂谓是与？曾子曰：'晋、楚之富，不可及也。彼以其富，我以吾仁；彼以其爵，我以吾义，吾何慊乎哉①？'夫岂不义而曾子言之？是或一道也。天下有达尊三：爵一②，齿一③，德一。朝廷莫如爵，乡党莫如齿，辅世长民莫如德。恶得有其一以慢其二哉？

故将大有为之君，必有所不召之臣，欲有谋焉，则就之。其尊德乐道，不如是，不足与有为也。故汤之于伊尹，学焉而后臣之，故不劳而王；桓公之于管仲，学焉而后臣之，故不劳而霸。今天下地丑德齐④，莫能相尚，无他，好臣其所教，而不好臣其所受教。汤之于伊尹，桓公之于管仲，则不敢召。管仲且犹不可召，而况不为管仲者乎？"

注释

① 慊：少。
② 爵：爵位。
③ 齿：年龄。
④ 丑：类别。

译文

孟子说："难道可以这样说吗？曾子说过：'晋国与楚国的财富，是无法相比的。不过，它们凭借财富，我依靠我的仁德；它们依靠爵位，我凭借我的道义，哪里有欠缺的东西呢？'难道这话没有道理而曾子只是随便说说而已吗？这也许是另有一种道理而已。天下普遍看重的东西有三种：爵位、年龄、道德。在朝廷当中，没有比爵位更加尊贵的，在乡里，没比年龄更尊贵的，辅助君主、管理百姓，没有比道德更为尊贵的。（他）哪能拥有其中一种东西（爵位）而轻视另两种东西（年龄、道德）的呢？所以想要大有作为的君主，必定有他无法召见的臣子，要有事情商议，那就要（亲自）前去请教。如果他不像这样（诚心实意）地推崇道德、喜爱仁义，就不值得同他一起谋划大事。所以商汤对于伊尹，向他学习，然后才将他当作大臣，所以不费力气就统一了天下；桓公对于管仲，先向他学习，然后才将他当作大臣，所以不费力气就能够称霸诸侯。现在天下间大国的土地相当，德行相似，谁也无法超过谁，（之所以如此）没有其他原因，是因为君主喜欢任用听从他们召唤的人当臣下，而不喜欢任用教导他们的人当臣下。汤王对于伊尹，桓公对于管仲，就不敢随意召见。管仲尚且不可以被随意召见，何况不愿当管仲的人呢？"

（三）

原文

陈臻问曰①："前日于齐，王馈兼金一百而不受②；于宋，馈七十镒而受③；于薛，馈五十镒而受。前日之不受是，则今日之受非也；今日之受是，则前日之不受非也。夫子必居一于此矣。"

注释

①陈臻：孟子的弟子。
②兼金：成色好的金。
③镒：古代的重量单位，二十两为一镒。

译文

陈臻说："过去在齐国，齐王送您一百镒黄金您不接受；在宋国，送您七十镒，您接受了；在薛地，送您五十镒，您接受了。如果以前不接受是正确的，那么后来接受便是错的；如果后来接受是对的，那么以前不接受就是错的。在这两种情况当中，您必定处于其中的一种了。"

原文

孟子曰："皆是也。当在宋也，予将有远行，行者必以赆①，辞曰：'馈赆。'予何为不受？当在薛也，予有戒心，辞曰：'闻戒，故为兵馈之。'予何为不受？若于齐，则未有处也②。无处而馈之，是货之也③。焉有君子而可以货取乎？"

注释

①赆：给即将远行的人的礼物或钱财。
②处：用途。
③货：收买，这里是动词。

译文

孟子说:"都是正确的。在宋国的时候,我即将远行,对远行的人必然要送一些盘缠,宋君说:'送点路费给你。'我为什么不可以接受呢?在薛地的时候,路上可能不安全,薛地的官员说:'路上需要防备贼人,所以送点钱给你买兵器来防身。'我为什么不接受呢?至于在齐国,就没有(送钱的)理由。没有理由而赠送钱财,这就是要收买我啊。哪有君子可以被钱收买的呢?"

(四)

原文

孟子之平陆①,谓其大夫曰②:"子之持戟之士,一日而三失伍,则去之否乎?"

曰:"不待三。"

"然则子之失伍也亦多矣。凶年饥岁,子之民,老羸转于沟壑,壮者散而之四方者,几千人矣。"

注释

①**平陆**:齐国边境的城邑,位于今山东省汶上县北。
②**大夫**:此处指地方的行政长官。战国时代的邑宰也可以被称为大夫。

译文

孟子抵达平陆,对那里的长官说:"假如你的卫士一天三次擅离职守,是否要开除他呢?"

邑宰说:"不必等三次(就会被开除)。"

孟子说:"那么您失职的地方也已经很多了。荒年饥岁,您的百姓,年老体弱的人抛尸露骨在山沟的,年轻力壮逃荒到四方的,已经接近千人了。"

原文

曰:"此非距心之所得为也①。"

曰:"今有受人之牛羊而为之牧之者,则必为之求牧与刍矣。求牧与刍而不得,则反诸其人乎?抑亦立而视其死与?"

曰:"此则距心之罪也。"

他日,见于王,曰:"王之为都者②,臣知五人焉。知其罪者,惟孔距心。"为王诵之。

王曰:"此则寡人之罪也。"

注释

①距心:平陆邑宰的名字。
②为都:治理城邑。

译文

距心说:"这个问题并非是我能解决的。"

孟子说:"假如如今有个人,接受了别人的牛羊而帮他放牧,那么必定要为牛羊找到牧场和草料。如果找不到牧场和草料,那么是将牛羊还给那个人呢,还是就站在那里看着牛羊被饿死呢?"

距心说:"这是我的罪过。"

之后的某一天,孟子朝见齐王时说:"大王手下治理地方的长官我认识五位,其中能认识到自己罪过的,只有距心。"

孟子向齐王复述了一遍他与距心的谈话。

齐王说:"这是我的罪过啊。"

(五)

原文

孟子谓蚳蛙曰①:"子之辞灵丘而请士师②,似也,为其可以言也。今既数月矣,未可以言与?"

蚳蛙谏于王而不用,致为臣而去。

齐人曰："所以为蚳蛙则善矣，所以自为，则吾不知也。"

公都子以告。曰："吾闻之也：有官守者，不得其职则去；有言责者，不得其言则去。我无官守，我无言责也，则吾进退岂不绰绰然有余裕哉？"

[注 释]

①蚳蛙：齐国大夫。

②灵丘：齐国城邑名。士师：官名，掌管禁令、狱讼、刑罚，是对古代司法官的通称。

[译 文]

孟子对蚳蛙说："你辞去灵丘地方长官的职务，请求去担任司法官，似乎是有道理的，因为可以（接近齐王并向他）进谏。如今已有几个月了，还不可以进谏吗？"

蚳蛙向齐王进谏而不被采纳，于是辞官而去。

齐国有人议论："孟子替蚳蛙出的主意是很好，他怎么为自己打算，我就不清楚了。"

公都子把这些话告诉孟子。孟子说："我听说过这种话：有官职在身的人，如果无法行使其职责就要辞职；有进谏责任的人，无法尽到进谏的责任就要辞职。我没有官职在身，又没有进谏的责任，那么我的行动，难道不是很宽裕，大有回旋的余地了吗？"

（六）

[原 文]

孟子为卿于齐，出吊于滕①，王使盖（gě）大夫王驩（huān）为辅行②。王驩（huān）朝暮见，反齐、滕之路，未尝与之言行事也。

公孙丑曰："齐卿之位，不为小矣；齐、滕之路，不为近矣，反之而未尝与言行事，何也？"

曰："夫既或治之，予何言哉？"

注　释

①**出吊于滕**：此时滕文公刚去世，正在办丧事。

②**盖**：齐国城邑名，位于今山东省沂水县西北。**王驩**：盖邑的地方长官，也是齐王的宠臣。

译　文

孟子在齐国任卿，奉命前往滕国吊丧，齐王派盖地的大夫王驩作为副使与孟子一同前往。王驩与孟子朝夕相见，但在从齐国到滕国的往返途中，孟子不曾与他说起过出使的事情。

公孙丑说："在齐国，卿的地位已经不算低了；齐国与滕国之间，路途已经较远，往返途中不曾同他谈起出使的事情，这是为什么呢？"

孟子说："那个人既然独自包办所有事务，我还能说些什么呢？"

（七）

原　文

孟子自齐葬于鲁①，反于齐，止于嬴②。充虞请曰③："前日不知虞之不肖，使虞敦匠④，事严⑤，虞不敢请。今愿窃有请也：木若以美然。"

曰："古者棺椁无度，中古棺七寸⑥，椁称之。自天子达于庶人，非直为观美也，然后尽于人心。不得，不可以为悦；无财，不可以为悦。得之为有财，古之人皆用之，吾何为独不然？且比化者无使土亲肤，于人心独无恔乎？吾闻之也：君子不以天下俭其亲。"

注　释

①**自齐葬于鲁**：孟子在齐国为官，母亲去世，孟子将母亲遗体归葬鲁国。

②**嬴**：齐国南部城邑名，位于今山东省莱芜市西北。

③**充虞**：孟子的弟子。

④**敦匠**：这里指负责棺椁制作。

⑤**事严**：事情很急。

⑥**中古**：中古时代，指西周初年周公旦设置礼法之后的时代。

译 文

孟子从齐国前往鲁国去安葬母亲，在返回齐国时，在嬴地停留。充虞问道："过去，您不知道我缺乏能力，派我负责制作棺椁的事务，当时事情紧迫，我不敢请教。现在想要冒昧地问一下：那棺椁的形制似乎太过华美了吧？"

孟子说："上古时代，棺椁还有规定的厚度，到中古时代，棺厚七寸，椁的厚度与棺相称。从天子到平民，（棺椁的形制）不只是要好看，而是这样才能算是尽了孝。（由于等级方面的限制）不能用（好棺椁），就不会称心；没有钱财用好的棺椁，也不会称心。既有官位又有钱财，古人就都会用好的棺椁，为什么我不能这样做呢？而且为了避免泥土接触死者的肌肤（而用厚的棺椁），对于孝子之心岂非一件值得慰藉的事吗？我听说过这样的话：君子是不会由于爱惜天下间的财物而从俭处理父母的丧事的。"

● 孝德升闻

无论是上古时代的舜，还是战国时代的孟子，他们的孝顺都是可圈可点的。

（八）

原 文

沈同以其私问曰①："燕可伐与？"孟子曰："可。子哙不得与人燕，子之不得受燕于子哙②。有仕于此③，而子悦之，不告于王而私与之吾子之禄爵，夫士也，亦无王命而私受之于子，则可乎？何以异于是？"

齐人伐燕。或问曰："劝齐伐燕,有诸?"曰："未也。沈同问'燕可伐与',吾应之曰,'可',彼然而伐之也。彼如曰:'孰可以伐之?'则将应之曰:'为天吏,则可以伐之。'今有杀人者,或问之曰:'人可杀与?'则将应之曰:'可。'彼如曰:'孰可以杀之?'则将应之曰:'为士师,则可以杀之。'今以燕伐燕,何为劝之哉?"

注释

①**沈同**:齐国大夫。
②**子之**:其事参见《梁惠王下》第十、十一章。
③**仕**:同"士"。

译文

沈同以个人名义问道:"可以讨伐燕国吗?"孟子说:"可以。子哙不得将燕国让给其他人,子之不得从子哙那里接受燕国。比如,这里有一位士人,您喜欢他,就不禀告君主而私自将自己的俸禄、爵位让给他,那个士人也没有得到君主同意,私自从您那里获得俸禄和爵位,这样做可以吗?子哙让出君位的事,与这些事有什么两样?"

齐国攻打燕国。有人问道:"您鼓励齐国去攻打燕国,有这种事吗?"孟子说:"没有。沈同问'燕国可以征伐吗?'我回答他说'可以',他们认为这个说法是对的,于是去征伐燕国。他假如问'谁可以去征伐燕国?'那我将回答他:'奉上天之命的人才能够去征伐。'就好比这里有一位杀人犯,如果有人问我:'这个人应当杀吗?'我就会回答:'可以。'他如果再问:'谁可以杀掉这个杀人犯呢?'那我就会回答:'司法官才可以杀掉他。'现在,让一个跟燕国同样无道的国家去

● 乐毅济上劳军
齐国和燕国是世仇,后来燕国大将乐毅伐齐,齐国几乎亡国。

征伐燕国，我为什么会去鼓励它呢？"

（九）

原文

燕人畔①。王曰："吾甚惭于孟子。"

陈贾曰②："王无患焉。王自以为与周公孰仁且智？"

王曰："恶！是何言也！"

注释

①**燕人畔**：齐国占领燕国后，孟子曾向齐宣王建议在燕国册立一位新君后撤离燕国。齐王不听。此后的两年内，燕人不服；赵国等诸侯国也反对齐国吞并燕国，畏惧齐国会因此变得越发强大，于是拥立燕昭王，燕人都拥护昭王，迫使齐军败退而撤回国内。畔：通"叛"，这是站在齐国的立场上看问题。

②**陈贾**：齐国大夫。

译文

燕国人反抗（齐国的占领）。齐王说："对孟子，我感到非常惭愧。"

陈贾说："大王不必忧愁。大王如果在仁和智两方面同周公相比，觉得谁更好一些？"

齐王说："咦！这算是什么话！"

原文

曰："周公使管叔监殷①，管叔以殷畔。知而使之，是不仁也；不知而使之，是不智也。仁、智，周公未之尽也，而况于王乎？贾请见而解之。"

注释

①**周公使管叔监殷**：周灭商后，周武王册封纣王之子武庚于朝歌，派自己的三个弟弟管叔、蔡叔、霍叔在朝歌周围建国，监视殷商遗民，以免作乱。武王死后，成王

年幼，周公执政，管叔等人对周公深感不满，于是联合武庚一起反叛，后来叛乱被周公平定。

译文

陈贾说："周公派管叔等人去监视殷人，管叔却勾结殷人叛乱。（如果周公）知道他会反叛还要派他前往，这是不仁；如果不知道他会反叛就派他去，这是不智。仁和智，周公都没能完全具备，何况是您大王呢？请允许我见到孟子时向他进行解释。"

原文

见孟子，问曰："周公何人也？"

曰："古圣人也。"

曰："使管叔监殷，管叔以殷畔也，有诸？"

曰："然。"

曰："周公知其将畔而使之与？"

曰："不知也。"

"然则圣人且有过与？"

曰："周公，弟也；管叔，兄也。周公之过，不亦宜乎？且古之君子，过则改之；今之君子，过则顺之。古之君子，其过也，如日月之食①，民皆见之；及其更也，民皆仰之。今之君子，岂徒顺之，又从为之辞。"

注释

①食：通"蚀"。

译文

陈贾拜会孟子，问道："周公是怎样的人？"

孟子说："他是古代的圣人。"

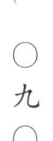

陈贾说:"他派管叔去监视殷人,管叔却带领殷人叛乱,有这回事吗?"

孟子说:"有。"

陈贾说:"周公是知道他会反叛,而派他前往的吗?"

孟子说:"周公并不知道这件事。"

"既然如此,那么(岂不是)圣人也会犯下过错吗?"

孟子说:"周公是弟弟,管叔是哥哥,(谁能想到哥哥会背叛呢?)周公的过错,难道不是情有可原的吗?况且,古代的君子,犯下过错就会改正;现在的君子,犯了过错却固执己见。古代的君子,他的过错犹如日食与月食一样,人民都可以看到;等他改正后,人民都仰望他。现在的君子,岂止是坚持错误,竟还为错误进行狡辩。"

●周公告示图

(十)

原文

孟子致为臣而归①。

王就见孟子,曰:"前日愿见而不可得,得侍同朝,甚喜;今又弃寡人而归,不识可以继此而得见乎?"对曰:"不敢请耳,固所愿也。"

他日,王谓时子曰②:"我欲中国而授孟子室,养弟子以万钟③,使诸大夫国人皆有所矜式④。子盍为我言之?"时子因陈子而以告孟子⑤,陈子以时子之言告孟子。

注 释

① **致**：辞去。
② **时子**：齐国大夫。
③ **钟**：古代容量单位，一钟等于古代的六石四斗。
④ **矜式**：效仿。
⑤ **陈子**：即陈臻，孟子弟子。

译 文

孟子辞掉齐国的官职准备回乡。

齐王来到孟子的住处去见他，说："过去想见您而不可得，（后来）可以在一个朝廷当中共事，我很高兴；现在您要离我而去了，不知今后还能否见到您？"孟子回答道："我不敢要求（同大王相见），这原本就是我所希望的事。"

几天后，齐王对时子说："我打算在都城给孟子一所房屋，用一万钟的粮食供养其弟子，让大夫和百姓都能拥有一个效法的榜样。你何不替我去对孟子谈谈这件事呢？"时子通过陈子（把齐王的打算）告知孟子，陈子就把时子的话转告了孟子。

原 文

孟子曰："然，夫时子恶知其不可也？如使予欲富，辞十万而受万，是为欲富乎？季孙曰①：'异哉，子叔疑②！使己为政，不用，则亦已矣，又使其子弟为卿。人亦孰不欲富贵？而独于富贵之中有私龙断焉③。'古之为市也，以其所有易其所无者，有司者治之耳。有贱丈夫焉，必求龙断而登之，以左右望，而罔市利④。人皆以为贱，故从而征之。征商自此贱丈夫始矣。"

注 释

① **季孙**：人名，其生平不详。
② **子叔疑**：人名，其生平不详。
③ **龙断**：即"垄断"。
④ **罔**：搜刮。

译 文

孟子说:"是啊,时子怎么知道这件事是不可以做的呢?如果我想要富有,辞掉十万钟的俸禄却来接受这一万钟的赏赐,这是希望富有吗?季孙说:'真奇怪啊,子叔疑这个人!想让自己做官,没有得到被任用,那也就罢了,却又叫他的弟子去做卿。人们谁不想富贵?而偏偏在富贵之中有人想把升官发财的利益独自垄断。'古代做买卖,是拿自己所有的东西去交换自己所没有的东西,有相关部门的官吏管理这种事罢了。有个身份卑微的汉子,总要找块高地登上去,用来左右张望,(试图)把集市贸易的好处全部捞到。人人都觉得他卑鄙,于是就对他征税。对商人征税就是从这个卑微的汉子开始的。"

(十一)

原 文

孟子去齐,宿于昼①。有欲为王留行者,坐而言。不应,隐几而卧。客不悦,曰:"弟子齐宿而后敢言②,夫子卧而不听,请勿复敢见矣。"

曰:"坐!我明语子。昔者鲁缪公无人乎子思之侧,则不能安子思③;泄柳、申详,无人乎缪公之侧,则不能安其身④。子为长者虑,而不及子思;子绝长者乎?长者绝子乎?"

注 释

①昼:齐国城邑名,位于今山东省临淄市附近。

②齐:同"斋",斋戒。

●孔子之孙子思

③**鲁缪公**：鲁国国君，名显，前409年—前377年在位。子思，名孔汲，孔子之孙。鲁缪公敬重子思，常派人在子思身边伺候，使子思安心。

④**泄柳、申详**：鲁缪公时期的贤人。泄柳：亦称子柳；申详：孔子弟子子张的儿子。他们认为君主身边必须有贤者进行教导。

译 文

孟子离开齐国，在昼邑留宿。有个想要为齐王挽留孟子的人，恭敬地坐着与孟子说话。孟子不理睬他，靠着小桌子正在打盹。客人不高兴地说："我首先斋戒了一天，然后才来与您说话，您却睡觉不理睬我的话语，今后我再不敢来见您了。"

孟子说："坐下，我清楚地告诉你，过去，鲁缪公如果没有人在子思身边（侍奉），就不能使子思安心留下；要是没有贤人在鲁缪公身边，就无法让泄柳、申详安身。你替我这个长辈着想，却没想到（鲁缪公是如何对待）子思；（只是劝我留下，而没有劝齐王去改变做事的方法，）这是你与我这个长者没能处理好关系呢，还是我这个长者没能和你处理好关系呢？"

（十二）

原 文

孟子去齐。尹士语人曰①："不识王之不可以为汤、武，则是不明也；识其不可，然且至，则是干泽也②。千里而见王，不遇故去，三宿而后出昼，是何濡滞也③？士则兹不悦。"

高子以告④。曰："夫尹士恶知予哉？千里而见王，是予所欲也；不遇故去，岂予所欲哉？予不得已也。予三宿而出昼，于予心犹以为速，王庶几改之⑤，王如改诸，则必反予。夫出昼，而王不予追也，予然后浩然有归志。予虽然，岂舍王哉？王由足用为善。王如用予，则岂徒齐民安，天下之民举安。王庶几改之！予日望之！予岂若是小丈夫然哉？谏于其君而不受，则怒，悻悻然见于其面⑥，去则穷日之力而后宿哉？"

尹士闻之，曰："士诚小人也。"

注　释

① **尹士**：齐国人。

② **干**：求。

③ **濡滞**：迟滞。

④ **高子**：齐国人，孟子弟子。

⑤ **庶几**：也许，有可能。

⑥ **悻悻然**：形容气量狭小。

译　文

　　孟子离开齐国。尹士对别人说："不清楚齐王无法成为商汤、周武王那样的君主，那便是不明智的；知道齐王不可能（成为贤君），然而还是前往齐国，那就是为获得好处。不远千里地来见齐王，话不投机而离开，在昼邑住了三夜才走，为什么这样滞留呢？我对（孟子）的这种做法感到不高兴。"

　　高子把这番话告诉孟子。孟子说："那尹士怎么会懂得我（的思想）呢？千里迢迢来拜会齐王，这是我自己心甘情愿的，话不投机而离开，难道是我愿意这样做的吗？我是不得已啊。我住了三夜才离开昼邑，在我心中还感觉太快了，（希望）齐王也许会改变想法，齐王如果改变了想法，必然会召我回来。（等到）离开昼邑，齐王没有（派人）来让我回去，我这才毅然下定决心返回老家。我虽然这样做了，难道是肯舍弃齐王吗？齐王还是完全能够施行善政的。齐王如果任用我，那何止是齐国的百姓可以得到安宁，天下的百姓都可以得到安宁。齐王或许会改变想法！我天天期望着他能有所转变！我难道像那种气量狭小的人吗？向君主进谏不被采纳，就怒气冲冲，脸上显露出不满，离开时就必须拼尽全力赶路，然后才休息吗？"

　　尹士听到这番话，说："我真是个小人啊。"

（十三）

原文

孟子去齐，充虞路问曰①："夫子若有不豫色然。前日虞闻诸夫子曰：'君子不怨天，不尤人②。'"

曰："彼一时，此一时也。五百年必有王者兴，其间必有名世者。由周而来，七百有余岁矣。以其数，则过矣；以其时考之，则可矣。夫天未欲平治天下也，如欲平治天下，当今之世，舍我其谁也？吾何为不豫哉？"

注释

①充虞：孟子弟子。
②这是孔子的话，见《论语·宪问》。

译文

孟子离开齐国，充虞在途中询问："老师似乎感到不愉快。过去我曾听您说过：'君子不对上天心存抱怨，也不会去责怪别人。'"

孟子说："那时是那时，此时是此时。每五百年必定会有实行王道的君主出现，此时也必定会有闻名于世的贤才出世。自周朝以来，已有七百多年了。按时间来说，已经超过了；按时势来考察的话，该出现圣君贤臣了。上天还不想让天下得以太平罢了，如果想让天下太平，在如今这个时代，除了我，还有谁（能担当重任）呢？我为什么不快乐呢？"

（十四）

原文

孟子去齐，居休①。公孙丑问曰："仕而不受禄，古之道乎？"

曰："非也。于崇②，吾得见王，退而有去志，不欲变，故不受也。

继而有师命③,不可以请。久于齐,非我志也。"

> 注 释

①**休**:地名,在今山东省滕州市北,靠近孟子故乡。

②**崇**:地名。

③**师命**:师旅之命。

> 译 文

孟子离开齐国,停留在休地。公孙丑问:"当了官却不接受俸禄,这样符合古代的规矩吗?"

孟子回答道:"并非如此。在崇地,我见到齐王,回来后就有了离开齐国的打算,我不想改变(这个打算),所以不接受(俸禄)。接下来,齐国出现战事,不便要求离开。长时间停留在齐国,并非是我的意愿。"

滕文公上

本篇共五章，是《孟子》章节数最少的一篇，但内容却很丰富，一方面继续阐释孟子对于治国理政的观点，另外还涉及孟子与农家、墨家学派的论辩，以及对土地制度、赋税等问题的见解。

本篇里，孟子专门提到了井田制，并认为这种源于西周早期的土地制度是非常理想的制度，不过在战国时代，井田制已经落后于时代了，不再适合继续推行下去，这也是孟子的局限所在。不过孟子对于井田制的推崇，给后人留下了极深的印象，后世时常把井田制看作是理想社会的代表。

孟子在谈论治国方略时，也依旧体现出自己的民本思想，如民有恒产，设置庠序来教导百姓等，这也是孟子一贯的治国思想。

孟子对于农家思想有着很大的异议，认为不能只偏重于农业，社会分工是历史发展的必然，双方论战也是战国时期百家争鸣的一个具体体现。

（一）

原　文

　　滕文公为世子①，将之楚，过宋而见孟子。孟子道性善，言必称尧舜。世子自楚反，复见孟子。

　　孟子曰："世子疑吾言乎？夫道一而已矣。成覸谓齐景公曰②：'彼，丈夫也；我，丈夫也，吾何畏彼哉？'颜渊曰：'舜何，人也？予何，人也？有为者亦若是。'公明仪曰③：'文王，我师也；周公岂欺我哉？'今滕，绝长补短，将五十里也，犹可以为善国。《书》曰：'若药不瞑眩④，厥疾不瘳⑤。'"

注　释

①**世子**：古代诸王公侯的嗣子。
②**成覸**：齐国勇士。
③**公明仪**：曾参弟子。
④**瞑眩**：头晕眼花。
⑤**厥疾不瘳**：疾病无法痊愈。

译　文

　　滕文公当太子时，前往楚国，路过宋国时拜会孟子。孟子给他讲人的天性是善良的道理，句句都要提到尧、舜。

太子从楚国返回，又来拜会孟子。

孟子说："太子是在怀疑我的话吗？道理就是这样的罢了。成覸对齐景公说：'他，是个大丈夫；我，也是个大丈夫，我为什么要害怕他呢？'颜渊说：'舜是什么？是人。我是什么？也是人。（但是）有作为的人都应该做像他那样的人。'公明仪说：'文王，是我的老师；周公难道会欺骗我吗？'现在滕国的土地，截长补短，这算起来将近五十里见方，仍然可以将其治理成一个好国家。《尚书》上说：'如果药力不足以使病人头晕目眩，那病是治不好的。'"

（二）

原文

滕定公薨①，世子谓然友曰②："昔者孟子尝与我言于宋，于心终不忘。今也不幸至于大故③，吾欲使子问于孟子，然后行事。"

然友之邹问于孟子④。

孟子曰："不亦善乎！亲丧，固所自尽也⑤。曾子曰⑥：'生，事之以礼；死，葬之以礼，祭之以礼，可谓孝矣。'诸侯之礼，吾未之学也⑦，虽然，吾尝闻之矣。三年之丧，齐疏之服⑧，饘粥之食⑨，自天子达于庶人，三代共之。"

注释

①**滕定公**：滕国国君。

②**世子**：这里指滕文公。**然友**：滕文公的老师。

③**大故**：非常重大的变故。这里指滕定公去世。
④**然友之邹问于孟子**：孟子当时在邹国，距离滕国不远。
⑤**固所自尽也**：出自《论语·子张》中曾子所说："吾闻诸夫子，人未有自致者也，必也亲丧乎。"自尽：倾尽全力。
⑥**曾子曰**：本句出自《论语·为政》，但《论语》中记载此句为孔子所说。
⑦**吾未之学也**：我没有学习过。
⑧**齐疏之服**：粗布制成的缝边丧服，这里泛指各类丧服。
⑨**饘**：稠粥。

译 文

滕定公去世，太子对然友说："过去孟子曾经与我在宋国交谈过，我心里始终没有忘记（他的教诲）。现在不幸遇到如此大的变故，我想让你去请教一下孟子，然后再办理丧事。"

然友前往邹国请教孟子。

孟子说："这不是非常好吗！父母的丧事，本来就该尽到自己的心意去办。曾子说过：'父母在世，以礼侍奉；死后，要以礼安葬、以礼祭祀，可以说是孝子。'诸侯的丧礼，我没有学习过，尽管如此，我曾听说过在三年的服丧期内，穿缝边的粗麻布丧服、喝粥，从天子到百姓，夏、商、周三代都遵守这样的礼仪。"

原 文

然友反命，定为三年之丧。父兄百官皆不欲，曰："吾宗国鲁先君莫之行①，吾先君亦莫之行也，至于子之身而反之，不可。且《志》曰②：'丧祭从先祖。'曰：'吾有所受之也。'"

谓然友曰："吾他日未尝学问，好驰马试剑。今也父兄百官不我足也，恐其不能尽于大事，子为我问孟子。"

然友复之邹问孟子。

孟子曰："然，不可以他求者也。孔子曰：'君薨，听于冢宰③，歠(chuò)粥④，面深墨，即位而哭，百官有司莫敢不哀，先之也。上有好者，下必有甚焉者矣。君子之德，风也；小人之德，草也。草尚之风，必偃。'是在世子。"

然友反命。

世子曰："然，是诚在我。"

五月居庐，未有命戒。百官族人可，谓曰知。及至葬，四方来观之。颜色之戚，哭泣之哀，吊者大悦。

注释

①宗国：鲁国的始封先祖和滕国的始封先祖是兄弟，按照宗法制，滕国尊称鲁国为宗国。

②《志》：是古代记载国家发生的大事的典籍。

③冢宰：官名，原是辅佐天子的官，百官之长，相当于后世的宰相。

④歠：喝。

译文

然友回国进行了汇报，太子决定实行三年的丧礼。宗室百官都不情愿，说："我们的宗国鲁国的前代君主，没有谁进行过这种丧礼，我们的前代君主也没实行过，到了你身上，却要违背传统，那不行。况且有记载说：'丧礼、祭礼要遵从先祖的规矩。'又说：'我们（的做法）都是继承古人的做法。'"

太子对然友说："过去我没有讲求学问，喜欢纵马奔驰，比试剑法。现在宗室百官都对我不满意，担心我无法竭尽孝道办丧事，请您替我再向孟子请教。"

然友再次到邹国请教孟子。

孟子说："是的，这是不可以求助于人的。孔子说：'国君死了，（太子）把政事交托给冢宰来处理，喝粥，面色黧黑，走到孝子的位置上就要哀哭，（这样，）大小官员没有敢不表示哀伤的，（因为太子）给他们作了表率。'居上位者喜欢什么，

●题季札墓

受人尊敬的贤人不但刚去世时有人为其竭尽哀思,死后多年也受人敬仰,如延陵季子,孔子为其题写碑文。

居下位者必定对此更加爱好。'君子的道德,犹如风;老百姓的道德,犹如草。风吹到草上,草必然倒伏。'这件事就在于太子了。"

然友返国后进行了汇报。

太子说:"对,这的确在于我自己。"

(于是)太子五个月都居住在丧庐里,没有发布过政令与训诫。百官和同族的人都表示赞同,认为太子知礼。到了下葬那天,各地的人都来观看葬礼。太子面容悲戚,哭声哀伤,使前来吊丧的人感到非常满意。

(三)

原 文

滕文公问为国。孟子曰:"民事不可缓也。《诗》云:'昼尔于茅,宵尔索绹;亟其乘屋,其始播百谷。'① 民之为道也,有恒产者有恒心,无恒产者无恒心。苟无恒心,放辟邪侈,无不为已。及陷乎罪,然后从而刑之,是罔民也。焉有仁人在位罔民而可为也?是故贤君必恭俭礼下,取于民有制。阳虎曰②:'为富不仁矣,为仁不富矣。'"

注 释

① 以上四句出自《诗经·豳风·七月》。

② **阳虎**:又作阳货,春秋末年鲁国大夫季氏的家臣。

译 文

滕文公问如何治理好国家。孟子说:"治理百姓的事是不可以松懈的。《诗经》上说:'白天前去割茅草,晚上将绳搓好;赶紧上房修缮房屋,就要播种百谷。'老百姓当中形成这样一条准则，有固定资产的人会有稳固不变的思想，没有固定产业的就不会有稳固不变的思想。如果没有稳固不变的思想，那么违礼犯法、为非作歹的事情，没有不去做的了。等到他们陷入犯罪的泥沼，然后便用刑罚处罚他们，这就犹如布下罗网去陷害百姓。哪有仁人当了君主却去做陷害百姓的事呢？因此贤明的君主必然恭敬、节俭，以礼对待臣下，向百姓征收赋税有一定的制度。阳虎曾说：'要发财就顾及不到仁爱，要仁爱就无法发财。'"

原文

"夏后氏五十而贡，殷人七十而助，周人百亩而彻，其实皆什一也。彻者，彻也①；助者，藉也②。龙子曰③：'治地莫善于助，莫不善于贡。'贡者，校数岁之中以为常。乐岁，粒米狼戾，多取之而不为虐，则寡取之；凶年，粪其田而不足④，则必取盈焉。为民父母，使民盼盼然，将终岁勤动，不得以养其父母，又称贷而益之，使老稚转乎沟壑，恶在其为民父母也？夫世禄，滕固行之矣。《诗》云：'雨我公田，遂及我私。'⑤惟助为有公田。由此观之，虽周亦助也。"

注释

① **彻**：是说这种税制在周朝是全天下都通行的税制。
② **助者，藉也**：藉，借。意思是借助民力来耕种公田。
③ **龙子**：古代贤人。
④ **粪**：扫除。
⑤ 以上两句出自《诗经·小雅·大田》。

译文

"夏朝每五十亩地，赋税采用'贡'法；商朝每七十亩地，赋税采纳'助'法；周朝每一百亩地，赋税采用'彻'法。其实税率均为值十抽一。'彻'是'通'的含义，'助'是'借'的含义。龙子说：'管理土地的税法，没有比助法更好的，没有比贡法更差的。'贡法是比较若干年的收成，取平均数当作常数，按常数来收税。

丰年，粮食多得铺满了整个地面，多征些粮不算暴虐，（相对而言）贡法却征收得少；荒年，即使将落在田里的粮粒都扫起来凑数，也不足以缴纳赋税，而贡法却非要足数征收。（国君）身为百姓父母，却使百姓一年到头劳累不堪，结果还无法养活父母，还得靠借贷来补足赋税，使得老人、孩子到处流亡，死在沟壑当中，（这样的国君）哪能算是百姓的父母呢？做官的世代享受俸禄，滕国原本就实行了。（何不实行助法，使百姓也获得好处呢？）《诗经》上说：'雨下到我们的公田当中，随后也下到我们的私田里。'只有助法才有公田。由此看来，周朝也是实行助法的。"

●不对田赋

鲁国执政大夫季康子想按田亩征收田赋，派冉有来询问孔子意见。孔子表示反对，但季康子和冉求不顾孔子的反对，仍然坚持实行了田赋的改革。

原文

"设为庠序学校以教之。庠者，养也；校者，教也；序者，射也。夏曰校，殷曰序，周曰庠，学则三代共之，皆所以明人伦也。人伦明于上，小民亲于下。有王者起，必来取法，是为王者师也①。《诗》云：'周虽旧邦，其命惟新。②'文王之谓也。子力行之，亦以新子之国。"

注释

①师：学习，效仿。

②以上两句出自《诗经·大雅·文王》

译文

"要设立庠、序、学、校来教导百姓。'庠'是教养的含义；'校'是教导的含义；'序'是习射的含义。（地方的学校，）夏代称为'校'，商代称'序'，周代称'庠'；'学'（是中央的学校），三代共用这一个名称。（这些学校）都是用来教人懂得伦理关系的。在上位者明白这种伦理关系，在下的百姓自然便可以相亲相爱。（您要这样做了，）假如有圣王出现，必然会来效法的，这样就成为圣王的老师了。《诗经》上说：'岐周尽管是古老的诸侯国，却新接受了天命。'这说的是文王。您努力实行吧，也以此让您的国家面貌一新。"

原 文

使毕战问井地①。

孟子曰："子之君将行仁政，选择而使子，子必勉之！夫仁政，必自经界始。经界不正②，井地不钧，谷禄不平③，是故暴君污吏必慢其经界。经界既正，分田制禄可坐而定也。

注 释

①**毕战**：滕国的臣子。**井地**：即井田，相传是古代奴隶社会时代的一种土地制度。以方圆九百亩的土地为一个单位，划成九区，中间区域为公田，八家均私田百亩，同养公田。因形如井字，故名。

②**经界**：界线。

③**谷禄**：俸禄。

译 文

（滕文公）派毕战来询问井田的问题。孟子说："您的国君准备施行仁政，选派你（来到我这里），你必须努力啊！行仁政，一定要从划分、确定田界开始。田界不正，井田（的面积）就不均匀，作为俸禄的田租收入就不够公平，因此暴君污吏必定要搞乱田地之间的界限。田界划分准确了，那么分配井田，制定俸禄的标准，就可以轻而易举地办妥了。

原 文

"夫滕，壤地褊小①，将为君子焉②，将为野人焉③。无君子，莫治野人；无野人，莫养君子。请野九一而助④，国中什一使自赋⑤。卿以下必有圭田，圭田五十亩，余夫二十五亩。死徙无出乡，乡田同井，出入相友，守望相助，疾病相扶持，则百姓亲睦。方里而井，井九百亩，其中为公田。八家皆私百亩，同养公田；公事毕，然后敢治私事，所以别野人也。此其大略也；若夫润泽之⑥，则在君与子矣。"

注　释

①褊小：狭小。
②君子：这里指治理国家的官吏。
③野人：农民。
④请野九一而助：在郊外实施九分抽一的税率。
⑤国中什一使自赋：在都城范围内让百姓缴纳十分抽一的赋税。
⑥润泽：因地制宜地进行调整。

译　文

"滕国虽然地方狭小，但也要有人是君子，也要有人去做农夫。没有（做官的）君子，就没人来治理农夫；没有农夫，就没有人能够供养君子。请考虑在农村实行九分抽一的税法，在都市自行缴纳值十抽一的赋税。卿以下（的官吏）必定要有可提供祭祀费用的五十亩田地，对还没有成年男子的家庭，另给二十五亩土地。（百姓）丧葬迁居都不离开乡里。乡里土地在同一井田的各家，出入彼此结伴，守卫防盗彼此帮助，有病相互照顾，那么百姓之间就可以亲近和睦。一里见方的土地被定为一方井田，每一井田方圆九百亩，中间的一块是公田。八家都各有一百亩私田，（首先）共同耕作公田；公田的农事处理完毕，才敢去忙私田上的农活，这就是让君子和农夫有区别的办法。这是井田制的情况；至于怎样完善，那就在于你的国君和你了。"

（四）

原 文

古有为神农之言者许行①，自楚之滕，踵门而告文公曰②："远方之人闻君行仁政，愿受一廛而为氓③。"文公与之处。其徒数十人，皆衣褐、捆屦、织席以为食④。陈良之徒陈相与其弟辛，负耒耜而自宋之滕⑥，曰："闻君行圣人之政，是亦圣人也，愿为圣人氓。"陈相见许行而大悦，尽弃其学而学焉。

注 释

①**神农**：上古传说中的人物，相传他率先制造农具，教导人民如何耕田。战国时，提倡重视农业的学派标榜自己奉行神农的学说。**许行**：战国时代农家学派的代表人物。

②**踵门**：登门拜访。

③**廛**：住宅。**氓**：从外地迁徙来的百姓。

④**衣褐**：穿粗布衣服。**捆屦**：编制草鞋。

⑤**陈良**：楚国的儒者。

⑥**耒耜**：古代一种农具，木柄叫"耒"，犁头叫"耜"。

译 文

有一个奉行神农氏学说的人名叫许行，从楚国来到滕国，登门拜见滕文公，说："我这个从远方来的人，听说您实施仁政，愿能获得一处住所，当您的百姓。"文公给了他一处住所。他的门徒有数十人，都穿粗麻布衣，靠编草鞋、织席子为生。陈良的弟子陈相与他的弟弟陈

● 农耕图

辛，背着农具从宋国来到滕国，（对滕文公）说："听说您实施圣人的政治，这样，您也就是圣人了，我愿当圣人的百姓。"陈相见到许行后非常高兴，就完全抛弃了自己原本所学的东西，改向许行学习。

原　文

陈相见孟子，道许行之言曰："滕君则诚贤君也；虽然，未闻道也。贤者与民并耕而食，饔飧而治①。今也，滕有仓廪府库，则是厉民而以自养也，恶得贤？"

孟子曰："许子必种粟而后食乎？"

曰："然。"

注　释

① 饔飧：早饭叫"饔"，晚饭叫"飧"，这里是动词，指做饭。

译　文

陈相见到孟子，转述许行的话："滕文公的确是贤明的君主；虽然如此，他还不懂得（贤君治国的）道理。贤君与人民共同耕作来养活自己，一边烧火做饭，一边治理天下。现在，滕国有堆满粮食与钱财的仓库，这是侵害百姓以便供养自己，哪里能称得上贤明呢？"

孟子问："许子一定是自己种植粮食才吃饭的吗？"

陈相说："是的。"

原　文

"许子必织布而后衣乎？"

曰："否，许子衣褐。"

"许子冠乎？"

曰："冠。"

曰："奚冠？"

曰:"冠素。"

曰:"自织之与?"

曰:"否,以粟易之。"

曰:"许子奚为不自织?"

曰:"害于耕。"

曰:"许子以釜甑爨①,以铁耕乎?"

曰:"然。"

"自为之与?"

曰:"否,以粟易之。"

注释

①甑:古代做饭所用的一种陶器。爨:烧火做饭。

译文

孟子问:"许子必定是自己织了布才能穿衣的吗?"

答道:"不是,许子穿粗麻编织的衣服。"

孟子问:"许子戴帽子吗?"

答道:"戴的。"

孟子问:"戴的是什么样的帽子?"

答道:"戴生丝编织的帽子。"

孟子问:"自己织的吗?"

答道:"不,是用粮食换来的。"

孟子问:"许子为什么不自己进行编织呢?"

答道:"会妨碍我们做农活。"

孟子又问:"许子用锅、甑烧饭,

● 耕作图

用铁农具来耕田吗？"

答道："是的。"

孟子问："自己造的吗？"

答道："不是，是用粮食换来的。"

原 文

"以粟易械器者，不为厉陶冶①；陶冶亦以其械器易粟者，岂为厉农夫哉？且许子何不为陶冶，舍皆取诸其宫中而用之②？何为纷纷然与百工交易？何许子之不惮烦？"

曰："百工之事，固不可耕且为也。"

"然则治天下独可耕且为与？有大人之事，有小人之事③。且一人之身而百工之所为备，如必自为而后用之，是率天下而路也④。故曰：或劳心，或劳力。劳心者治人，劳力者治于人；治于人者食人，治人者食于人。天下之通义也。"

注 释

①**陶冶**：制作陶器、打造铁器的工匠。

②**舍**：通"啥"，无论何种东西。**宫**：此处指许子的家。

③**有大人之事，有小人之事**：教化之事为大人之事，农民、工匠、商人之事为小人之事。

④**路**：即"露"，失败。也有人认为路是四处奔走，疲于奔命的意思。

译 文

孟子说："农夫拿粮食来交换（所需的各类）器具，不能算是侵害陶工冶匠（的利益）；陶工冶匠也都拿他们的器具来交换粮食，难道这是侵害了农夫的利益吗？再说，许子为什么不自己去制陶冶铁，停止交换，各种东西都是从自家屋里取来使用的？为什么要忙忙碌碌地与各种工匠进行交换呢？为什么许子如此不怕麻烦呢？"

陈相回答："各种工匠的活儿本来就不可能边耕作边进行的。"

孟子说："既然是这种道理，那么治理天下的事便能边耕作边干的吗？有官吏们的事，有小民们的事。再说一个人身上（所需的用品）要依靠各种工匠来替他制作，如果一定要自己来制作而后使用，这会导致天下的人都疲于奔走。所以说：有些人动心思，有些人依靠体力。动心思的人可以治理别人，依靠体力的人受人治理；被人治理的人养活别人，治理人的人靠别人养活。这是天下间都通行的道理。

原　文

"当尧之时，天下犹未平，洪水横流，汜滥于天下①，草木畅茂，禽兽繁殖，五谷不登②，禽兽偪人③，兽蹄鸟迹之道交于中国。尧独忧之，举舜而敷治焉。舜使益掌火④，益烈山泽而焚之，禽兽逃匿。禹疏九河，瀹济、漯而注诸海⑤；决汝、汉，排淮、泗而注之江。然后中国可得而食也。当是时也，禹八年于外，三过其门而不入，虽欲耕，得乎？

注　释

①汜滥：泛滥。

②不登：不能成熟。

③偪：逼迫；威胁。

④益：舜的臣子。掌火：掌管火种的官职。

⑤瀹：疏通。

译　文

"在尧的时代，天下还不算太平，洪水泛滥，草木丛生，禽兽四处游荡，庄稼没有收成，禽兽威胁人类，印满兽蹄鸟迹的道路遍布天下。尧为此暗自忧虑，提拔舜来全面治理天下。舜派益掌管火源，益在山冈沼泽燃起大火，烧掉草木，禽兽逃窜。大禹疏通了九条河道，治理济水、漯水，将它们引导入海；疏通汝水、汉水，疏浚淮水、泗水，将它们引导流入长江。这样，中原的百姓才可以（靠耕种）吃上饭。在那时，大禹八年治水在外，三次路过自己家的门前都没有进去，即使想要亲自耕种，可以办到吗？

原　文

"后稷教民稼穑①，树艺五谷；五谷熟而民人育。人之有道也：饱食暖衣、逸居而无教，则近于禽兽。圣人有忧之，使契为司徒②，教以人伦——父子有亲，君臣有义，夫妇有别，长幼有叙，朋友有信。放勋曰③：'劳之来之，匡之直之，辅之翼之，使自得之，又从而振德之。'圣人之忧民如此，而暇耕乎？

注　释

① **后稷**：古代周族的始祖，名弃。善于种植各种庄稼，曾在尧、舜时代担任农官，教百姓耕种。

② **契**：传说中商族的始祖，曾担任舜的司徒，掌管教化。

③ **放勋**：尧的名字。

译　文

"后稷教人民进行各种农事，种植五谷；五谷成熟了，人民才能得以养育。人类生活的法则是：吃饱、穿暖、安居而不能获得教育，便与禽兽类似。圣人又忧虑这件事，任命契任司徒，把伦理与道理教授给人民——父子讲究亲爱，君臣讲究礼义，夫妇讲究内外之别，长幼讲究尊卑次序，朋友之间讲究真诚守信。放勋说：'犒劳他们，纠正他们，帮助他们，使他们各得其所，随后赈济他们，给予他们恩惠。'圣人为百姓操心到如此程度，还有空闲去从事耕作吗？

原　文

"尧以不得舜为己忧，舜以不得禹、皋陶（gāo yáo）为己忧①。夫以百亩之不易为己忧者②，农夫也。分人以财谓之惠，教人以善谓之忠，为天下得人者谓之仁。是故以天下与人易，为天下得人难。孔子曰：'大哉，尧之为君！惟天为大，惟尧则之。荡荡乎，民无能名焉③！君哉，舜也！巍巍乎，有天下而不与焉！'④尧、舜之治天下，岂无所用其心哉？亦不用于耕耳。

注释

①皋陶：相传是舜时掌管刑法的官，是天下间的贤人。

②易：治理。

③无能名：无法形容出来。

④本句出自《论语·泰伯》，文字略有差异。

译文

"尧把得不到舜看作是忧患，舜把得不到禹、皋陶看作是自己的忧患。把耕种百亩田地没能耕种好看作是自己忧患的，是农夫。把财物分给他人的行为是惠，教人行善的行为是忠，为天下选取贤才的行为是仁。因此，把天下让给别人是容易的，为天下选拔出贤才是困难的。孔子说：'尧作为君主真的是伟大啊！只有天是伟大的，只有尧可以效法天。其功德浩荡无边啊，百姓简直无法以言语来进行形容！实在是一位好君主啊，帝舜！他是多么崇高啊！拥有天下却不逐一参与政事！'尧、舜治理天下，难道是不专心做事吗？只是不将心思用在耕作上而已。

●皋陶

原文

"吾闻用夏变夷者①，未闻变于夷者也。陈良，楚产也，悦周公、仲尼之道，北学于中国，北方之学者，未能或之先也，彼所谓豪杰之士也。子之兄弟事之数十年，师死而遂倍之。昔者，孔子没，三年之外②，门人治任将归③，入揖于子贡，相向而哭，皆失声，然后归。子贡反，筑室于场，独居三年，然后归。他日，子夏、子张、子游以有若似圣人，欲以所事孔子事之，强曾子。曾子曰：'不可。江、汉以濯之，秋阳以暴之④，皓皓乎不可尚已⑤！'今也，南蛮鴃舌之人⑥，非先王之道，子倍子之师而学之，亦异于曾子矣！吾闻'出于幽谷，迁于乔木'者⑦，未闻下乔木而入于幽谷者。《鲁颂》曰：'戎狄是膺，荆舒是惩。⑧'周公方且膺之，子是之学，亦为不善变矣。"

注释

① 夏：指当时将中原地区称为夏。夷：古代对东部各族的统称，这里泛指居住在中原地区以外的部族。

② 三年之外：三年之后。

③ 治任：收拾行李。

④ 秋阳：秋天的太阳。周历比现在的农历早两个月，所以"秋阳"相当于如今夏季的太阳。暴：通"曝"，曝晒。

⑤ 皓皓：洁白。

⑥ 鴃舌：说的话难以让人听懂的人。鴃：伯劳鸟。

⑦ 此句出自《诗经·小雅·伐木》。孟子借此诗句说明人应当投奔光明和高尚的地方。

⑧ 以上两句出自《诗经·鲁颂·閟宫》。

译文

"我只听说过以中原的文化与礼仪去改变蛮夷，没听说过中原的人被蛮夷所改变的。陈良出生在楚国，喜欢周公、孔子的学说，前往北边的中原地区学习各类礼仪，北方的学者没有人可以超过他，他真可以称得上是杰出的人物了。你们兄弟拜他为师已经有几十年了，老师刚死就背叛了他。从前，孔子去世，（弟子们服丧）三年后，收拾行李即将各奔前程，走进子贡的住处行礼彼此告别，都泣不成声，这才离开。子贡又回到墓地，在祭场上搭建了一间房子，独居三年，随后才离去。后来，子夏、子张、子游认为有若与孔子类似，想要用侍奉孔子的礼节去侍奉有若，硬要曾子同意这样做。曾子说：'不可以！（老师的品行）犹如经江汉之水洗涤，盛夏的太阳曝晒过一样，洁白明亮得无人可以相比！'如今，那个说话难听得有如伯劳鸟的鸣叫似的南方人,攻击先王之道,你却背叛老师去向他学习,这与曾子差距太大了。我听说'(鸟雀)从幽暗的山谷当中飞出,迁徙到高树上',没听说从高树迁徙飞进幽暗山谷当中的。《诗经·鲁颂》上说:'征讨戎狄,惩罚荆舒。'周公尚且要讨伐楚人,你却要向楚人学习,也真是向坏的方向转变了。"

原文

"从许子之道,则市贾不贰①,国中无伪;虽使五尺之童适市,莫之或欺。布帛长短同,则贾相若②;麻缕丝絮轻重同,则贾相若;五谷多寡同,则贾相若;屦大小同,则贾相若。"

曰:"夫物之不齐,物之情也。或相倍蓰③,或相什百,或相千万。子比而同之,是乱天下也。巨屦小屦同贾,人岂为之哉?从许子之道,相率而为伪者也,恶能治国家?"

注释

①贾:价格。
②相若:相等。
③蓰:五倍。

译文

陈相说:"若遵照许子的学说,那么市场上的物价就不会有差异,国家就没有弄虚作假的人;哪怕让小孩去市场采购,也不会有人去欺骗他。布和绸长短相同,价钱就相同;麻线与丝绵的轻重相同,价钱就相同;各种粮食等重,价钱就一致;鞋子的大小相同,价钱就相同。"

孟子说:"物品千差万别这是客观事实。不同事物的价值有的相差一倍、五倍,有的相差十倍、百倍,有的相差达到千倍、万倍。你把它们放到一起并将其看作是等同的,这是扰乱天下的做法。做工差的鞋与做工精细的鞋是相同的价钱,鞋匠难道还肯制作好鞋吗?遵从许子的主张,便会让大家都弄虚作假,哪里还可以治理好国家?"

（五）

原文

墨者夷之因徐辟而求见孟子①。孟子曰："吾固愿见，今吾尚病，病愈，我且往见，夷子不来。"

他日，又求见孟子。孟子曰："吾今则可以见矣。不直，则道不见②，我且直之。吾闻夷子墨者，墨之治丧也，以薄为其道也③。夷子思以易天下④，岂以为非是而不贵也？然而夷子葬其亲厚，则是以所贱事亲也。"

注释

①墨者：墨家学派的人。墨家学派的创始人为墨翟。墨家主张"兼爱""尚贤""尚同"等，提倡"节用""节葬"，反对"厚葬"。**夷之**：姓夷名之。**徐辟**：孟子的弟子。

②见：通"现"，出现。

③**以薄为其道也**：墨家学派主张薄葬。

④**易**：改变。

译文

墨家学派的夷之通过徐辟的关系来求见孟子。孟子说："我本来是愿意接见他的，如今我还生了病，等病好了，我将去拜会他，夷子不必前来。"

过了一段时间，夷之又来拜会孟子。孟子说："我如今可以接见他了。但说话不直接，道理就表露不出来，我就直白地说吧。我听说夷子是墨家学者，墨家办理丧事是以薄葬为原则的。夷子想用它来改变天下风俗，难道不是认为不薄葬就不值得称赞吗？然而夷子却厚葬自己的父母，那便是以自己所鄙夷的方式来对待父母了。"

原文

徐子以告夷子。

夷子曰："儒者之道，古之人若保赤子①，此言何谓也？之则以为爱无差等，施由亲始。"

徐子以告孟子。孟子曰："夫夷子信以为人之亲其兄之子为若亲其邻之赤子乎？彼有取尔也。赤子匍匐将入井，非赤子之罪也。且天之生物也，使之一本，而夷子二本故也。盖上世尝有不葬其亲者，其亲死，则举而委之于壑。他日过之，狐狸食之，蝇蚋姑嘬之②。其颡有泚③，睨而不视④。夫泚也，非为人泚，中心达于面目，盖归反蘽梩而掩之⑤。掩之诚是也，则孝子仁人之掩其亲，亦必有道矣。"

徐子以告夷子。夷子怃然为间⑥，曰："命之矣⑦。"

注释

①**若保赤子**：一语见于《尚书·康诰》。
②**蚋**：蚊子之类的昆虫。**姑**：语气助词。**嘬**：凑在一起吃。
③**颡**：额头。**泚**：出汗的模样。
④**睨**：斜眼看。
⑤**蘽**：装土的筐。**梩**：木锹。
⑥**怃然为间**：茫然若失了一会儿。
⑦**命**：教导。

译文

徐辟将孟子的话告知夷子。夷子说："按照儒家的道理，古代圣人（爱护人民）犹如爱护初出世的婴儿，这句话是什么含义呢？我认为说的是对人的爱是不分等级的，只是实施起来是从自身的父母开始。"

徐辟又将这句话转告孟子。孟子说："夷子真的认为爱自己哥哥的孩子和爱邻居的孩子是一样的吗？他的依据只是婴儿在地上爬，即将掉进水井里，这并非是婴儿的错。而且天生万物，使其仅有一个本源（父母），然而夷子（认为兼爱）使人

●卖身葬父

古人对父母的安葬事宜都非常重视,二十四孝中就有董永卖身葬父的故事。

有两个本源。大概上古时代曾有不安葬父母的人,等到父母去世,就将其抛弃在山沟里。后来有一天路过那里,看到狐狸正在吃父母的尸体,苍蝇、蚊虫在叮咬着尸体。那人额头上不由得冒汗,斜眼不敢正视。那汗,并非是流给别人看的,而是内心的悔恨显露在脸上,随后他应该会回家拿来筐与锹将尸体掩埋。掩埋尸体的确是对的,那么孝子仁人掩埋其去世的父母,也就必然有道理了。"

徐子把这番话转告夷子。夷子怅惘了很长时间,说:"孟子教导了我啊。"

滕文公下

本篇共十章，主要内容是孟子谈出仕、为官之道，还有孟子如何看待历史发展的问题。

孟子认为士人出仕是理所当然的事，但必须坚持原则，要按照礼义做事，保留操守与尊严，不可以曲意逢迎君主。不可以将利益作为出仕的目的与追求的目标，并对真正有操守的士人作出了定义："富贵不能淫，贫贱不能移，威武不能屈。"这句话成为千古以来无数志士仁人的座右铭，鼓舞着整个中华民族。

对于历史发展历程，孟子认为每五百年必有圣人出，此时，也必然有人站出来辅佐圣人建功立业，同时指出"天下之生久矣，一治一乱"，认为从尧舜时代直到自己生活的战国时期，天下都处在一治一乱的进程中，这与后世的"天下大事，分久必合，合久必分"等观点是一样的，也符合人类历史发展的整体规律。

原 文

陈代曰①："不见诸侯，宜若小然②；今一见之，大则以王，小则以霸。且《志》曰：'枉尺而直寻③，'宜若可为也。"

孟子曰："昔齐景公田，招虞人以旌④，不至，将杀之。志士不忘在沟壑，勇士不忘丧其元⑤。孔子奚取焉？取非其招不往也。如不待其招而往，何哉？且夫枉尺而直寻者以利言也。如以利，则枉寻直尺而利，亦可为与？昔者赵简子使王良与嬖奚乘⑥，终日而不获一禽。嬖奚反命曰：'天下之贱工也。'或以告王良。良曰：'请复之。'强而后可，一朝而获十禽。嬖奚反命曰：'天下之良工也。'简子曰：'我使掌与女乘。'谓王良。良不可，曰：'吾为之范我驰驱，终日不获一；为之诡遇，一朝而获十。《诗》云："不失其驰，舍矢如破。⑦"我不贯与小人乘⑧，请辞。'御者且羞与射者比；比而得禽兽，虽若丘陵，弗为也。如枉道而从彼，何也？且子过矣：枉己者，未有能直人者也。"

注 释

①**陈代**：孟子弟子。

②**宜若**：似乎。

③ **寻**：八尺为一寻。

④ **旌**：用彩色羽毛装饰的旗帜。按照古代礼仪，以旌召大夫，以皮冠召虞人，齐景公以旌召虞人，于礼制不合。所以虞人没有前来。

⑤ **元**：头颅。

⑥ **赵简子**：晋国大夫，名赵鞅。**王良**：春秋末年著名的驾车高手。**奚**：人名。

⑦ 以上两句出自《诗经·小雅·车攻》。

⑧ **贯**：《尔雅·释诂》："习也。"即今"惯"字。

译　文

陈代说："您不愿拜谒诸侯，似乎气量较小；如果现在拜谒一下诸侯，大则依靠他们推行王政，小则依靠他们称霸天下。何况《志》上说：'弯曲时有一尺，伸直了之后却有八尺，'似乎值得去尝试一下。"

孟子说："过去，齐景公外出打猎，用旌旗召唤虞人，虞人没有前来，景公打算杀他。志士不怕被弃尸于山沟之中，勇士不怕丢掉头颅。孔子赞赏虞人的原因是什么呢？是因为他们对不符合礼仪的召唤就不前往。如果不等到召唤就前往，那算什么呢？而且所谓'弯曲时有一尺，伸直了之后却有八尺'，是根据利益来计算的。如果只讲究利益，那么假如'弯曲时有八尺，伸直了之后却有一尺'而有利可图，也可以去做吗？从前赵简子派王良为自己宠幸的小臣奚驾车外出打猎，一整天都没能捕获一只鸟。奚回来报告：'王良是天下间最差的驾车人。'有人将这话告知王良。王良说：'请让我再驾车一次。'经强求后，奚才同意，结果一个早晨的工夫，奚就猎到了十只鸟。奚回来报告：'王良是天下最好的驾车人。'简子说：'我就让他专门为你驾车。'简子也对王良说了这句话。王良不肯，说：'我为他按照规矩来驾车，整天都打不到一只鸟；不按规矩来驾车，一个早上就可以打到十只。《诗经》上说："不违反驾车的规矩，箭一出手就要射中目标。"我不习惯为小人驾车，请同意我辞掉这份工作。'驾车的人都耻于与不守规矩的射手合作，就算这种合作可以猎获到堆积如山的禽兽，也不愿去做。如果背离正道去屈服于诸侯，那算什么呢？而且你错了，自身不正的人是不能够使别人正直的。"

（二）

原　文

景春曰①："公孙衍、张仪岂不诚大丈夫哉②？一怒而诸侯惧，安居而天下熄③。"

孟子曰："是焉得为大丈夫乎？子未学礼乎？丈夫之冠也④，父命之；女子之嫁也，母命之，往送之门，戒之曰：'往之女家，必敬必戒，无违夫子！'以顺为正者，妾妇之道也。居天下之广居，立天下之正位，行天下之大道；得志，与民由之；不得志，独行其道。富贵不能淫⑤，贫贱不能移⑥，威武不能屈⑦，此之谓大丈夫。"

注　释

①**景春**：战国时期的纵横家。

②**公孙衍**：魏国人，号犀首，当时著名的说客。**张仪**：战国时纵横家的代表人物，主张连横，帮助秦国扩张势力。

③**熄**：天下太平，战争结束。

④**丈夫之冠**：古时男子年二十行加冠礼，表示已经成年。

⑤**淫**：乱其心。

⑥**移**：变其节。

⑦**屈**：挫其志。

译　文

景春说："公孙衍、张仪难道并非真正的大丈夫吗？他们发怒，诸侯都会恐惧，他们安居在家中，天下就可以太平无事。"

孟子说："这怎么能算是大丈夫呢？你没有学习过礼吗？男子举行加冠礼时，父亲训导他；女子出嫁时，母亲会训导她，将她送到门口，告诫她：'抵达婆家，必须要恭敬，一定要谨慎，不要违背丈夫的意愿！'把顺从看作是正理，是妻子应当遵循的道理。男人居住在天下间最为宽广的住宅中，站在天下最正确的位置上，步行在天下最宽广的道路上；能实现理想时，就同人民一道走在这条正道上；无法实现理想时，就独自行走在这条正道上。富贵无法迷乱其思想，贫贱无法改变其操守，威武不能使他的意志屈服，这才是大丈夫。"

（三）

原文

周霄问曰①："古之君子仕乎？"

孟子曰："仕。《传》曰：'孔子三月无君，则皇皇如也；出疆必载质。'公明仪曰②：'古之人三月无君，则吊。'"

"三月无君则吊，不以急乎？"

曰："士之失位也，犹诸侯之失国家也。《礼》曰：'诸侯耕助③，以供粢盛④；夫人蚕缫⑤，以为衣服。牺牲不成⑥，粢盛不洁，衣服不备，不敢以祭。惟士无田，则亦不祭。'牲杀、器皿、衣服不备，不敢以祭，则不敢以宴，亦不足吊乎？"

注释

①周霄：战国时魏人。

②公明仪：鲁国贤人。

③耕助：即"耕藉"。藉，藉田，帝王亲自耕种的田地。古代每到开春，都会举行耕藉之礼，以表示天子重视农业。其礼先由天子亲耕，然后三公、九卿、诸侯、大夫等依次躬耕。

④粢盛：盛放在器皿中用于祭祀的米粮。

⑤夫人：诸侯的妻子。蚕缫：从蚕茧当中抽丝。

⑥成：丰盛。

译文

周霄问道:"古代的君子做官吗?"

孟子说:"做官。《传》上记载:'孔子三个月没有得到君主的任用,就会感到惶惶不安;离开这个国家时,必定要带上拜谒另一个国家君主的礼物。'公明仪说过:'古代的人假如三个月得不到君主的任用,就会感到悲伤。'"

●孔子周游列国雕塑

周霄说:"古代的人假如三个月得不到君主的任用,就会感到悲伤,是不是想做官过于急切了呢?"

孟子说:"士人失去了官位,就犹如诸侯失去了国家。《礼》上说:'诸侯亲自下田耕种,用来供给祭品;夫人亲自养蚕缫丝,用来供给制作祭服。用于祭祀的牛羊不够肥壮,谷米不算洁净,礼服不齐备,就不敢进行祭祀。士人如果没有禄田,也就无法祭祀。'祭祀用的牲畜、祭器、祭服都没有齐备,不敢祭祀,也就不敢举办宴会,还不应该感到悲伤吗?"

原文

"出疆必载质,何也?"曰:"士之仕也,犹农夫之耕也;农夫岂为出疆舍其耒耜哉^①?"

曰:"晋国亦仕国也^②,未尝闻仕如此其急。仕如此其急也,君子之难仕,何也?"曰:"丈夫生而愿为之有室,女子生而愿为之有家;父母之心,人皆有之。不待父母之命、媒妁之言,钻穴隙相窥,逾墙相从,则父母国人皆贱之。古之人未尝不欲仕也,又恶不由其道。不由其道而往者,与钻穴隙之类也。"

注释

① **耒耜**：泛指各类农具。
② **仕国**：容易做官的国家。

译文

周霄问道："离开一国时，必定要带上拜谒下一国的国君的礼物，这是为什么呢？"孟子说："士做官，就犹如农夫耕田，农夫难道会由于离开一个国家就丢弃农具吗？"

周霄说："我们晋国也是一个容易出仕的国家，却不曾听说想做官到如此急迫程度的人。想做官是如此急迫，君子却又不轻易去当官，这是为什么呢？"孟子说："男孩一降生，父母就希望他有妻室，女孩一出生，父母就希望给她找婆家；父母的这种心情，是每个人都有的。但如不等父母同意，媒人的介绍，就钻洞扒缝互相偷看，翻过墙头与人幽会，那么父母和其他人都会鄙视这种人。古代的君子不是不想做官，但又厌恶不择手段地求官。不择手段地求官，与男女钻洞爬墙幽会是一样的行为。"

（四）

原文

彭更问曰①："后车数十乘②，从者数百人，以传食于诸侯③，不以泰乎④？"

孟子曰："非其道，则一箪食不可受于人⑤；如其道，则舜受尧之天下，不以为泰，子以为泰乎？"

曰："否，士无事而食，不可也。"

注释

① **彭更**：孟子弟子。
② **后车**：跟随的车辆。
③ **传食**：辗转到处吃饭。

④**泰**：奢侈，过度。

⑤**一箪食**：竹筒盛装的食物。

译　文

彭更问道："跟随的车子几十辆，随从的人员几百个，从这个诸侯国吃到那个诸侯国，不也太过分了吗？"

孟子说："不合道理的，那么一小竹筒饭也不能接受人家的；如果是合理的，那么就是舜接受尧的天下，也不能认为是过分，你认为过分了吗？"

彭更说："不，士无所事事吃人白食是不可以的。"

原　文

曰："子不通功易事①，以羡补不足，则农有余粟，女有余布；子如通之，则梓、匠、轮、舆皆得食于子②。于此有人焉，入则孝，出则悌，守先王之道，以待后之学者，而不得食于子，子何尊梓、匠、轮、舆而轻为仁义者哉？"

注　释

①**通功易事**：不同的行业互相交换产品。

②**梓、匠、轮、舆**：分别是制造木器、宫室、车轮、车厢的木匠。这里泛指各类工匠。

译　文

孟子说："假设你不能使产品交易、流通起来，用多余的事物来弥补数量不足的事物，那么农夫就会拥有多余的粮食，织女就会拥有多余的布匹；如果你可以让产品互通有无，那么各类工匠都可以养家糊口。假设这里有一个人，在家能够孝顺父母，在外兄弟友爱，恪守先王之道，以此教育后辈有求知欲的人，但他在你这里却无法得到饭食供养，你为什么看重各种工匠而轻视遵守仁义之道的人呢？"

原　文

曰："梓、匠、轮、舆，其志将以求食也。君子之为道也，其志亦将以求食与？"曰："子何以其志为哉？其有功于子，可食而食之矣。且子食志乎？食功乎？"

曰："食志。"

曰："有人于此，毁瓦画墁①，其志将以求食也，则子食之乎？"

曰："否。"

曰："然则子非食志也，食功也。"

注释

①**画墁**：弄脏墙壁，胡写乱画。

译文

彭更说："各类工匠干活的目的，就是依靠劳动养家糊口。君子实行仁义，目的也是为了养家糊口吗？"孟子说："你何必讨论他们的目的呢？他们对你有贡献，就应该给他们报酬。你是根据目的给他们报酬呢？还是根据他们做出的贡献给他们报酬呢？"

彭更说："根据目的给报酬。"

孟子说："假定有人在这里毁坏了屋瓦，弄脏了新粉刷的墙，他的目的是谋生，那么你给他报酬吗？"

彭更说："不给。"

孟子说："既然如此，你就不是根据目的，而是根据所做的贡献了。"

（五）

原文

万章问曰①："宋，小国也，今将行王政，齐、楚恶而伐之②，则如之何？"

孟子曰："汤居亳③，与葛为邻。葛伯放而不祀。汤使人问之曰：'何为不祀？'曰：'无以供牺牲也。'汤使遗之牛羊。葛伯食之，又不以祀。汤又使人问之曰:'何为不祀?'曰:'无以供粢盛也。'汤使亳众往为之耕,老弱馈食。葛伯率其民,要其有酒食黍稻者夺之,不授者杀之。有童子以黍肉饷,杀而夺之。《书》曰:'葛伯仇饷。'此之谓也。为其杀是童子而征之,四海之内皆曰:'非富天下也,为匹夫匹妇复仇也。''汤始征,自葛载。'十一征而无敌于天下。东面而征,西夷怨;南面而征,北狄怨,曰:'奚为后我?'民之望之,若大旱之望雨也。归市者弗止,芸者不变,诛其君,吊其民,如时雨降,民大悦。《书》曰:'徯我后,后来其无罚。''有攸不惟臣,东征,绥厥士女。匪厥玄黄,绍我周王见休,惟臣附于大邑周。'其君子实玄黄于匪以迎其君子,其小人箪食壶浆以迎其小人。救民于水火之中,取其残而已矣。《太誓》曰:'我武惟扬,侵于之疆④,则取于残,杀伐用张,于汤有光。'不行王政云尔,苟行王政,四海之内皆举首而望之,欲以为君;齐、楚虽大,何畏焉?"

注释

①**万章**:孟子弟子。

②**齐、楚恶而伐之**:指宋王偃早期希望实行仁政以图强兴国的事,宋国此后发生内乱,诸大国觊觎其国土,后来宋为齐所灭。

③**亳**:城邑名,在今河南省商丘市境内。

④**于**:陈梦家《尚书通论》认为"于即是邘",古国名。后文"取于残"的"于"也是同样的含义。

译文

万章问道:"宋国是小国,现在想要施行仁政,如果齐、楚两国憎恨它,出兵来攻打它,那我们应该怎么办?"

孟子说:"过去,汤居住在亳地,与葛国相邻。葛伯放纵无道,不祭祀先人。

●周武王举贤贡能

汤派人问他：'为什么不祭祀先人？'葛伯说：'没有可供祭祀使用的牲畜。'汤就派人将牛羊送给他。葛伯把牛羊吃掉了，并没有用于祭祀。汤又派人问他：'为什么不祭祀先人？'葛伯说：'没有用来祭祀的粮食。'汤就叫亳地的百姓去为他耕种，年老体弱的人负责送饭。葛伯带领自己的人拦住携带饭菜的人抢劫，不肯给的就杀害了他们。有个孩子手拿饭和肉去为耕种的人送去，葛伯杀了孩子，抢走了饭和肉。《尚书》上说：'葛伯仇视那些送饭的人。'说的就是这件事。因为葛伯杀害了这个孩子，汤才去征讨他，普天下的人都说：'并非是想把天下变为自己的东西，而是为了给百姓复仇。''汤王征讨无道之人，从葛国开始。'征讨十一次，汤王天下无敌。向东征讨，西边的民族就抱怨；向南征讨，北边的民族就会埋怨。他们埋怨说：'为什么晚来我们这里？'人民盼望他的到来，就犹如在大旱之年盼望降雨一样。汤所到之处，做生意的人照常开张，农民照常下田干活，杀掉那里的暴君，安抚那里的百姓，就犹如及时雨从天而降，百姓万分开心。《尚书》上又说：'等待我们的君王，君王来了，我们就不再吃苦。'又说：'有一个攸国不臣服，周武王向东讨伐它，安抚那里的百姓。人们用竹筐装着黑色、黄色的绢帛去迎接周武王，愿意侍奉周武王而接受其恩泽，臣服于周国。'那里的官吏用筐装满黑色、黄色的绸缎去迎接周王的官吏，那里的百姓抬着饭筐、提着酒壶迎接周王的士兵。周武王把那里的百姓从水深火热的境地中拯救出来，除掉他们的暴君。《太誓》上说：'发扬我军的威武，进攻他们的国土，诛灭暴君，用杀伐威震天下，伟绩辉煌超过了成汤。'不施行仁政便罢了，如果施行仁政，普天下的人都会仰头来盼望他的到来，要拥护他当自己的君主；齐、楚两国尽管很大，又有什么可怕的呢？"

（六）

原文

孟子谓戴不胜曰①："子欲子之王之善与？我明告子。有楚大夫于此，欲其子之齐语也②，则使齐人傅诸③？使楚人傅诸？"

曰："使齐人傅之。"

曰："一齐人傅之，众楚人咻之④，虽日挞而求其齐也，不可得矣。引而置之庄岳之间数年⑤，虽日挞而求其楚，亦不可得矣。子谓薛居州⑥，善士也，使之居于王所。在于王所者，长幼卑尊皆薛居州也，王谁与为不善？在王所者，长幼卑尊皆非薛居州也，王谁与为善？一薛居州，独如宋王何？"

注释

①**戴不胜**：宋国大夫。

②**齐语**：齐国话。

③**傅**：教导。

④**咻**：喧哗吵闹。

⑤**庄岳**：庄，街名；岳，里名，都在齐都城临淄城内。这里代指齐都中的闹市区。

⑥**薛居州**：宋国大臣。

译文

孟子对戴不胜说："你希望你的君主一心向善吗？我明确地告诉你。假定有一位楚国大夫在这里，希望让他的儿子去学齐国话，那么是请齐国人来教他呢，还是请楚国人来教他呢？"

戴不胜说："请齐国人教他。"

孟子说："一个齐国人教他，许多楚国人在一旁喧哗干扰他，就算天天鞭策他，逼他去学好齐国话，也是不可能学会的。假如带他到齐国都城的集市当中居住几年，就算天天鞭策他，要他讲楚国话，也是不可能的。你说薛居州是个善士，让他居住在宋王宫中。如果在王宫当中的人，不论年龄大小、职位高低，都是薛居州这种人，宋王还能与谁去干坏事呢？如果在王宫中的人，不论年龄大小、职位高低，都不是薛居州这种人，宋王又能与谁去做好事呢？仅靠薛居州一个人，能对宋王起到什么作用呢？"

（七）

原　文

公孙丑问曰："不见诸侯何义？"

孟子曰："古者不为臣不见。段干木逾垣而辟之①，泄柳闭门而不内②，是皆已甚③。迫，斯可以见矣。阳货欲见孔子而恶无礼④。大夫有赐于士，不得受于其家，则往拜其门。阳货瞰孔子之亡也⑤，而馈孔子蒸豚；孔子亦瞰其亡也，而往拜之。当是时，阳货先，岂得不见？曾子曰：'胁肩谄笑⑥，病于夏畦。'子路曰：'未同而言，观其色赧赧然⑦，非由之所知也。'由是观之，则君子之所养，可知已矣。"

注　释

①**段干木**：战国初期人，孔子弟子子夏的弟子，曾担任魏文侯的老师。魏文侯登门拜访他，他跳墙躲避。

②**泄柳**：鲁缪公时期的贤者。**内**：通"纳"。

③**是皆已甚**：这都过分了。

④**阳货**：鲁国大夫。**恶**：厌恶。

⑤**瞰**：窥探。

⑥**胁肩**：耸着肩膀表示恭敬。**谄笑**：勉强露出笑容。

⑦赧赧然：因羞愧而脸红。

译文

公孙丑问："不去拜见诸侯，有什么道理吗？"

孟子说："在古代，并非诸侯的臣下，是不能去谒见诸侯的。段干木翻墙躲避魏文侯，泄柳闭门不接待鲁缪公，这么做都过分了。如果是诸侯主动来相见，这样也是可以与之会面的。阳货想让孔子来见自己，又怕被人说不懂礼数。按礼仪规定，大夫送礼物给士人，士人不在家而接受礼物，事后就应前往大夫家中进行拜谢。阳货听说孔子不在家时，给孔子送去一只蒸熟的小猪；孔子也在得知阳货不在家时，才登门拜谢。在那时，阳货如果先登门送礼物，孔子哪能不见他呢？曾子说：'恭敬地耸起肩膀，摆出假惺惺的笑脸，去巴结别人，真比酷暑时在田地里干活还难受。'子路说：'道不同还要交谈，看他那羞惭的样子，这不是我可以理解的。'由此看来，君子应当知道如何培养自己的道德操守了。"

（八）

原文

戴盈之曰①："什一②，去关市之征③，今兹未能，请轻之，以待来年，然后已，何如？"

孟子说："今有人日攘其邻之鸡者④，或告之曰：'是非君子之道。'曰：'请损之⑤，月攘一鸡，以待来年，然后已。'如知其非义，斯速已矣，何待来年？"

注释

①戴盈之：宋国大夫。

②什一：缴纳百分之十的赋税，属于税率较低的征税方式。

③去：免除。

④攘：偷。

⑤损：减少。

译 文

戴盈之说:"实行值十抽一的税率,免掉关卡与市场对商品的征税,今年无法实行了,就应当减轻一部分,到明年再废止现在的税制,如何?"

孟子说:"如果有个人天天偷邻居家的鸡,有人劝告他:'这并非是君子的行为。'那人却说:'请允许我少偷一些吧,每月偷一只鸡,等到明年再停止偷窃。'如果知道那样的事是不对的,就应该赶快停止,为什么要等到明年呢?"

(九)

原 文

公都子曰①:"外人皆称夫子好辩,敢问何也?"

孟子曰:"予岂好辩哉?予不得已也!天下之生久矣,一治一乱。当尧之时,水逆行,氾滥于中国②,蛇龙居之,民无所定;下者为巢,上者为营窟③。《书》曰:'洚水警余。'洚水者,洪水也。使禹治之。禹掘地而注之海;驱蛇龙而放之菹④;水由地中行,江、淮、河、汉是也。险阻既远,鸟兽之害人者消,然后人得平土而居之。

注 释

①**公都子**:孟子弟子。
②**氾滥**:泛滥。
③**营窟**:相连成为窟穴。
④**菹**:水草众多的沼泽。

译 文

公都子说:"其他人都说老师您喜好辩论,请问这是什么原因呢?"

孟子说:"我难道喜欢辩论吗?我是不得已而去辩论啊!天下存在了很漫长的时间了,总是时而安定,时而动乱。在尧的时代,水势倒流,在中原泛滥,蛇龙四处盘踞，人们无处居住；地势低洼的地方，就在树上搭窝安身，地势高的地方，就挖掘洞穴为家。《尚书》说：'泽水让我们警惕。'泽水，就是洪水。尧派禹治水。禹开挖河道，让洪水流入大海之中；驱逐蛇龙，把它们赶进沼泽中；水都顺着地中间的河道流泄，这便是长江、淮河、黄河和汉水。险阻排除了，危害人类的鸟兽被消灭了，然后人们才能够在平原上居住。

原 文

"尧、舜既没，圣人之道衰，暴君代作①。坏宫室以为污池②，民无所安息；弃田以为园囿，使民不得衣食。邪说暴行又作，园囿、污池、沛泽多而禽兽至。及纣之身，天下又大乱。周公相武王诛纣，伐奄③，三年讨其君，驱飞廉于海隅而戮之④。灭国者五十。驱虎、豹、犀、象而远之，天下大悦。《书》曰：'丕显哉，文王谟！丕承哉，武王烈！佑启我后人，咸以正无缺。'

注 释

①**代作**：代有兴起。

②**污池**：深池。

③**奄**：国名，原附属商朝，其地在今山东省曲阜市附近。周公伐奄是周成王时代的事。

④**飞廉**：商纣王的宠臣、佞臣。此处记载的驱杀飞廉之事，与《史记·秦本纪》中的记载有所不同。

译 文

"尧、舜去世后，圣人之道就随之衰微了，暴君不断出现。毁坏宫殿来修建深池，使百姓无处安身；废弃农田改建园林，使百姓断绝衣食来源。谬论、暴行不断出现，园林、深池、沼泽多了，禽兽又聚集起来。到了商纣时期，天下再次大乱。周公辅佐武王杀掉纣王，讨伐奄地，三年后诛杀奄君，把飞廉驱逐到海边杀死。消灭的国家多达五十个。把老虎、豹子、犀牛、大象驱赶到遥远的地方，天下人都很高兴。《尚书》上说：'多么光明啊，文王的谋略！继承得多么好啊，武王的功业！启迪了

后人，使后人的行为都没有偏差。'

原　文

"世衰道微，邪说暴行有作，臣弑其君者有之，子弑其父者有之。孔子惧，作《春秋》①。《春秋》，天子之事也。是故孔子曰：'知我者其惟《春秋》乎！罪我者其惟《春秋》乎！'

"圣王不作，诸侯放恣②，处士横议③，杨朱、墨翟之言盈天下④。天下之言不归杨，则归墨。杨氏为我，是无君也⑤；墨氏兼爱，是无父也⑥。无父无君，是禽兽也。公明仪曰：'庖有肥肉，厩有肥马，民有饥色，野有饿莩，此率兽而食人也！'杨墨之道不息，孔子之道不著，是邪说诬民，充塞仁义也。仁义充塞，则率兽食人，人将相食。吾为此惧，闲先圣之道，距杨墨，放淫辞，邪说者不得作。作于其心，害于其事；作于其事，害于其政。圣人复起，不易吾言矣。

注　释

①《春秋》：春秋时期鲁国史官按年代记载历史的书，孔子晚年曾对它进行删定。

②**放恣**：放纵。

③**处士**：没有出仕的世人。**横议**：胡乱发表言论。

④**杨朱**：战国初期思想家，魏国人，字子居，又称杨子、阳子或阳生。**墨翟**：战国时期思想家，墨家学派代表人物。

⑤**无君**：杨朱主张"为我""贵生"，看重自己的生命，孟子认为他眼中没有君王，因此说他"无君"。

⑥**无父**：墨翟主张"兼爱"，爱人没有差别，孟子认为墨子对人没有亲疏，眼中无父。

译 文

"世道衰微了，谬论、暴行又纷纷出现，有臣子诛杀君主的，有儿子杀害父亲的。孔子为此感到忧惧，编写了《春秋》这部书。《春秋》所写的是天子的事情。所以孔子说：'人们了解我，只有通过这部《春秋》吧！怪罪我的人，恐怕也是通过这部《春秋》吧！'

"圣人不出现，诸侯放纵恣肆，读书人横发议论，杨朱、墨翟的言论充塞天下。天下的学说，不是归向杨朱一派，就是归向墨翟一派。杨朱宣扬'为我'，这是心目当中没有君王；墨翟宣扬'兼爱'，这是心目中没有父母。心中无父无君，这就与禽兽没有差异。公明仪说：'厨房里有肥肉，马厩里有好马，而百姓面黄肌瘦，野外有饿莩，这就好比率领着野兽来吃人啊！'杨朱、墨翟的学说不停止传播，孔子的学说得不到发扬光大，这会使邪说蒙骗百姓，堵塞仁义的传播。仁义得不到传播，就等同于率领野兽吃人，人与人将互相残害。我为此忧惧，决心捍卫古代圣人的学说，批驳杨朱、墨翟的谬论，排斥荒诞的主张，使邪说不能兴风作浪。邪说从心里产生，就会危害事业；事业受到危害，就会影响政治。就算有圣人出现，也不会反对我的观点。

原 文

"昔者禹抑洪水而天下平，周公兼夷狄，驱猛兽而百姓宁，孔子成《春秋》而乱臣贼子惧。《诗》云：'戎狄是膺，荆舒是惩，则莫我敢承①。'无父无君，是周公所膺也。我亦欲正人心，息邪说，距诐行②，放淫辞，以承三圣者，岂好辩哉？予不得已也。能言距杨墨者，圣人之徒也。"

注释

①承：抵制。
②诐行：不正当的行为。

译文

"从前大禹治水而使得天下太平，周公兼并夷狄，驱逐野兽而使百姓安宁，孔子编写《春秋》，使得犯上作乱的乱臣贼子畏惧。《诗经》上说：'打击戎狄，严惩荆舒，就没人敢抗拒我。'目无父母、君主的人，是周公要去讨伐的。我也想端正人心，消灭邪说，批判放纵、偏激的行为，驳斥荒诞的言论，以此来继承禹、周公、孔子这三位圣人的事业，这难道是我喜欢辩论吗？我是不得已而为之啊。能够用言论反对杨朱、墨翟的人，才是圣人的门徒啊。"

（十）

原文

匡章曰①："陈仲子岂不诚廉士哉②？居於陵③，三日不食，耳无闻，目无见也。井上有李，螬食实者过半矣，匍匐往，将食之，三咽，然后耳有闻目有见。"

孟子曰："于齐国之士，吾必以仲子为巨擘焉。虽然，仲子恶能廉？充仲子之操，则蚓而后可者也。夫蚓，上食槁壤，下饮黄泉。仲子所居之室，伯夷之所筑与？抑亦盗跖之所筑与④？所食之粟，伯夷之所树与？抑亦盗跖之所树与？是未可知也。"

注释

①匡章：齐国人，孟子的朋友。
②陈仲子：齐国人，世称陈仲、田仲，又称于陵仲子。《淮南子·泛论训》说他"不入洿（同"污"）君之朝，不食乱世之食，遂饿而死"。

③**於陵**：齐国地名，在今山东省邹平县境内。

④**盗跖**：春秋末年奴隶起义的领袖，姓展，名跖，因住在鲁国柳下，故又称柳下跖；"盗"是对他的诬称。这里以盗跖泛指恶人。

译　文

匡章说："陈仲子难道并非真正的廉洁之士吗？居住在於陵，三天没有吃东西，饿得丧失了听觉，失去了视觉。井台上有个李子，已被金龟子吃掉一大半，他爬过去，拿起来吃掉，咽了三口，才得以听见声音，才能看见东西。"

孟子说："在齐国的士人里，我肯定认为陈仲子是首屈一指的人物。尽管如此，陈仲子怎能称作廉洁？要想将他所坚持的廉洁扩展到一切方面，那只有变成蚯蚓才能做到。蚯蚓，在地上吃干土，在地下喝泉水。而陈仲子住的房子，是伯夷建的呢，还是盗跖建的呢？他吃的粮食，是伯夷种的呢，还是盗跖种的呢？这些事都无法知道啊。"

原　文

曰："是何伤哉？彼身织屦，妻辟纑，以易之也。"

曰："仲子，齐之世家也。兄戴，盖禄万钟①；以兄之禄为不义之禄而不食也，以兄之室为不义之室而不居也，辟兄离母②，处于於陵。他日归，则有馈其兄生鹅者，己频顣曰③：'恶用是鶃鶃者为哉④？'他日，其母杀是鹅也，与之食之。其兄自外至，曰：'是鶃鶃之肉也。'出而哇之⑤。以母则不食，以妻则食之；以兄之室则弗居，以於陵则居之，是尚为能充其类也乎？若仲子者，蚓而后充其操者也。"

注　释

①**盖**：齐国地名，是陈戴的食邑。

②**辟**：通"避"。

③**频顣**：愁眉不展的样子。

④鶂鶂：鹅的叫声。

⑤哇：呕吐。

译文

匡章说："这有什么关系呢？他自己编草鞋，妻子绩麻搓线，用它们换取所需要的东西。"

孟子说："仲子是齐国的世家。他的哥哥陈戴，在盖邑享受禄米一万钟；仲子认为哥哥的禄米是不该得来的，因而不吃，认为哥哥的房屋也是不该得来的，因而不住，避开哥哥，离开母亲，住在於陵。有一天回家，见有人送给他哥哥一只活鹅，他紧皱着眉头说：'哪里用得着这种呱呱叫的东西？'后来，他母亲杀了这只鹅，给仲子吃。他哥哥从外面回来，告诉仲子：'这就是那种呱呱叫的东西的肉呀。'仲子便跑出去把吃下的肉呕吐出来。因为是母亲的食物就不吃，因为是妻子的食物就吃；因为是哥哥的房屋就不住，因为是在於陵就住了，这还能推广他那种廉洁吗？要做像陈仲子那样的人，只有变成蚯蚓才能做到了。"

离娄上

本篇共二十八章，主要内容是孟子谈论如何施行仁义、平治天下，还有孝道与取法先王之道。

孟子强调了修身齐家治国平天下的重要道理，"天下之本在国，国之本在家，家之本在身"。仁义又是治理好家国天下的标准与必然方式，也是对人们道德品质的核心要求。

对于"修齐治平"，孟子认为修身的核心在于诚，"诚身有道，不明乎善，不诚其身矣"。齐家的核心在于"孝"，也就是"人人亲其亲，长其长，而天下太平"。孝是天下的根本，无孝则不足以取信于人，君主无孝则无以为天下表率。平天下的核心在于"仁"，也就是孟子不断强调的实施仁政，"民之归于仁也，犹水之就下，兽之走圹也"。

孟子在本篇里，重点强调要效法先代的圣贤，将尧、舜、周文王等古代先贤看作是必须遵循的榜样，这对于中国人敬天法祖的思想有着深刻的影响。

（一）

原　文

孟子曰："离娄之明①，公输子之巧②，不以规矩，不能成方圆；师旷之聪③，不以六律④，不能正五音⑤；尧舜之道，不以仁政，不能平治天下。今有仁心仁闻而民不被其泽，不可法于后世者，不行先王之道也。故曰，徒善不足以为政，徒法不能以自行。《诗》云：'不愆不忘，率由旧章。⑥'遵先王之法而过者，未之有也。圣人既竭目力焉，继之以规矩准绳，以为方员平直，不可胜用也；既竭耳力焉，继之以六律正五音，不可胜用也；既竭心思焉，继之以不忍人之政，而仁覆天下矣。故曰，为高必因丘陵，为下必因川泽；为政不因先王之道，可谓智乎？是以惟仁者宜在高位。不仁而在高位，是播其恶于众也。上无道揆也，下无法守也，朝不信道，工不信度，君子犯义，小人犯刑，国之所存者幸也。故曰，城郭不完，兵甲不多，非国之灾也；田野不辟，货财不聚，非国之害也。上无礼，下无学，贼民兴，丧无日矣。《诗》云：'天之方蹶，无然泄泄。⑦'泄泄犹沓沓也。事君无义，进退无礼，言则非先王之道者，犹沓沓也。故曰,责难于君谓之恭,陈善闭邪谓之敬,吾君不能谓之贼。"

注释

①**离娄**:相传是黄帝时代一个视力很好的人。

②**公输子**:即公输班,春秋末年鲁国人,又称鲁班,是古代著名的工匠。

③**师旷**:春秋时晋平公手下的乐师,名旷,相传他的辨音能力很好。

④**六律**:指十二律当中的六个阳律。十二律是古人用十二根律管所规定的十二个标准音,分成阴阳两类,阴律又称六吕,阳律又称六律。这里的六律指代十二律。

⑤**五音**:中国古代音乐所规定的五个音阶,分别是宫、商、角、徵、羽。

⑥这两句出自《诗经·大雅·假乐》。

⑦这两句出自《诗经·大雅·板》。

译文

孟子说:"就算有离娄那种眼力,公输子那样的巧技,不依靠圆规与曲尺,也画不出方形和圆形;就算有师旷那样的听力,不依靠六律,也无法校正五音;就算有尧、舜之道,不实施仁政,也不能使天下太平。如果有了仁爱之心与仁爱的名声,百姓却没有得到其恩泽,不能被后世所效仿,是因为他没有实施先王之道。因此光有善心不足以治理好天下,光有好的法度也不能自动实施。《诗经》上说:'不犯错误,不要遗忘,一切遵循旧的规章。'遵循先王的法度而犯下错误,这是前所未有的事。圣人竭尽目力,依靠圆规、曲尺、水准、墨线,画方、圆、平、直就足够了;圣人竭尽耳力,用六律来校正五音就足够了;圣人竭尽心力,施行仁政,仁德就得以遍布天下了。所以要想显得高大,一定要依靠山陵,要想凿深,一定要依靠河泽;执掌国政不依靠先王之道,能说是明智的吗?因此,只有仁人才可以处在高位。不仁的人处于高位,这会使他把邪恶传播给众人。居上位者不遵照义理去处理事务,居下位者不以法度约束自身,朝廷不信道义,工匠不信尺度,官吏违反礼义,小人触犯刑律,国家还能存在,只是出于侥幸而已。所以说,城墙不坚固,军队不够多,这并非是国家的灾难;土地没有得到扩张,财富没有积聚,这并非是国家的祸害。居上位者不讲礼,居下位者不学礼,作恶的人日益增多,国家也就即将灭亡了。《诗经》上说:'上天要颠覆一个国家,群臣就不要多嘴。'多嘴就是聒噪啰唆。侍奉君主不讲究义,一举一动不符合礼，张口就要诋毁先王之道，就是聒噪。所以说，严格要求君王称为恭；宣扬善举，摒弃邪说称为敬；认为君王不能行善称为贼。"

（二）

原文

孟子曰："规矩，方员之至也①；圣人，人伦之至也。欲为君，尽君道；欲为臣，尽臣道。二者皆法尧、舜而已矣。不以舜之所以事尧事君，不敬其君者也；不以尧之所以治民治民，贼其民者也。孔子曰：'道二，仁与不仁而已矣。'暴其民甚，则身弑国亡；不甚，则身危国削，名之曰'幽''厉'②，虽孝子慈孙，百世不能改也。《诗》云：'殷鉴不远，在夏后之世。'③此之谓也。"

注释

①员：通"圆"。

②幽、厉：谥号名。《逸周书·谥法解》记载："动祭乱常曰幽，杀戮无辜曰厉。"这两个谥号都是恶谥。

③这两句出自《诗经·大雅·荡》。

译文

孟子说："圆规、曲尺，是方和圆的极致标准；圣人，是做人的极致典范。想成为好君主，就要尽到身为君主的道义；想成为好臣子，就要尽到身为臣子的道义。这二者都要效法尧、舜。不用舜侍奉尧的态度去侍奉君主，便是不敬重其君主；不用尧治理百姓的方法去治理天下，就是残害百姓。孔子说：'道只有两种，仁和不仁而已。'对百姓太残暴，就会身死国灭；即使对百姓不是太过残暴，也会使自身危险、国家衰落，死后被追加'幽''厉'这类恶谥，就算他有孝顺的子孙，百代之后的恶名也无法更改。《诗经》上说：'殷朝可以借鉴的教训离得不远，就在前代的夏朝。'说的就是这种含义。"

（三）

原文

孟子曰："三代之得天下也以仁①，其失天下也以不仁。国之所以废兴存亡者亦然②。天子不仁，不保四海；诸侯不仁，不保社稷③；卿大夫不仁，不保宗庙④；士庶人不仁，不保四体。今恶死亡而乐不仁，是犹恶醉而强酒。"

注释

①三代：夏、商、周三个朝代。

②国：这里指诸侯国。

③社稷：原本指土、谷之神，后来代指政权。

④宗庙：天子、诸侯祭祀先祖的场所，这里指卿、大夫的采邑。

译文

孟子说："夏、商、周三代能得天下，是因为仁；他们失去天下，是因为不仁。国家衰败、兴盛、生存、灭亡的原因，也是如此。天子不仁，无法保住天下；诸侯不仁，无法保住国家；卿大夫不仁，无法保住宗庙；士人与百姓不仁，无法保全自身。如果害怕死亡，却又愿意去做不仁的事，这就犹如厌恶醉酒却要多喝酒一样。"

●夏桀脯林酒池

（四）

原文

孟子曰："爱人不亲，反其仁①；治人不治，反其智②；礼人不答,反其敬。行有不得者皆反求诸己,其身正而天下归之。《诗》云:'永言配命,自求多福。'③"

注释

①反:反省。

②智:智慧。

③这两句出自《诗经·大雅·文王》。

译文

孟子说:"爱别人,别人却不亲近这个人,就要反省自己的关爱是否充足;管理别人却管理不好,就要反省自己的智慧是否足够;礼貌待人,别人却不予理睬,就要反省自己的敬意是否足够。行事没能得到预期效果的,都要反省自己。自身端正了,天下的人就会来归附你。《诗经》上说:'永远遵从天命,自己努力才会多福。'"

(五)

原文

孟子曰:"人有恒言①,皆曰,'天下国家。'天下之本在国,国之本在家,家之本在身。"

注释

①恒:常。

译文

孟子说:"人们有句老话,都说:'天下国家。'天下的根本在于国,国的根本在于家,家的根本在于自身。"

(六)

原文

孟子曰:"为政不难,不得罪于巨室①。巨室之所慕,一国慕之;

一国之所慕,天下慕之;故沛然德教溢乎四海。"

注释

①**巨室**:官宦巨族,累世为官的家族。

译文

孟子说:"搞好政治不难,不得罪那些名门望族就行了。他们所仰慕的,全国都会仰慕;全国所仰慕的,天下人都会仰慕;因而德教就会充盈天下了。"

(七)

原文

孟子曰:"天下有道,小德役大德,小贤役大贤①;天下无道,小役大,弱役强。斯二者,天也。顺天者存,逆天者亡。齐景公曰:'既不能令,又不受命,是绝物也②。'涕出而女于吴③。今也小国师大国而耻受命焉,是犹弟子而耻受命于先师也。如耻之,莫若师文王。师文王,大国五年,小国七年,必为政于天下矣。《诗》云:'商之孙子,其丽不亿④。上帝既命,侯于周服。侯服于周,天命靡常。殷士肤敏,祼(guàn)将于京。'⑤孔子曰:'仁不可为众也。夫国君好仁,天下无敌。'今也欲无敌于天下而不以仁,是犹执热而不以濯也。《诗》云:'谁能执热,逝不以濯?⑥'"

注释

①**役**:此处应为"役于"的简写,听命于。

②**绝物**:走投无路的人。

③事见《说苑·权谋》记载。齐景公害怕吴王阖闾伐齐,无奈之下将女儿嫁给阖闾。送别时,哭着说:"余死不汝见矣!""余有齐国之固,不能以令诸侯,又不能听,是生乱也。寡人闻之,不能令,则莫若从。"

④丽：数目。**不亿**：不下亿万。

⑤这八句出自《诗经·大雅·文王》。祼，宗庙祭祀的一种仪式，把郁鬯酒浇在地上以迎接鬼神。将，助。

⑥这两句出自《诗经·大雅·桑柔》。

译 文

孟子说："天下政治清明时，道德低的人听命于道德高的人，才智少的人受才智多的人役使；天下无道时，力量小的人受力量大的人役使，势力弱的人听命于势力强的人。这两种情况，符合天意。顺从天道就可以生存，违逆天道就会灭亡。齐景公说：'我既不能命令别人，又不愿听从别人的命令，这是被逼入了绝境啊。'于是只能哭着将女儿远嫁到吴国。现在，小国效法大国，却又耻于接受大国的号令，这就犹如徒弟耻于接受老师的命令一样。如果真的感到羞耻，那就不如效法文王。效法文王，大国不出五年，小国不出七年，必定可以统治天下。《诗经》上说：'商的后裔，数量不少于亿万。上天有令，都归顺周朝。归顺周朝，可见天命也会变化。殷朝的臣子，无论是漂亮的还是聪明的，都行洒酒之礼，助祭在周王的京城。'孔子说：'仁的力量，不在于人多。国君爱好仁德，就可以天下无敌。'如果想无敌于天下而又不凭借仁，这就犹如手拿滚烫的物体而不用冷水冲洗一样。《诗经》上说：'谁能热得受不了，而不用冷水冲洗呢？'"

（八）

原 文

孟子曰："不仁者可与言哉？安其危而利其菑①，乐其所以亡者②。不仁而可与言，则何亡国败家之有？有孺子歌曰③：'沧浪之水清兮，可以濯我缨；沧浪之水浊兮，可以濯我足。'孔子曰：'小子听之！清斯濯缨，浊斯濯足矣。自取之也。'夫人必自侮，然后人侮之；家必自毁，而后人毁之；国必自伐，而后人伐之。《太甲》曰：'天作孽，犹可违；自作孽，不可活。'此之谓也。"

● 沧浪之水清兮，可以濯我缨

注释

① 葘：灾难。
② 乐：沉迷于。
③ 孺子歌：流传很广的民歌。

译文

孟子说："不仁的人还能与他交流吗？他们面临着危险还贪求苟安，灾祸临头还自以为能够获利，沉迷于会导致丧命的事情当中。不仁的人如果也能和他讲道理，哪还会有亡国败家的灾难发生呢？从前有个孩子唱道：'沧浪的水清澈哟，可以洗我的帽缨；沧浪的水浑浊哟，可以洗我的脚。'孔子说：'弟子们听好！水清就洗帽缨，水浊就洗脚了。这是由水本身决定的。'一个人必然是自己不尊重自己，人家才来侮辱他；一家人必然是自己招致毁灭，人家才来毁灭它；一个国家必然出现内乱，自相攻伐，别人才来讨伐它。《尚书·太甲》中说：'上天降灾，还可以避开；自己作孽，无法逃脱。'说的就是这个含义。"

（九）

原文

孟子曰："桀、纣之失天下也，失其民也；失其民者，失其心也。得天下有道：得其民，斯得天下矣①；得其民有道：得其心，斯得民矣；得其心有道：所欲与之聚之，所恶勿施，尔也。民之归仁也，犹水之就下、兽之走圹也②。故为渊驱鱼者，獭也③；为丛驱爵者，鹯也④；为汤、武驱民者，桀与纣也。今天下之君有好仁者，则诸侯皆为之驱矣。虽欲无王，不可得矣。今之欲王者，犹七年之病求三年之艾也⑤。苟为不畜，终身不得。苟不志于仁，终身忧辱，以陷于死亡。《诗》云：'其何能淑，载胥及溺。⑥'此之谓也。"

注释

① 斯：这样。
② 圹：旷野。
③ 獭：水獭，捕鱼为食。
④ 鹯：吃雀鸟的猛禽。
⑤ 三年之艾：晾晒干燥了三年的艾草。
⑥ 这两句出自《诗经·大雅·桑柔》。

译文

孟子说："桀和纣丧失天下，是由于失去了百姓；失去百姓，是由于丧失了民心。得天下有办法：得到百姓，就可以得到天下了；获得百姓有办法：赢得民心，就能得到百姓了；想要得民心：百姓想要的，就为他们积聚起来；他们厌恶的，就不要强加给他们，如此而已。人民归依于仁德，如同水往低处流、野兽向旷野迁徙一样。所以，替深池赶来鱼的是水獭；替丛林赶来鸟雀的是鹯鹰；替汤王、武王赶来百姓的，就是夏桀和商纣这些暴君。如果现在天下的国君都是喜欢仁德的，那么诸侯们就会帮他把百姓赶来。哪怕他并不想称王于天下，也是不可能的了。现在想称王天下的人，犹如生了七年病要找存放三年的陈艾草来治病。如果平时没有积存，那就终生都得不到。如果无意于仁政，必将终身忧愁受辱，以致死亡。《诗经》上说：'他们怎么可能相处得很好，只会彼此掣肘最终淹死。'说的就是这种道理。"

（十）

原文

孟子曰："自暴者①，不可与有言也；自弃者，不可与有为也。言非礼义②，谓之自暴也；吾身不能居仁由义，谓之自弃也。仁，人之安宅也；义，人之正路也。旷安宅而弗居，舍正路而不由，哀哉！"

注释

①暴：伤害，损害。

②非：诋毁。

译文

孟子说："自己戕害自己的人，是不可能与他有交流成果的；自己抛弃自己的人，不可能与他合作干出成绩。说话诋毁礼义的人，这是戕害自己；自认为不能守仁行义的，这是抛弃自己。仁，是人们最安全舒适的住所，义，是人们最正确的道路。空着安全舒适的住所不住，舍弃正确的道路不走，真是可悲啊！"

（十一）

原文

孟子曰："道在迩而求诸远①，事在易而求诸难。人人亲其亲、长其长，而天下平。"

注释

①迩：近处。

译文

孟子说："道路就在眼前，却向远处去寻求；事情本来容易，却从难的地方着手：只要人人爱父母、敬长辈，天下就得以太平。"

（十二）

原文

孟子曰："居下位而不获于上①，民不可得而治也。获于上有道：不信于友②，弗获于上矣。信于友有道：事亲弗悦，弗信于友矣。悦亲有道：反身不诚，不悦于亲矣。诚身有道：不明乎善，不诚其身矣。是故诚者，天之道也；思诚者，人之道也。至诚而不动者，未之有也；不诚，未有能动者也。"

注释

① **不获于上**：得不到上级的信任。
② **不信于友**：得不到朋友的信任。

译文

孟子说："臣子不被君主信任，是不可能治理好民众的。要取得君主的信任是有办法的：不能被朋友所信任，也就无法得到上司的信任了。要被朋友信任是有办法的：如果侍奉不好父母，也就无法被朋友所信任了。要侍奉父母是有办法的：自己不能诚心诚意，也就侍奉不好父母了。要使自己诚心诚意有办法：如果不明白何为善行，也就不会让自己能够诚心诚意了。所以，诚是天然的准则，追求真诚是做人准则。真心诚意还不能使人感动，是从不会有的事；不诚心是无法打动任何人的。"

（十三）

原文

孟子曰："伯夷辟纣，居北海之滨①，闻文王作，兴曰：'盍归乎来！吾闻西伯善养老者②。'太公辟纣③，居东海之滨④，闻文王作，兴曰：'盍归乎来！吾闻西伯善养老者。'二老者，天下之大老也，而归之，是天下之父归之也。天下之父归之，其子焉往？诸侯有行文王之政者，七年之内，必为政于天下矣。"

注释

① **北海之滨**：位于今濒临渤海的河北省昌黎县一带。
② **西伯**：即周文王。
③ **太公**：即姜太公，因祖先曾封于吕地，因此他是姜姓，吕氏，名尚，字子牙，号太公望。曾辅佐文王、武王，最终灭商建立周朝。
④ **东海之滨**：在今山东省莒县东部。

译 文

孟子曰："伯夷躲避纣王,隐居在北海边,听说周文王兴盛了,高兴地说:'何不去投奔西伯呢!我听说西伯善于奉养老人。'太公躲避纣王,隐居在东海边,听说文王兴盛了,高兴地说:'何不去投奔西伯呢!我听说西伯善于奉养老人。'这两位老人,是天下最有声望的老人,他们投奔西伯,这就使天下间的父亲都去投奔西伯了。天下的父亲都投奔了西伯,他们的子女还能去哪里呢?诸侯中如果有施行文王那样的仁政的人,不出七年,就可以执掌天下政权。"

●伯夷

(十四)

原 文

孟子曰:"求也为季氏宰①,无能改于其德,而赋粟倍他日②。孔子曰:'求非我徒也,小子鸣鼓而攻之可也。'由此观之,君不行仁政而富之,皆弃于孔子者也,况于为之强战?争地以战,杀人盈野,争城以战,杀人盈城,此所谓率土地而食人肉,罪不容于死。故善战者服上刑③,连诸侯者次之,辟草莱、任土地者次之④。"

注 释

①**求也为季氏宰**:求,冉求,孔子弟子。季氏,指季康子,鲁国大夫。宰,家臣。

②**赋粟**:向百姓征收的粟米。

③**上刑**:残酷的刑罚。

④**辟草莱**:开垦荒地。**任土地**:将土地分给百姓。

译 文

孟子说:"冉求出任季氏的家臣,没能改变季氏的德行,征收田赋反而比过去翻倍。孔子说：'冉求不是我的学生，诸位弟子可以大肆攻击他！'由此看来，君主不施行仁政而去搜刮民脂民膏，这类行为都是孔子所鄙弃的，更何况是为了掠夺财富而发动战争呢？为争夺一块地方打仗而杀人盈野，为争夺一座城池而屠城，这就叫作带领土地来吃人，罪恶之大，死有余辜。所以善于打仗的人该受最重的刑罚，唆使诸侯结盟打仗的人，该受次一等的刑罚，分配土地导致混乱的人该受再次一等的刑罚。"

（十五）

原文

孟子曰："存乎人者①，莫良于眸子②。眸子不能掩其恶。胸中正，则眸子瞭焉③；胸中不正，则眸子眊焉④。听其言也，观其眸子，人焉廋哉⑤？"

注释

①存：观察。

②眸子：瞳仁，此处泛指整个眼睛。

③瞭：明亮。

④眊：蒙眬，看不清。

⑤廋：躲藏，隐匿。

译文

孟子说："观察人最好的办法就是观察他的眼睛。眼睛掩饰不了一个人内心的丑恶。胸怀坦荡，眼睛就明亮；心存不正，眼睛就浊暗。听一个人说话，同时观察其眼睛，这个人的本性还怎么隐藏呢？"

（十六）

原文

孟子曰："恭者不侮人，俭者不夺人。侮夺人之君，惟恐不顺焉，恶得为恭俭？恭俭岂可以声音笑貌为哉？"

译 文

孟子说:"恭敬他人的人不会去欺侮别人,节俭的人不会去掠夺别人。欺侮人、掠夺人的君主,唯恐别人不会顺从他,怎样才能做到恭敬与节俭呢?恭敬和节俭难道能靠声音和笑貌来做到吗?"

(十七)

原 文

淳于髡(kūn)曰①:"男女授受不亲②,礼与?"

孟子曰:"礼也。"

曰:"嫂溺,则援之以手乎?"

曰:"嫂溺不援,是豺狼也。男女授受不亲,礼也;嫂溺,援之以手者③,权也④。"

曰:"今天下溺矣,夫子之不援,何也?"

曰:"天下溺,援之以道;嫂溺,援之以手。子欲手援天下乎?"

注 释

① **淳于髡**:姓淳于,名髡,战国时齐国有名的辩士。

② **授受**:给予与拿取。

③ **援**:牵拉。

④ **权**:权变,变通。

译 文

淳于髡说:"男女之间不能亲自传递东西,这是礼法的规定吗?"

孟子说:"是礼法的规定。"

淳于髡又问:"假如嫂子落水了,那么可以用手拉她吗?"

孟子说:"嫂子落水了而不拉,这就如同豺狼了。男女之间不亲手递接东西,这是礼法的规定;嫂子落水而伸手去拉,这是对礼法的变通。"

淳于髡说:"现在,天下的人都落水了,您不去救,这是为什么呢?"

孟子说:"天下人都落水了,要用王道去救;嫂子落水了,要用手去救。你难道想用手去拯救天下人吗?"

(十八)

原文

公孙丑曰:"君子之不教子,何也?"

孟子曰:"势不行也。教者必以正①;以正不行,继之以怒。继之以怒,则反夷矣②。'夫子教我以正③,夫子未出于正也。'则是父子相夷也。父子相夷,则恶矣。古者易子而教之,父子之间不责善。责善则离,离则不祥莫大焉。"

注释

① **正**:正道。

② **夷**:伤。

③ **夫子**:这里指父亲。

译文

公孙丑说:"君子不亲自教导自己的儿子,这是为什么呢?"

孟子说:"因为情理上不行。教育必然要用正确的道理;用正确的道理行不通,接着便会发怒。一发怒,反而伤害到感情了。儿子会说:'你以正道来教育我,而你自己的做法就是不正确的。'这样,父子之间就伤到了感情。父子之间伤到了感情,就变成了坏事。古时候相互交换儿子进行教育,父子之间就不会因为向善而彼此责备。因为向善而彼此有了隔阂,没有比这更不幸的事了。"

（十九）

原　文

孟子曰："事，孰为大？事亲为大。守，孰为大？守身为大。不失其身而能事其亲者，吾闻之矣；失其身而能事其亲者，吾未之闻也。孰不为事？事亲，事之本也；孰不为守？守身，守之本也。曾子养曾皙①，必有酒肉。将彻②，必请所与；问有余，必曰'有'。曾皙死，曾元养曾子③，必有酒肉。将彻，不请所与；问有余，曰'亡矣'，将以复进也。此所谓养口体者也。若曾子，则可谓养志也。事亲若曾子者，可也。"

注　释

①**曾子**：即曾参，与他的父亲曾皙同为孔子的弟子。
②**彻**：将饭菜撤下。
③**曾元**：曾参的儿子。

译　文

孟子说："侍奉何人最为重要？侍奉父母是最重要的。守护什么最重要？守护自身的节操是最重要的。不丧失自身的节操而能侍奉好父母的人，我听说过；丧失了自身节操而能侍奉好父母的，我从未听说过。哪个长者不应当被侍奉？但侍奉父母才是侍奉的根本；哪种节操不该守护？但守护自身节操才是根本。曾子奉养其父曾皙，每餐必有酒肉。撤下食物时，必请示剩下的酒肉分配给谁；父亲问有没有剩余，必定说'有'。曾皙死后，曾元奉养其父曾子，每餐也必有酒肉。撤下时，不请示剩余的分给谁；父

●曾皙

亲问有没有剩余的酒肉，就回答'没有'，然后重新呈上。这叫作奉养父母身体。像曾子那样，才称得上赡养父母的意愿。侍奉父母能像曾子那样才可以。"

（二十）

原文

孟子曰："人不足与适也①，政不足间也。唯大人为能格君心之非。君仁，莫不仁；君义，莫不义；君正，莫不正。一正君而国定矣。"

注释

①适：同"谪"，谴责，指责。

译文

孟子说："一般人不会去责备君主，一般政事也不值得去非议。只有拥有大仁大德的人才能纠正君主思想方面存在的错误。君王仁爱，则没有谁不仁爱；君王忠义了，则没有人不忠义；君主身正，则无人不正。只要君主端正了，国家就安定了。"

（二十一）

原文

孟子曰："有不虞之誉，有求全之毁。"

译文

孟子说："有料想不到的赞誉，有苛求完美的诋毁。"

（二十二）

原文

孟子曰："人之易其言也，无责耳矣。"

译文

孟子说："一个人说话轻率，就不值得责备他了。"

（二十三）

原文

孟子曰："人之患在好为人师。"

译文

孟子说："人们的祸患在于喜欢充当别人的老师。"

（二十四）

原文

乐正子从于子敖之齐①。

乐正子见孟子。孟子曰："子亦来见我乎？"

曰："先生何为出此言也？"

曰："子来几日矣？"

曰："昔者。"

曰："昔者，则我出此言也，不亦宜乎？"

曰："舍馆未定。"

曰："子闻之也，舍馆定，然后求见长者乎？"

曰："克有罪。"

注释

①**子敖**：王驩，字子敖，齐国大臣。

> 译 文

乐正子跟随王子敖来到齐国。

乐正子去拜会孟子。孟子说："你也来看我吗？"

乐正子说："先生为什么要说这种话呢？"

孟子问："你来了几天？"

乐正子说："昨天抵达这里。"

孟子说："昨天就来了，那么我说这话不应该吗？"

乐正子说："因为住所没定下来。"

孟子说："你听说过非要住所定下来了，才去拜会长辈的吗？"

乐正子说："我有错。"

（二十五）

> 原 文

孟子谓乐正子曰："子之从于子敖来，徒铺啜也①。我不意子学古之道而以铺啜也。"

> 注 释

①铺：吃。啜：喝。

> 译 文

孟子对乐正子说："你跟随王子敖来这里，只是为了混饭吃而已。我没想到，你学习古人的道理，竟只是用它来混饭吃。"

（二十六）

> 原 文

孟子曰："不孝有三①，无后为大。舜不告而娶②，为无后也，君子以为犹告也。"

注释

①**不孝有三**：据赵岐注：一、对父母的过错不能指出，使父母陷入"不义"；二、家境贫困，父母年老时无法得到赡养；三、不娶妻子，没有儿子，断绝后代。

②**舜不告而娶**：传说舜的父亲凶狠而愚蠢，舜如告诉他娶妻之事，其父不会同意。不禀告则不符合礼法，没有后代又是最大的不孝，因此只能"不告而娶"。

译文

孟子说："不孝的事有三件，其中没有子孙后代这件事是最大的不孝。舜没有禀告父母就娶妻，就因为怕没有后代，所以君子认为他如同禀告了父母。"

（二十七）

原文

孟子曰："仁之实，事亲是也；义之实，从兄是也；智之实，知斯二者弗去是也；礼之实，节文斯二者是也①；乐之实，乐斯二者，乐则生矣；生则恶可已也②，恶可已，则不知足之蹈之手之舞之。"

注释

①**节文**：调节修饰。

②**已**：停下来。

译文

孟子说："仁的本质是侍奉父母；义的本质是遵从兄长；智的本质是明白这两方面的道理而不偏离；礼的实质是在这两方面都不失礼节、态度恭敬；乐的实质是乐于干这两方面的事，快乐就由此产生；产生了就无法抑制，抑制不住就会在不知不觉之间手舞足蹈起来。"

（二十八）

原文

孟子曰："天下大悦而将归己，视天下悦而归己，犹草芥也，惟舜为然。不得乎亲,不可以为人;不顺乎亲,不可以为子。舜尽事亲之道而瞽瞍底豫①,瞽瞍底豫而天下化,瞽瞍底豫而天下之为父子者定,此之谓大孝。"

注释

①瞽瞍：舜的父亲。底：致。豫：乐。

译文

孟子说："天下的人都很高兴地要来归附自己,把这种情景看得如同草芥的,只有舜是这样。不能得到父母的欢心,不可以做人;不能顺从父母的心意,不能做儿子。舜竭尽全力按侍奉父母的道理去做,终于使他的父亲瞽瞍高兴了;瞽瞍高兴了,天下的人由此受到感化;瞽瞍高兴了,天下父子之间应有的关系就确定了,这叫作大孝。"

● 舜害不危

舜的父亲和弟弟多次谋害舜,但舜都凭借自己的机智化解了危机,并最终感化了父亲和弟弟。

离娄下

本篇共三十三章，主要包括孟子对君臣关系、圣人品行、治国之道、交友原则等内容的论断。

　　孟子对于君臣关系的论断，是非常难能可贵的，认为君臣之间的关系必须符合道义，认为"君臣以义合""君之视臣如手足，则臣视君如腹心；君之视臣如犬马，则臣视君如国人；君之视臣如土芥，则臣视君如寇仇"。这段论述可谓振聋发聩，与后世一味强调忠君形成鲜明对比。一千多年后，明太祖朱元璋正是被这段论述激怒，几乎要把孟子从祭祀对象当中剔除，后来不得已，退而求其次，编了一个删减版的《孟子节文》，作为科举考试教材，这类"君之视臣如土芥，则臣视君如寇仇"的话自然都被删掉了。由此可见孟子这段话的难能可贵。

　　孟子对为人处世的观点也值得我们学习，"大人者，言不必信，行不必过，惟义所在"，君子行事，必须以大义为原则，而不过分拘泥于某些方式方法，与后世很多人拘泥于先贤之法，不知变通形成了鲜明的对比。

（一）

原文

孟子曰："舜生于诸冯①，迁于负夏，卒于鸣条，东夷之人也。文王生于岐周②，卒于毕郢③，西夷之人也。地之相去也，千有余里，世之相后也，千有余岁，得志行乎中国，若合符节④，先圣后圣，其揆(kuí)一也⑤。"

注释

①诸冯：与此后的负夏、鸣条，都是古地名。

②岐周：岐，即今陕西省岐山县东北的岐山；"周"是国名，岐山是周朝的主要发源地。

③毕郢：地名，在今陕西省咸阳市东部。

④符节：古代朝廷作为凭证的信物，用金、玉、竹、铜、木等材料制作，形状不一，上写文字，剖分为二，双方各执一半，使用时将两半合并以验真假。

⑤揆：尺度，准则。

●帝舜

译 文

孟子说："舜生在诸冯,迁徙到负夏,死于鸣条,是东方边远地区的人。文王生于岐周,死在毕郢,是西方边远地区的人。两地距离有一千多里,时代相差一千多年,但他们在中原地区实现自己的志向,如符节一般吻合,丝毫不差,先出的圣人和后出的圣人,他们遵循的法度是同样的。"

(二)

原 文

子产听郑国之政①,以其乘舆济人于溱、洧②。

孟子曰:"惠而不知为政。岁十一月,徒杠成;十二月,舆梁成,民未病涉也。君子平其政,行辟人可也,焉得人人而济之?故为政者,每人而悦之,日亦不足矣。"

注 释

①**子产**:春秋时郑国的贤相,姓公孙,名侨,字子产。

②**溱、洧**:郑国境内两条河流名。

译 文

子产处理郑国的政务,以自己乘坐的车辆帮助其他人渡过溱水与洧水。

孟子说:"子产仁惠却不懂得处理政事的方法。如果十一月时把人通行的桥修好,十二月把车通行的桥修好,百姓就不会为渡河犯难。君子管理好政务,出行时让行人回避是可以的,哪能一个个帮别人渡河呢?所以处理政事的人,想要每个人都喜欢自己,时间就不够用了。"

(三)

原 文

孟子告齐宣王曰:"君之视臣如手足,则臣视君如腹心;君之视臣如犬马,则臣视君如国人①;君之视臣如土芥,则臣视君如寇雠②。"

王曰:"礼,为旧君有服,何如斯可为服矣?"

注释

①**国人**:路人,陌生人。
②**寇雠**:强盗、敌人。

译文

孟子告知齐宣王:"君主看待臣子犹如自己的手足,臣下看待君主就犹如自己的腹心;君主看待臣下犹如犬马,臣子看待君主就犹如陌生人;君主看待臣子犹如泥土与草芥,臣子看待君主就犹如仇人。"

宣王说:"依照礼制的规定,已离去的臣子要为曾经侍奉过的君主服丧,君主如何做,臣下就愿意为他服丧呢?"

原文

曰:"谏行言听,膏泽下于民;有故而去,则君使人导之出疆,又先于其所往①;去三年不反,然后收其田里。此之谓三有礼焉。如此,则为之服矣。今也为臣,谏则不行,言则不听,膏泽不下于民;有故而去,则君搏执之②,又极之于其所往③;去之日,遂收其田里。此之谓寇雠。寇雠,何服之有?"

注释

①**又先于其所往**:在大臣前去之前,先派人去进行安排。
②**搏执**:逮捕。
③**极**:使之穷困。

译文

孟子说:"臣子劝谏,君主就应当听从,有建议,君主就该采纳,使君主的恩泽惠及百姓;臣子有原因要到别国去,君主就派人礼送他出境,并且派人先到他准备去的地方做好安排；离开三年还没有回来，才收回其封地与房屋。这些行为称作三次有礼。这样，臣下就愿意为他服丧了。如今做臣子的人，进行劝谏，君主不肯接受，有建议，君主不肯听从，（因此）恩泽无法惠及百姓；有原因离去，君主就要捉拿他，还想办法使他在所要去的地方陷入困顿；离开的当天，就没收其封地与房屋。这样就叫作仇人。成了仇人，臣子还怎么肯为他服丧呢？"

（四）

原　文

孟子说："无罪而杀士，则大夫可以去；无罪而戮民，则士可以徙。"

译　文

孟子说："无罪而杀害士人，那么大夫就可以离开；无罪而杀害百姓，那么士人就可以迁居。"

（五）

原　文

孟子曰："君仁，莫不仁；君义，莫不义。"

译　文

孟子说："君主仁爱，就没有人不仁爱；君主有义，就没有谁不义。"

（六）

原　文

孟子曰："非礼之礼，非义之义，大人弗为。"

译　文

孟子说："不符合礼的'礼'，不符合义的'义'，有道德的人是不会去做的。"

（七）

原文

孟子曰："中也养不中①，才也养不才，故人乐有贤父兄也。如中也弃不中，才也弃不才，则贤不肖之相去，其间不能以寸。"

注释

①养：教育熏陶。

译文

孟子说："道德行为合乎法度的人需要去教育、熏陶道德行为不合法度的人，有才能的人要教育、熏陶那些没有才能的人，所以人们都愿意拥有贤能的父兄。如果道德行为合乎法度的人离弃不合法度的人，有才能的人离弃没有才能的人，那么贤能的人与不贤能的人之间的差距，就近得连一寸都没有了。"

（八）

原文

孟子曰："人有不为也，而后可以有为。"

译文

孟子说："一个人有所不为，然后才可以有所为。"

（九）

原文

孟子曰："言人之不善，当如后患何？"

译文

孟子说："说人家的缺点，招来了后患该怎么办呢？"

（十）

原文

孟子曰："仲尼不为已甚者。"

译文

孟子说："仲尼是做事不过分的人。"

（十一）

原文

孟子曰："大人者，言不必信，行不必果，惟义所在。"

译文

孟子说："有德行的君子，说话不一定都能信守，做事不一定都果敢，只要落实在'义'上就可以。"

（十二）

原文

孟子曰："大人者，不失其赤子之心者也。"

译文

孟子说："有德行的君子，是不会丧失婴儿般纯真天性的人。"

（十三）

原文

孟子曰："养生者不足以当大事，惟送死可以当大事。"

译文

孟子说："奉养父母还算不上是大事，只有给他们送终才算得上是大事。"

（十四）

原文

孟子曰："君子深造之以道，欲其自得之也。自得之，则居之安；居之安，则资之深；资之深，则取之左右逢其原①，故君子欲其自得之也。"

注释

①原：通"源"，本源。

译文

孟子说："君子要按大道来提升自己的修养、造诣，是想自己获得心得体会。自己有心得体会就能泰然地掌握它；泰然地掌握它，就能积蓄很深厚；积蓄深厚了，就能左右逢源、取之不尽，所以君子想自己拥有心得体会。"

（十五）

原文

孟子曰："博学而详说之，将以反说约也。"

译文

孟子说："广博地学习，详细地用语言加以阐述，是为了能以简单的话语来阐释其中的真实含义。"

（十六）

原文

孟子曰："以善服人者，未有能服人者也；以善养人，然后能服天下。天下不心服而王者，未之有也。"

译文

孟子说:"靠善来使人心服,没有能使人心服的;靠善来影响他人,才能使天下的人心服。不让天下的人心服却能统治好天下的,是从来没有的事。"

(十七)

原文

孟子曰:"言无实不祥。不祥之实,蔽贤者当之。"

译文

孟子说:"凭空胡说是不好的,由此带来的不祥后果,和阻碍选拔贤能的人是一样的。"

(十八)

原文

徐子曰①:"仲尼亟(qì)称于水②,曰:'水哉,水哉!'何取于水也?"

孟子说:"原泉混混③,不舍昼夜,盈科而后进④,放乎四海。有本者如是,是之取尔。苟为无本,七八月之间雨集,沟浍皆盈⑤,其涸也,可立而待也。故声闻过情,君子耻之。"

注释

① **徐子**:姓徐,名辟,孟子的弟子。
② **亟**:多次。**称**:赞誉。
③ **混混**:通"滚滚",水流浩荡。
④ **科**:坎。
⑤ **浍**:田间的水渠。

译文

徐子说:"孔子多次称赞水,说道:

● 孔子在川观水

'水啊,水啊!'对于水,孔子赞许它的哪一点呢?"

孟子说:"有本源的泉水滚滚涌出,日夜不停,注满沟渠、低洼之处后继续前进,最后流入大海。有本源的事物都是如此,孔子就取它的这一特点罢了。如果没有本源,像七八月间的雨水一般,下得很集中,大小沟渠都积满了水,但它们的干涸却只需要很短的时间。所以,对于名过其实,君子认为是可耻的。"

(十九)

原文

孟子曰:"人之所以异于禽兽者几希,庶民去之,君子存之。舜明于庶物,察于人伦,由仁义行,非行仁义也。"

译文

孟子说:"人区别于禽兽的地方很少,一般的人丢弃了它,君子保存了它。舜明白万事万物的道理,明察做人的道理关系,因此能遵照仁义行事,而不是勉强实施仁义。"

(二十)

原文

孟子曰:"禹恶旨酒而好善言。汤执中,立贤无方①。文王视民如伤,望道而未之见。武王不泄迩②,不忘远。周公思兼三王,以施四事③;其有不合者,仰而思之,夜以继日;幸而得之,坐以待旦。"

注释

①**方**:义同"常"。
②**泄**:狎,亲近。**迩**:近。
③**四事**:禹、汤、文王、武王做事的美德。

译　文

孟子说："禹讨厌美酒而喜欢善言。汤掌握了中正之道，选拔贤人没有按照陈规。文王看待百姓，犹如他们受了委屈一样，秉持正道却仍像没有见过正道一样努力。武王不轻慢近臣，不怠慢远臣。周公想要兼有夏、商、周三代圣王的功业，实践禹、汤、文、武四位圣王的功业；如果遇到不符合圣王做法的地方，就仰首思索，夜以继日；如有幸想通了，就坐等天亮以便马上实施。"

（二十一）

原　文

孟子曰："王者之迹熄而《诗》亡①，《诗》亡然后《春秋》作②。晋之《乘》③，楚之《梼杌》④，鲁之《春秋》，一也：其事则齐桓、晋文，其文则史。孔子曰：'其义则丘窃取之矣。'"

注　释

①**迹**：此处当为"迊"字。《说文解字》："迊，古之遒人。"遒人是古代负责采集民间歌谣的官吏。

②**《春秋》**：孔子依据鲁国史官所编《春秋》，加以整理修订而成编年体鲁国史书《春秋》。后来由于《春秋》一书影响巨大，因此后人也将先秦时期的各类史书统称为《春秋》。此处的《春秋》应为各类史书的统称。

③**《乘》**：晋国史书名。

④**《梼杌》**：楚国史书名。**梼杌**：本意为树桩。树桩上面有树木的年轮，与史书记载历史很接近，因此成为楚国史书的名字。

译　文

孟子说："在民间采集诗歌的做法被废止后，《诗》就亡佚了；《诗》亡佚之后，就出现了《春秋》。晋国的《乘》、楚国的《梼杌》、鲁国的《春秋》，其实都是一样的书籍：上面记载的是齐桓公、晋文公之类的事，所用的笔法都是史书的方式。孔子说：'各国史书褒贬善恶的大义，我私下里运用了。'"

（二十二）

原文

孟子曰："君子之泽五世而斩①，小人之泽五世而斩。予未得为孔子徒也，予私淑诸人也。"

注释

①泽：恩泽。斩：断绝。

译文

孟子说："君子的影响，在五代之后就断绝了；小人的影响，也是五代以后断绝。我没能赶上成为孔子的弟子，我是私下从孔子的弟子那里学习到孔子的学识的。"

（二十三）

原文

孟子曰："可以取，可以无取，取伤廉；可以与，可以无与，与伤惠；可以死，可以无死，死伤勇。"

译文

孟子说："可以拿，可以不拿，拿了就损害廉洁；可以给，可以不给，给了就损害了恩惠；可以死，可以不死，死了就损害了勇敢。"

（二十四）

原文

逄蒙学射于羿①，尽羿之道，思天下惟羿为愈己，于是杀羿。

孟子曰："是亦羿有罪焉。"

公明仪曰："宜若无罪焉。"

曰：“薄乎云尔，恶得无罪？郑人使子濯孺子侵卫②，卫使庾公之斯追之③。子濯孺子曰：'今日我疾作，不可以执弓，吾死矣夫！'问其仆曰：'追我者谁也？'其仆曰：'庾公之斯也。'曰：'吾生矣。'其仆曰：'庾公之斯，卫之善射者也；夫子曰吾生，何谓也？'曰：'庾公之斯学射于尹公之他④，尹公之他学射于我。夫尹公之他，端人也⑤，其取友必端矣。'庾公之斯至，曰：'夫子何为不执弓？'曰：'今日我疾作，不可以执弓。'曰：'小人学射于尹公之他，尹公之他学射于夫子，我不忍以夫子之道反害夫子。虽然，今日之事，君事也，我不敢废。'抽矢，扣轮，去其金，发乘矢而后反⑥。”

注释

①**逢蒙学射于羿**：逢蒙，羿的学生，后来背叛羿，帮助有穷国相寒浞杀害了羿。羿：古代有穷国的国君，以善射闻名。

②**子濯孺子**：郑国大夫。

③**庾公之斯**：卫国大夫。

④**尹公之他**：卫国人。

⑤**端人**：人品很好的人。

⑥**乘矢**：四支箭。

译文

逢蒙向羿学射箭，把羿的射箭技术都学会了，他想到天下只有羿的箭术超过自己，于是就杀害了羿。

孟子说：“这件事羿也是有过错的。”

公明仪说：“好像羿是没有过错的吧。”

孟子说：“只是过错小一些而已，哪能说没有过错呢？郑国派子濯孺子进攻卫国，卫国派庾公之斯追击他。子濯孺子说：'今天我的旧疾发作，不能拿弓，我是必死了。'问他的驾车人：'追击我的人是谁？'驾车的说：'是庾公之斯。'子濯孺

子说：'我可以活下来了！'驾车的人说：'庾公之斯是卫国的射箭高手，您却说"我可以活下来了"，为什么要这样说呢？'子濯孺子说：'庾公之斯是跟随尹公之他学习的射箭技艺，尹公之他是跟我学习的射箭技艺。尹公之他是正直的人，他看中的人一定也是正直的人。'庾公之斯追到近前，说：'先生为何不拿弓？'子濯孺子说：'今天我的旧疾发作，无法拿弓。'庾公之斯说：'我向尹公之他学射箭技艺，尹公之他是向您学习射箭技艺，我不忍心以您传授的技术来伤害您。虽然如此，可是今天这事，是国君交托的事，我不敢不做。'说完便抽出箭，在车轮上敲打，将箭头敲掉，射了四箭后返回。"

●射暨相圖

（二十五）

原　文

孟子曰："西子蒙不洁，则人皆掩鼻而过之；虽有恶人，齐戒沐浴①，则可以祀上帝。"

注　释

①齐：繁体为"齊"，与斋字的繁体"齋"形近，故假借为斋。

译　文

孟子说："西施如果沾上了脏东西，那么人人都会掩着鼻子走过她身边；就算丑陋的人，只要斋戒沐浴，也能祭祀上帝。"

（二十六）

原文

孟子曰："天下之言性也,则故而已矣。故者以利为本。所恶于智者,为其凿也。如智者若禹之行水也,则无恶于智矣。禹之行水也,行其所无事也。如智者亦行其所无事,则智亦大矣。天之高也,星辰之远也,苟求其故,千岁之日至①,可坐而致也。"

注释

①日至：这里指夏至、冬至。

译文

孟子说："天下之人所谈论的本性,无非是指行为的本源。行为的本源是以顺乎自然规律作为根本的。我们之所以要讨厌聪明人,是因为他们穿凿附会。如果聪明得能像禹疏导洪水那样,那人们就不会厌恶聪明了。禹疏导洪水,是让洪水按照自然规律流淌。如果聪明人也能顺其自然,那聪明的程度也就更大了。天空如此高远,星辰如此遥远,如果能推求它们固有的运作规律,那么一千年后的冬至和夏至,也是可以坐着推算出来的。"

（二十七）

原文

公行子有子之丧①,右师往吊②。入门,有进而与右师言者,有就右师之位而与右师言者。孟子不与右师言,右师不悦曰："诸君子皆与驩言,孟子独不与驩言,是简驩也③。"

孟子闻之,曰："礼,朝廷不历位而相与言,不逾阶而相揖也。我欲行礼,子敖以我为简,不亦异乎？"

注释

①**公行子**：齐国大夫。

②**右师**：官名，这里指王驩。王驩，字子敖，齐国大臣。

③**简**：简慢。

译文

公行子的儿子去世了，右师前去吊唁。进了门，就有人走上来同他说话；坐下之后，又有人走近他的座位来与他说话。孟子不与右师说话，右师不高兴地说："大夫们都来和我说话，只有孟子不和我说话，这是怠慢我啊。"

孟子听了这话，说："按照礼法，在朝廷上不能越过座位的次序彼此交谈，不能隔着台阶互相作揖。我是想按礼办事，子敖却认为我怠慢了他，这不是很奇怪吗？"

（二十八）

原文

孟子曰："君子所以异于人者，以其存心也①。君子以仁存心，以礼存心。仁者爱人，有礼者敬人。爱人者，人恒爱之；敬人者，人恒敬之。有人于此，其待我以横逆②，则君子必自反也③：我必不仁也，必无礼也，此物奚宜至哉④？其自反而仁矣，自反而有礼矣，其横逆由是也，君子必自反也：我必不忠。自反而忠矣，其横逆由是也，君子曰：'此亦妄人也已矣。如此，则与禽兽奚择哉？于禽兽又何难焉？'是故君子有终身之忧，无一朝之患也。乃若所忧则有之：舜，人也；我，亦人也。舜为法于天下，可传于后世，我由未免为乡人也⑤，是则可忧也。忧之如何？如舜而已矣。若夫君子所患则亡矣⑥。非仁无为也，非礼无行也。如有一朝之患，则君子不患矣。"

注释

① **存心**：仁爱之心存在于内心之中。
② **横逆**：蛮横不讲理。
③ **自反**：自我反省。
④ **奚宜**：怎么会。
⑤ **乡人**：普通人。
⑥ **若夫**：至于。

译文

孟子说："君子之所以与一般人不同，是因为他的居心与众不同。君子心存仁爱与礼义。仁人爱护别人，讲究礼义的人尊敬别人。爱护别人的人，别人时常爱戴他；尊敬别人的人，别人就时常尊敬他。假设有个人，他以粗暴蛮横的态度对待我，那么君子必然会反省自己：我对他一定还不够仁爱，一定有怠慢他的地方，否则他怎么会这样对待我呢？于是君子在反省后更加仁爱，更加有礼，但那人的粗暴蛮横依然如故，君子必定再次反省：我对待他一定还没有做到尽心竭力。经过反省，已经做到了尽心竭力，那人的粗暴蛮横依然如故，君子就说：'这只是个狂人而已。像他这样做，与禽兽有什么区别呢？对于禽兽又有什么值得计较的呢？'因此君子有着终身的忧虑，没有一时的担心。忧虑的事是：舜是人，我也是人；舜为天下人树立榜样，影响流传后世，我却仍然是个平庸之人，这是值得我去忧虑的。忧虑了之后该怎么办？像舜那样去做事罢了。至于君子所一时担心的事，那是没有的。不仁的事不做，不合礼的事不做。即使有一时的祸患，君子也不会为此忧虑。"

（二十九）

原文

禹、稷当平世①，三过其门而不入，孔子贤之。颜子当乱世②，居于陋巷，一箪食，一瓢饮，人不堪其忧，颜子不改其乐，孔子贤之。

孟子曰："禹、稷、颜回同道。禹思天下有溺者，由己溺之也；稷思天下有饥者，由己饥之也，是以如是其急也。禹、稷、颜子易地则皆然。今有同室之人斗者，救之，虽被发缨冠而救之③，可也。乡邻有斗者，被发缨冠而往救之，则惑也；虽闭户可也。"

● 大禹陵

注　释

① **平世**：太平年代。

② **颜子**：即颜回，孔子弟子，以贤著称。

③ **被发缨冠**：古人戴帽子需要首先束发，然后用簪子将冠固定于头发上，再系好帽带。披散着头发戴冠，形容情况紧急。**救**：止。

译　文

禹、后稷生活在和平时代，三次路过家门都没有进去，孔子称赞他们。颜子身处乱世，居住在僻陋的巷子中，用一个小竹筒装饭吃，一个瓢用来舀水喝，别人受不了这种清苦，颜子却不改变他以此为乐的生活情趣，孔子认为他贤德。

孟子说："禹、后稷、颜回遵循着同样的道理。禹一想到天下间有人遭受水灾，就觉得仿佛是自己使他们遭受水灾似的；后稷一想到天下还有人挨饿，就觉得仿佛是自己使他们挨饿似的，所以才那样急迫地想要去拯救他们。禹、后稷和颜回假如互换处境，也都会这样做。假设现在有住在同一间屋子里的人打架，为了阻止他们，即使披散着头发就戴冠去阻止，也是可以的。如果乡邻当中有人打架，也披散着头发戴上冠去阻止，就显得太糊涂了；对这种事就算关门不管，也是可以的。"

离娄下

(三十)

原文

公都子曰:"匡章,通国皆称不孝焉,夫子与之游,又从而礼貌之,敢问何也?"

孟子曰:"世俗所谓不孝者五:惰其四支,不顾父母之养,一不孝也;博弈好饮酒,不顾父母之养,二不孝也;好货财,私妻子,不顾父母之养,三不孝也;从耳目之欲,以为父母戮①,四不孝也;好勇斗狠,以危父母,五不孝也。章子有一于是乎?夫章子,子父责善而不相遇也。责善,朋友之道也;父子责善,贼恩之大者。夫章子,岂不欲有夫妻子母之属哉?为得罪于父,不得近,出妻屏子②,终身不养焉。其设心以为不若是,是则罪之大者。是则章子已矣。"

注释

① 戮:朱熹《四书集注》:"戮,羞辱也。"
② 屏:摒弃,疏远。

译文

公都子说:"匡章,全国的人都说他不孝,您却与他交往,还对他非常客气,请问这是什么原因呢?"

孟子说:"世俗之人说的不孝,有五类情况:四肢懒惰,不顾对父母的赡养,这是一不孝;喜欢赌博饮酒,不顾对父母的赡养,是二不孝;贪图钱财,偏爱老婆孩子,不顾对父母的赡养,是三不孝;放纵地寻欢作乐,使父母蒙羞,是四不孝;逞勇好斗,危及父母,是五不孝。章子在这五种不孝当中犯有任何一种吗?章子是由于父子间为善而彼此责备而变得不和睦的。为善而彼此责备,这是朋友之间相处的原则;父子之间为善而彼此责备,却是大伤感情的事。章子难道不希望夫妻母子团聚吗?只是由于得罪了父亲,不能亲近他,(不得已)而将妻子儿女赶出了门,终身不让他们赡养。他心里想，不这么做，就是更大的罪过。章子就是这样的人啊。"

（三十一）

原　文

曾子居武城①，有越寇。或曰："寇至，盍去诸？"

曰："无寓人于我室，毁伤其薪木。"

寇退，则曰："修我墙屋，我将反。"

寇退，曾子反。左右曰："待先生如此其忠且敬也，寇至，则先去以为民望；寇退，则反，殆于不可。"

沈犹行曰②："是非汝所知也。昔沈犹有负刍之祸③，从先生者七十人，未有与焉。"

子思居于卫④，有齐寇。或曰："寇至，盍去诸？"

子思曰："如伋去，君谁与守？"

孟子曰："曾子、子思同道。曾子，师也，父兄也；子思，臣也，微也。曾子、子思易地则皆然。"

注　释

① 武城：鲁地名，在今山东费县境内。
② 沈犹行：曾子弟子，姓沈犹，名行。
③ 负刍：人名，或说是背柴草的人。
④ 子思：孔子之孙，名伋。

译　文

曾子住在武城内，越国军队前来侵略。有人说："敌人要来了，为何不离开这里呢？"

曾子将要离开时说："不要让人住到我家来，毁坏了此处的树木。"

敌人退走了，曾子就说："修好我的房子的墙壁，我要回来了。"

敌人退走后，曾子回来了。他身边的人议论："武城人对先生如此忠诚而恭敬，敌人来了，先生却首先离开，给百姓做了一个不好的榜样；敌人退走了，他才回来，这样做只怕不好吧。"

沈犹行说："这不是你们能够懂得的道理。从前，先生曾住在我们那里，负刍作乱，跟随先生的七十多位弟子，没有一个参与了叛乱。"

子思居住在卫国，有齐国军队前来侵略。有人说："敌人要来了，您为何不离开这里呢？"

子思说："如果我也离开，国君和谁一起守城呢？"

孟子说："曾子和子思遵循的是相同的道理。曾子是老师，是长辈；子思是臣，身份低微。如果曾子、子思互换了地位，也都会这样去做的。"

（三十二）

原文

储子曰①："王使人瞯夫子②，果有以异于人乎？"

孟子曰："何以异于人哉？尧、舜与人同耳。"

注释

①**储子**：齐国人，曾任齐相。

②**瞯**：窥视。

译文

储子说："齐王派人暗中观察先生，看您是否有与别人不一样的地方吗？"

孟子说："哪有什么同别人不一样的地方呢？尧、舜都是与普通人一样的啊。"

（三十三）

原文

齐人有一妻一妾而处室者，其良人出，则必餍酒肉而后反。

其妻问所与饮食者,则尽富贵也。其妻告其妾曰:"良人出,则必餍酒肉而后反;问其与饮食者,尽富贵也,而未尝有显者来,吾将瞯良人之所之也。"

蚤起,施从良人之所之①,遍国中无与立谈者。卒之东郭墦间②,之祭者,乞其余;不足,又顾而之他,此其为餍足之道也。

其妻归,告其妾,曰:"良人者,所仰望而终身也,今若此!"与其妾讪其良人,而相泣于中庭。而良人未之知也,施施从外来③,骄其妻妾。

由君子观之,则人之所以求富贵利达者,其妻妾不羞也,而不相泣者,几希矣。

注释

①施:斜行,此处形容暗中尾随别人的样子。
②墦:坟墓。
③施施:得意的样子。

译文

齐国有个一妻一妾住在一起的人家。她们的丈夫每次出门,一定会在喝足了酒、吃饱了肉的情况下回家。妻子问与他一起吃饭的都是些什么人,他说的都是一些有钱有势的人。妻子告诉妾:"丈夫每次外出,总是酒足肉饱之后才回来;问他与谁一起吃喝,他说的都是有钱有势的人,可是从来没看到有显贵之人登门,我打算暗中察看他到了哪些地方。"

第二天早晨起来,妻子暗中跟随丈夫,走遍全城没有一个人停住脚步跟他说话的。最后他走到了东门外的一块墓地中间,妻子发现他跑到祭祀坟墓的人那里,讨些剩菜剩饭吃;没吃饱,又东张西望去别处乞讨,这便是他得以吃饱喝足的办法。

妻子回家后,把这些事告诉了妾,并说:"丈夫,是我们指望能够终身依靠的人,现在他居然这样做!"说完,与妾一起嘲讽丈夫,在庭院中相对哭泣。而丈夫还不知道这些事，得意扬扬地从外面回来，向妻妾炫耀自己的"成就"。

从君子的角度看来，人们用来追求显贵的手段，能使自己的妻妾不感到羞耻、不面对面哭泣的，恐怕是非常少的。

万章上

本篇共九章，主要内容是孟子与其弟子万章的对话，主要是讨论历史事件和人物的是非功过，还有孝悌及操守等方面的内容。

　　孝道是儒家思想的重要组成部分，也是孟子十分重视的内容，孟子提出孝是心怀大爱、恭敬地侍奉父母的心志，而不只是让父母吃饱穿暖。孟子将舜看作是孝的典范，认为舜对父母的孝始终如一，无论自己是平民还是君王，父母对自己多么不好，都从未更改。

　　孟子对政治的看法当中，提到了天命，认为天命不可违，但并非只有无条件遵从，天命降临，还是需要人的努力。君王统治天下的资格也源于天命，但只有遵从民意才能获得天命，这其实也是一种民主思想的体现。

（一）

原文

万章问曰①："舜往于田②，号泣于旻天③，何为其号泣也？"

孟子曰："怨慕也④。"

万章曰："'父母爱之，喜而不忘；父母恶之，劳而不怨。⑤'然则舜怨乎？"

注释

①**万章**：孟子弟子。

②**舜往于田**：舜去田间干活。相传舜曾在历山耕种。

③**旻天**：上天。

④**怨慕**：怨恨思慕。

⑤引自《礼记·祭义》，是曾子的话。

译文

万章问："舜到田间去，对着苍天号哭，他为什么要这样号哭呢？"

孟子说："因为他对于父母既心存怨恨，又带有眷恋。"

万章说："'父母喜欢自己，子女会高兴而不会忘记父母；父母讨厌自己，子女就算忧愁，也不会怨恨父母。'那么，舜为何会怨恨父母呢？"

原　文

曰："长息问于公明高曰①：'舜往于田，则吾既得闻命矣；号泣于旻天，于父母，则吾不知也。'公明高曰：'是非尔所知也。'夫公明高以孝子之心，为不若是恝(jiá)②：我竭力耕田，共为子职而已矣，父母之不我爱，于我何哉？帝使其子九男二女，百官牛羊仓廪备，以事舜于畎亩之中③，天下之士多就之者，帝将胥天下而迁之焉。为不顺于父母，如穷人无所归④。天下之士悦之，人之所欲也，而不足以解忧；好色，人之所欲，妻帝之二女⑤，而不足以解忧；富，人之所欲，富有天下，而不足以解忧；贵，人之所欲，贵为天子，而不足以解忧。人悦之、好色、富贵，无足以解忧者，惟顺于父母可以解忧。人少，则慕父母；知好色，则慕少艾⑥；有妻子，则慕妻子；仕则慕君，不得于君则热中。大孝终身慕父母。五十而慕者，予于大舜见之矣。"

注　释

① **长息**：公明高的弟子。**公明高**：曾参的弟子。
② **恝**：无忧无愁的样子。
③ **畎亩**：田地。
④ **穷人**：陷入困境之人。
⑤ **妻帝之二女**：传说尧把自己两个女儿娥皇和女英嫁给了舜。
⑥ **少艾**：年轻美貌的女子。

译　文

孟子说："长息曾问公明高：'舜到田野里的事，我已经听您解说过了；对苍天诉说、哭泣，如此对待父母，我还是不能理解。'公明高说：'这不是你所能明白的事了。'公明高认为，孝子的心是不能像这样毫不在乎的：我竭力耕田，恭敬地尽到为人子的职责就可以了,父母不喜欢我,我有什么责任呢?舜却不是如此。帝尧让自己的九个儿子、两个女儿,带着大小官员、牛羊、粮食,来到旷野当中侍奉舜,天下的士人也都来投奔他,帝尧还将把整个天下禅让给他。舜却由于不能让父母顺心,而像走投无路的人找不到依靠一样。天下的士人喜欢他,这是人人想得到的,却不足消除他的忧愁;漂亮的女子,这是人人想得到的,舜娶了帝尧的两个女儿,却不足以消除舜的忧愁;财富,是人人都想得到的,舜富有天下,却不足以消除其忧愁;地位尊贵,是人人都想得到的,舜尊贵到身为天子,却不足以消除其忧愁。士人的喜欢、漂亮的女子、财富和尊贵,没有一样能够消除舜的忧愁,只有顺从父母的心意才可以消除忧愁。人在年幼时,就依恋父母;年纪渐长,懂得欣赏女子,就恋慕美貌的女子;有了妻子儿女,就眷念妻子儿女;做了官就讨好君主,得不到君主信任,心里就会焦虑。最孝顺的人,才能终身眷念父母。到了五十岁还眷念父母的事迹,我在伟大的舜的身上看到了。"

(二)

原　文

万章问曰:"《诗》云,'娶妻如之何?必告父母'①。信斯言也,宜莫如舜②。舜之不告而娶,何也?"

孟子曰:"告则不得娶。男女居室,人之大伦也;如告,则废人之大伦,以怼父母③,是以不告也。"

万章曰:"舜之不告而娶,则吾既得闻命矣;帝之妻舜而不告,何也?"

曰:"帝亦知告焉则不得妻也。"

万章曰:"父母使舜完廪④,捐阶⑤,瞽瞍焚廪。使浚井⑥,出,从而揜之⑦。象曰⑧:'谟盖都君咸我绩⑨。牛羊父母,仓廪父母,干戈朕，琴朕，弤朕，二嫂使治朕栖。'象往入舜宫，舜在床琴。象曰：
'郁陶思君尔⑩。'忸怩。舜曰：'惟兹臣庶，汝其于予治。'不识舜
不知象之将杀已与？"

注释

① 这两句出自《诗经·齐风·南山》。

② **宜莫如舜**：没人能比得上舜。

③ **怼**：怨恨。

④ **完廪**：修补粮仓。

⑤ **捐阶**：拿走梯子。

⑥ **浚井**：清理井下。

⑦ **掩之**：用土将井填平。

⑧ **象**：人名，相传是舜的同父异母弟。

⑨ **盖**："害"的假借字。**都君**：指舜。

⑩ **郁陶**：因思念而不快乐的样子。

译文

万章问："《诗经》上说，'娶妻应该怎么做呢？一定要先禀告父母'。信守这一道理的，应该没人可以比得上舜。但舜没有禀告父母就娶妻，这是什么原因呢？"

孟子说："禀告父母，就娶不了妻子了。男女成婚生活在一起，是人类重要的伦理关系；如果舜禀告了父母而娶不了妻，就破坏了这种关系，反而对父母心存怨恨，所以不能禀告。"

万章说："舜不禀告就娶妻，我已明白了您的解释，帝尧把女儿嫁给舜，也没有告诉舜的父母，这是为什么呢？"

孟子说："帝尧也知道这个道理，告诉了舜的父母就嫁不成女儿了。"

万章说："父母让舜修理粮仓，随后撤掉了梯子，瞽瞍放火焚烧粮仓，想把舜烧死。又曾叫舜挖井，舜已逃出了井下，瞽瞍随即填井（想把舜活埋在井里）。象说：'谋害舜都是我的功劳。他的牛羊归父母，粮食也归父母，舜的干戈归我，琴归我，弓归我，让两个嫂嫂为我铺床。'象进入舜的房间，舜正在弹琴。象说：'我很想念

你！'神情显得非常不自然。舜说：'我想念这些臣仆，希望你来帮我管理。'我不明白，舜真的不知道象要杀他吗？"

原　文

曰："奚而不知也①？象忧亦忧，象喜亦喜。"

曰："然则舜伪喜者与？"

曰："否。昔者有馈生鱼于郑子产，子产使校人畜之池②。校人烹之，反命曰③：'始舍之，圉圉焉④；少则洋洋焉⑤；攸然而逝。'子产曰：'得其所哉！得其所哉！'校人出，曰：'孰谓子产智？予既烹而食之，曰：得其所哉，得其所哉。'故君子可欺以其方⑥，难罔以非其道。彼以爱兄之道来，故诚信而喜之，奚伪焉？"

注　释

①奚而：怎么。
②校人：管理池沼的小官。
③反命：回报。
④圉圉：鱼刚被放进水里缺少活力的样子。
⑤洋洋：悠然自得的样子。
⑥方：合乎情理的方法。

译　文

孟子说："舜怎会不知道呢？但象忧愁，他也忧愁；象高兴，他也高兴。"

万章说："这么说，舜是装作高兴的样子吗？"

孟子说："不是的。过去，有人送一条活鱼给郑国的子产，子产让管理池塘的小官将它放养在池塘里。小吏把鱼煮熟吃了。回来报告：'刚放它下水时，已经奄奄一息，不一会儿，它就很悠然地游走了，一转眼就不见了。'子产说：'它去了该去的地方了！它去了该去的地方了！'小吏出来后说：'谁说子产聪明？我把鱼吃掉了，他还说：它去了该去的地方了！它去了该去的地方了！'所以对君子可以用合理的事去欺骗他，却难以用没有道理的事去骗他。象假装敬爱兄长，所以舜真诚地相信他，并感到高兴，怎么是假装的呢？"

（三）

原文

万章问曰："象日以杀舜为事，立为天子则放之，何也？"

孟子曰："封之也；或曰放焉。"

万章曰："舜流共工于幽州①，放驩兜于崇山②，杀三苗于三危③，殛鲧于羽山④，四罪而天下咸服，诛不仁也。象至不仁，封之有庳⑤。有庳之人奚罪焉？仁人固如是乎？在他人则诛之，在弟则封之？"

曰："仁人之于弟也，不藏怒焉，不宿怨焉，亲爱之而已矣。亲之，欲其贵也；爱之，欲其富也。封之有庳，富贵之也。身为天子，弟为匹夫，可谓亲爱之乎？"

"敢问或曰放者，何谓也？"

曰："象不得有为于其国，天子使吏治其国，而纳其贡税焉，故谓之放。岂得暴彼民哉？虽然，欲常常而见之，故源源而来，'不及贡，以政接于有庳。'⑥此之谓也。"

注释

①共工：相传为尧的大臣。

②驩兜：相传是尧、舜时期的大臣。

③三苗：国名。

④鲧：传说是禹的父亲，尧曾派他治水，但没有成功，尧（一说为舜）将其处

死。

⑤**有庳**：传说是象的封地。

⑥这两句可能是《尚书》的逸文。

译　文

万章问："象天天都在想杀掉舜，舜当了天子后，只是流放了他，这是为什么呢？"

孟子说："是封他当诸侯，只是有些人认为是把他流放罢了。"

万章说："舜把共工流放幽州，把驩兜流放崇山，把三苗的君主驱逐到三危，把鲧诛杀在羽山，将这四个罪人惩处完后，天下人便都归服于舜，因为惩处的都是不仁之人。象是最不仁的人，却分封他到有庳。有庳的百姓有什么罪过呢？仁人本该如此做事吗？对别人就严加治罪，对弟弟就封他为诸侯？"

孟子说："仁人对于自己的弟弟，不藏怒气于心，不积累怨恨于胸，只知道要亲近爱护弟弟罢了。亲近他，就想使其尊贵；爱护他，就想让他富有。把有庳分封给他，就是让他既富有又尊贵。自己身为天子，弟弟却做百姓，能说是亲近爱护他吗？"

万章又问道："请问，有人说是流放，这是什么原因呢？"

孟子说："象不可以在自己的封地任意行事，天子派了官吏去帮助他治理其封地，收取那里的赋税，所以有人说是流放。象哪能对那里的百姓施行暴政呢？虽然如此，舜还想时常见到象，所以象不断来朝觐。古书记载：'舜不必等到朝贡的日子，平时就以政事为名接见有庳的国君。'说的就是这件事。"

（四）

原　文

咸丘蒙问曰①："语云，'盛德之士，君不得而臣，父不得而子。'舜南面而立，尧帅诸侯北面而朝之，瞽瞍亦北面而朝之。舜见瞽瞍，其容有蹙②。孔子曰：'于斯时也，天下殆哉，岌岌乎！'③不识

此语诚然乎哉?"

注释

① 咸丘蒙：姓咸丘，名蒙，孟子弟子。
② 蹙：局促不安的样子。
③ 岌岌：危险的处境。

译文

咸丘蒙问："俗话说：'富有道德的人，君主不能把他看作是臣下，父亲不能将他当儿子。'舜当了天子，尧率诸侯朝见他，他父亲瞽瞍也去朝见他。舜见到瞽瞍，神色非常不安。孔子说：'在此时，天下实在是危险到极点！'不知这句话确实是这样吗？"

原文

孟子曰："否，此非君子之言，齐东野人之语也。尧老而舜摄也。《尧典》曰：'二十有八载，放勋乃徂落①，百姓如丧考妣，三年，四海遏密八音②。'孔子曰：'天无二日，民无二王。'舜既为天子矣，又帅天下诸侯以为尧三年丧，是二天子矣。"

● 礼聘遗贤

注释

① 放勋：尧的号。徂落：死。
② 八音：中国古代对乐器的统称。指用金、石、土、革、丝、木、匏、竹等八种材料制作的乐器。这里指代音乐。

译文

孟子说："不，这并非是君子说的话，是齐国东边乡下人所说的话。尧年老，舜代行天子职权。《尧典》记载：'（舜代行天子职权）二十八年，尧才去世，群臣犹如父母去世一般，服丧三年，天下没有音乐之声。'孔子说：'天上没有两个太阳，人间没有两个君王。'（如果）舜当时已当了天子，却又率领天下诸侯为尧服丧三年，这便是同时拥有两个天子了。"

原　文

咸丘蒙曰："舜之不臣尧，则吾既得闻命矣。《诗》云：'普天之下，莫非王土；率土之滨，莫非王臣。'① 而舜既为天子矣，敢问瞽瞍之非臣，如何？"

曰："是诗也，非是之谓也，劳于王事而不得养父母也。曰：'此莫非王事，我独贤劳也。'故说诗者，不以文害辞，不以辞害志；以意逆志，是为得之。如以辞而已矣，《云汉》之诗曰②：'周余黎民，靡有孑遗。'信斯言也，是周无遗民也。孝子之至，莫大乎尊亲；尊亲之至，莫大乎以天下养。为天子父，尊之至也；以天下养，养之至也。《诗》曰：'永言孝思，孝思维则。'③ 此之谓也。《书》曰：'祗载见瞽瞍，夔夔斋栗，瞽瞍亦允若。'④ 是为'父不得而子'也？"

注　释

① 以上四句出自《诗经·小雅·北山》。
② 《云汉》：《诗经·大雅》中的一篇。
③ 以上两句出自《诗经·大雅·下武》。
④ 以上三句是《尚书》逸文。

译　文

咸丘蒙说："舜没有将尧当作臣子，我已懂得您的解释了。《诗经》上说：'普天之下，没有哪里不是天子的领地；四海之内，没有谁不是天子的臣民。'舜已经当了天子，瞽瞍却并非其臣民，请问是为什么呢？"

孟子说："这首诗，并非是你说的这种意思，这诗是说天子公务繁忙，无法奉养双亲。'天下事没有一件不是公事，为什么都让我一个人劳碌呢！'所以解说《诗经》的人，不能拘泥于字面的解释而误解诗句的含义，不能只停留在字面的含义而误解了原意；要用自己的体会去揣度诗句的意思，这样才能把握住诗意。如果只拘泥于表面的含义，那《云汉》这首诗说：'周朝遗留下的百姓，没有一个留存。'如相信这句话，周朝就没有一个人留存了。孝子最大的孝，莫过于使父母地位尊贵；使父母地位尊贵的最高标准，莫过于以天下来奉养父母。当了天子的父亲，这便是最尊贵的地位了；以天下来奉养父亲，这便是最高的奉养了。《诗经》上说：'永远恪守孝道，孝道就是天下的法则。'说的就是这个含义。《尚书》上说：'舜恭敬地去见瞽瞍，谨慎而又畏惧，瞽瞍也就顺心了。'这难道是父亲不把他当儿子吗？"

（五）

原文

万章曰："尧以天下与舜，有诸？"

孟子曰："否。天子不能以天下与人。"

"然则舜有天下也，孰与之？"

曰："天与之。"

"天与之者，谆谆然命之乎①？"

曰："否，天不言，以行与事示之而已矣。"

注释

①谆谆然：反复叮嘱的样子。

译文

万章问道："尧把天下送给舜，有这事吗？"

孟子说："没有。天子不可以把天下送给别人。"

万章问："舜所拥有的天下，是谁给予的呢？"

● 尧禅舜位

孟子说:"是上天给予他的。"

万章问:"上天给予他的,是上天反复叮咛他的吗?"

孟子说:"不,天没有说话,凭舜的行动与处理事情的方法表明是上天给予他天下。"

原　文

曰:"以行与事示之者,如之何?"

曰:"天子能荐人于天,不能使天与之天下;诸侯能荐人于天子,不能使天子与之诸侯;大夫能荐人于诸侯,不能使诸侯与之大夫。昔者,尧荐舜于天,而天受之;暴之于民①,而民受之。故曰,天不言,以行与事示之而已矣。"

曰:"敢问荐之于天,而天受之;暴之于民,而民受之,如何?"

曰:"使之主祭,而百神享之,是天受之;使之主事,而事治,百姓安之,是民受之也。天与之,人与之,故曰,天子不能以天下与人。舜相尧二十有八载,非人之所能为也,天也。尧崩,三年之丧毕,舜避尧之子于南河之南②,天下诸侯朝觐者,不之尧之子而之舜;讼狱者③,不之尧之子而之舜;讴歌者,不讴歌尧之子而讴歌舜,故曰,天也。夫然后之中国,践天子位焉。而居尧之宫,逼尧之子,是篡也,非天与也。《泰誓》曰④:'天视自我民视,天听自我民听。'此之谓也。"

注　释

①暴:公开。

②南河:即漯河,因尧定都于濮州的南面,故称南河。

③讼狱:打官司。

④《泰誓》：《尚书》篇名。下引两句是《尚书·泰誓》的逸文。

译 文

万章问："凭舜的行动与处理事情的方法表明是上天给予他天下，这句话如何来理解呢？"

孟子说："天子能把人推荐给上天，无法让上天将天下给这个人；诸侯可以把人推荐给天子，无法让天子将诸侯的职位授予这个人；大夫可以把人推荐给诸侯，无法让诸侯将大夫的职位授予这个人。过去，尧将舜推荐给上天，上天接受了；将舜介绍给百姓，百姓接受了。所以说，上天不说话，凭舜的行动与处理事情的方法表明是上天给予他天下。"

万章问："请问，把舜推荐给上天，上天接受了；把舜介绍给百姓，百姓接受了，这是如何表现出来的呢？"

孟子说："尧让舜主持祭祀，百神都来享用祭品，这表明上天接受了舜；让舜主持政事，政事处理妥当，百姓对他放心，这表明百姓接受了他。上天授予他，百姓授予他，所以说，天子不可以将天下送给人。舜帮助尧治理天下二十八年，不是人的意愿可以决定的，而是上天的旨意。尧去世了，三年服丧期结束，舜为了回避尧的儿子丹朱，前往南河的南面，可是天下诸侯前来朝见天子，都不到尧的儿子丹朱那里，而是前往舜的居所；打官司的人，不前往尧的儿子丹朱那里，而是到舜那里去；唱颂赞歌的人，不讴歌尧的儿子而去讴歌舜，所以说，这是上天的旨意。舜这才返回国都，登上天子之位。舜如果搬进尧的宫室住，逼尧的儿子让位，这便是篡位了，不是上天授予他天子之位了。《尚书·泰誓》上说：'上天看到的，就是百姓看到的，上天听到的，就是下民听到的。'说的就是这个意思。"

（六）

原 文

万章问曰："人有言，'至于禹而德衰，不传于贤而传于子'，有诸？"

孟子曰："否，不然也。天与贤，则与贤；天与子，则与子。昔者，舜荐禹于天，十有七年，舜崩，三年之丧毕，禹避舜之子于阳城，天下之民从之，若尧崩之后不从尧之子而从舜也。禹荐益于天①，七年，禹崩，三年之丧毕，益避禹之子于箕山之阴②。朝觐讼狱者不之益而之启③，曰：'吾君之子也。'讴歌者不讴歌益而讴歌启，曰：'吾君之子也。'丹朱之不肖④，舜之子亦不肖。舜之相尧、禹之相舜也，历年多，施泽于民久。启贤，能敬承继禹之道。益之相禹也，历年少，施泽于民未久。舜、禹、益相去久远，其子之贤不肖，皆天也，非人之所能为也。莫之为而为者，天也；莫之致而至者，命也。匹夫而有天下者，德必若舜、禹，而又有天子荐之者，故仲尼不有天下。继世以有天下，天之所废，必若桀、纣者也，故益、伊尹、周公不有天下。伊尹相汤以王于天下，汤崩，大丁未立⑤，外丙二年，仲壬四年，大甲颠覆汤之典刑⑥，伊尹放之于桐⑦。三年，大甲悔过，自怨自艾，于桐处仁迁义，三年，以听伊尹之训己也，复归于亳⑧。周公之不有天下，犹益之于夏、伊尹之于殷也。孔子曰：'唐虞禅⑨，夏后、殷、周继，其义一也。'"

注释

① 益：古代嬴姓各族的祖先，因助禹治水有功，被立为禹的继承人。
② 箕山：在今河南省登封市东南。
③ 启：禹的儿子。禹死后，他继位，从此确立了家天下的制度。
④ 丹朱：传说中尧之子，名朱，因居丹水，故称丹朱。传说他傲慢荒淫，尧因此禅位给舜。
⑤ 大丁：即太丁，汤的长子。后文的外丙、仲壬，都是太丁的弟弟。
⑥ 大甲：即太甲，汤的嫡长孙，太丁之子。

⑦桐：地名，在今河南虞城县南，一说在山西荣河县。

⑧亳：地名，商汤的国都，故址在今河南省商丘市北。

⑨唐虞：尧号陶唐氏，因此后人也称其为唐尧。舜的国号为有虞，因此后人也称其为虞舜。唐虞也就是唐尧、虞舜的合称。

译文

万章问道："人们有这样的说法，'到了禹的时候道德就衰败了，（帝位）不传给贤人却传给儿子'，有这种情况吗？"

孟子说："不，不是这样。上天要传位给贤人，就传位给贤人；上天要传位给天子的儿子，就传给天子的儿子。过去，舜将禹推荐给上天，十七年后，舜去世，三年丧期结束后，禹避开舜的儿子商均前往阳城，天下百姓都跟随他，就犹如尧去世后百姓没有跟随尧的儿子却去跟随舜一样。禹将益推荐给上天，七年后，禹去世，三年丧期结束后，益避开禹的儿子启，到了箕山的北面。来朝见的诸侯及打官司的人都没有前往益那里，而是前往启那里，他们说：'他是我们君王的儿子。'写颂歌的人不去讴歌益而去讴歌启，他们说：'启是我们君王的儿子。'尧的儿子丹朱不是贤能的人，舜的儿子商均也不是贤能的人，舜辅佐尧、禹辅佐舜，经历了多年时间，给予百姓恩泽的时间也长。启很贤明，可以恭敬地继承禹的传统。益辅佐禹的时间短，给予百姓恩泽的时间也短。舜、禹、益之间相隔的时间长短不一，他们的儿子资质也不相同，这都是天意，不是人力可以左右的。没有人能做到的事情却做到了，此乃天意；没有刻意去做却得到了，这是命运。一个普通人却能当天子，其德行必然如舜和禹那样，而且还要有天子推举他，所以仲尼不能得到天下。继承上代的基业而获得天下，天意却要将其废弃的，必然是如桀、纣那样的君主，所以益、伊尹、周公就无法得到天下。伊尹辅佐汤称王，汤死后，大丁没继位就去世了，外丙在位两年，仲壬在位四年，大甲继位后破坏了汤的法度，伊尹将其流放到桐邑。三年后，大甲悔过，怨恨并改正自己的过失，在桐邑施行仁义，行为合乎礼义，三年后，已能听从伊尹的教训，伊尹才将他迎接回亳都做天子。周公不能得天下，正如益在夏朝、伊尹在商朝没能获得天下是一样的。孔子说：'唐尧、虞舜禅让给贤人，夏、商、周三代由子孙世袭，其中的道理是相同的。'"

（七）

原文

万章问曰："人有言，'伊尹以割烹要汤'①，有诸？"

孟子曰："否，不然。伊尹耕于有莘之野②，而乐尧、舜之道焉。非其义也，非其道也，禄之以天下，弗顾也；系马千驷，弗视也。非其义也，非其道也，一介不以与人③，一介不以取诸人。汤使人以币聘之④，嚣嚣然曰⑤：'我何以汤之聘币为哉？我岂若处畎亩之中，由是以乐尧、舜之道哉？'汤三使往聘之，既而幡然改，曰：'与我处畎亩之中，由是以乐尧、舜之道，吾岂若使是君为尧、舜之君哉？吾岂若使是民为尧、舜之民哉？吾岂若于吾身亲见之哉？天之生此民也，使先知觉后知，使先觉觉后觉也。予，天民之先觉者也，予将以斯道觉斯民也。非予觉之，而谁也？'思天下之民匹夫匹妇有不被尧、舜之泽者，若己推而内之沟中。其自任以天下之重如此，故就汤而说之以伐夏救民。吾未闻枉己而正人者也，况辱己以正天下者乎？圣人之行不同也，或远，或近，或去，或不去，归絜其身而已矣。吾闻其以尧、舜之道要汤，未闻以割烹也。《伊训》曰⑥：'天诛造攻自牧宫⑦，朕载自亳。'"

注释

①**伊尹以割烹要汤**：传说伊尹想要接近汤，于是当了厨师，以烹饪的道理为喻游

说汤,最终得到重用。**割烹**:烹饪。

②**有莘**:古国名。传说商汤娶有莘氏之女。

③**介**:同"芥",微不足道的东西。

④**币**:束帛,古代用束帛来作为聘礼。

⑤**嚣嚣然**:毫不在乎的样子。

⑥**《伊训》**:《尚书》篇名。

⑦**牧宫**:夏桀居住的宫殿。

译文

万章问道:"人们传说,'伊尹依靠烹饪的道理游说汤获得任用',有这回事吗?"

孟子说:"不,并非如此。伊尹之前在有莘国的郊野耕种,喜爱尧、舜之道。如果行为不符合义,不符合道,就算把天下当作俸禄送给他,他也不会理睬;就算有四千匹马拴在那里,他也不会去看一眼。如果不符合义,不符合道,一丝一毫的东西也不会送人,一丝一毫的东西也不会拿别人的。汤派人带了礼物去聘请他,他无动于衷,说:'我要汤的礼物干什么?怎能与我生活在田野当中,将尧、舜之道当作快乐相比呢?'汤又多次派人前去聘请,不久他彻底改变了态度,说:'与其隐居在野外中,将尧、舜之道当作是快乐,哪里比得上使君主成为尧、舜那样的君主呢?哪里比得上使百姓成为尧、舜时代的百姓呢?哪里比得上亲眼见到尧、舜时代那样的盛世呢?上天生养这些百姓,就要让先知者教育后知者,先觉者启发后觉者。我就是上天赋予的先觉者,我将用尧、舜之道去使百姓觉悟。如不是我使他们觉悟,又有谁能做到呢?'他想到天下的百姓中,如果有一个人没有享受到尧、舜之道的恩泽,就犹如是自己把他们推下悬崖。他就像这样将天下的重任担在肩上,所以到汤那里劝说他去讨伐夏桀,拯救百姓。我没有听说过自身不正却可以匡正他人的,更何况自辱来匡正天下呢?圣人的行为是不同的,有的避开君主,有的接近君主,有的离开朝廷,有的身处朝廷之中,但都归结到使得自身洁净罢了。我只听说他是依靠尧、舜之道去求汤重用,没听说是靠当厨师去求官的。《尚书·伊训》中记载伊尹说:'上天要诛灭夏桀,灾祸是源于夏桀的王宫之中,我只是从亳都开始谋划讨伐夏桀罢了。'"

（八）

原　文

万章问曰："或谓孔子于卫主痈疽①，于齐主侍人瘠环②，有诸乎？"

孟子曰："否，不然也；好事者为之也。于卫主颜雠由③。弥子之妻与子路之妻④，兄弟也。弥子谓子路曰：'孔子主我，卫卿可得也。'子路以告。孔子曰：'有命。'孔子进以礼，退以义，得之不得曰'有命'，而主痈疽与侍人瘠环，是无义无命也。孔子不悦于鲁、卫，遭宋桓司马将要而杀之⑤，微服而过宋。是时孔子当厄，主司城贞子⑥，为陈侯周臣⑦。吾闻观近臣，以其所为主；观远臣，以其所主。若孔子主痈疽与侍人瘠环，何以为孔子？"

注　释

① **痈疽**：人名，又作雍渠、雍钼、雍睢，卫灵公宠幸的宦官。
② **瘠环**：人名，齐景公宠幸的宦官。
③ **颜雠由**：卫国大夫，被认为是贤士。
④ **弥子**：即弥子瑕，卫灵公的宠臣。
⑤ **桓司马**：即宋国的司马桓魋。司马，官职名，掌管军政之事。
⑥ **司城贞子**：陈国大夫。
⑦ **陈侯周**：陈国国君，名周。

译　文

万章问道："有人说，孔子在卫国时寄居在痈疽家里，在齐国时寄居在瘠环家里，有这些事吗？"

孟子说："不，不是这样的；这些都是好事者编造出来的。孔子在卫国寄居在颜雠由家。弥子瑕的妻子与子路的妻子是姐妹。弥子瑕对子路说：'孔子如果来住在我家，我就能让他成为卫国的卿相。'子路把这话告诉孔子。孔子说：'由命运决定。'孔子做官与不做官，是根据礼义行事，能不能获得官职，说要'由命运决定'，如果寄居在痈疽和瘠环那里，这便是无视礼义、命运了。孔子在鲁国、卫国都不受欢迎，又遇到宋国的桓司马企图在半路上截杀他，就改换穿着悄悄穿过宋国。这时孔子正遭遇危难，便寄住在司城贞子家里，做了陈侯周的大臣。我听说，观察在朝的臣子，看他所接待的客人；观察外来的臣子，看他寄居地的主人。如果孔子寄居在痈疽和宦官瘠环的家里，将他们看作是主人，那他还是孔子吗？"

（九）

原　文

万章问曰："或曰，'百里奚自鬻于秦养牲者五羊之皮①，食牛以要秦穆公②'，信乎？"

孟子曰："否，不然；好事者为之也。百里奚，虞人也。晋人以垂棘之璧与屈产之乘假道于虞以伐虢。宫之奇谏③，百里奚不谏。知虞公之不可谏而去，之秦，年已七十矣，曾不知以食牛干秦穆公之为污也，可谓智乎？不可谏而不谏，可谓不智乎？知虞公之将亡而先去之，不可谓不智也。时举于秦，知穆公之可与有行也而相之，可谓不智乎？相秦而显其君于天下，可传于后世，不贤而能之乎？自鬻以成其君，乡党自好者不为，而谓贤者为之乎？"

注　释

①**百里奚**：虞国大夫，后在秦国任相国，辅佐秦穆公建立霸业。

②**秦穆公**：又写作秦缪公，秦国国君。

③**宫之奇**：虞国大夫。晋国曾两次向虞国借路以便进攻虢国，宫之奇用"唇亡齿寒"的道理劝说虞公拒绝晋国的要求，虞公不听。结果晋灭虢后，马上灭掉了虞国。虞公，虞国国君。

译 文

万章问道:"有人说,'百里奚以五张羊皮的价钱将自己卖给秦国养牲口的人,替他喂牛,以此获得秦穆公的任用',这是真的吗?"

孟子说:"不,并非如此;这是好事者编造出来的。百里奚是虞国人。当时晋国以垂棘出产的美玉与屈地出产的宝马向虞国借路去进攻虢国。宫之奇劝告虞公不可以答应此事,百里奚没有加以劝告。他知道虞公不会听从这些劝告,于是离开虞国来到秦国,当时已经七十岁了,百里奚如果不知道靠帮人喂牛来求得秦穆公任用是污浊的,能说他是聪明的吗?知道虞君不会听从劝告就没有加以劝告,能说他是不聪明的吗?知道虞公即将亡国而事先离开,不能说不聪明啊。一旦在秦国得到提拔,就知道穆公是个可以大有作为的君主而去辅佐他,能说他不聪明吗?当了秦国的相而使其君主的威望扬名天下,并流传后世,不是贤者能做到这一步吗?卖掉自己去当奴隶以成全国君,乡间自爱的人也不愿这样做,难道贤者会这么做吗?"

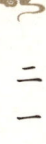

●秦缪公封百里奚为侯

万章下

本篇共九章，主要关于圣贤处世之道、交友原则、为官之道与处理君臣关系等内容。

学而优则仕，孔子、孟子都曾积极谋求官位，但他们与一般追求功名利禄之徒的区别，就在于孔孟都是为了实现自身的理想，为天下人谋福才一心出仕。孟子说："仕非为贫也。""立乎人之本朝，而道不行，耻也。"其实强调的就是为官应有所不为，行为不能违背道义和礼法，否则就和盗贼没什么区别。

关于交友，孟子提出"不挟长，不挟贵，不挟兄弟而友。友也者，友其德也，不可以有挟也"，强调交友和礼仪之间的关系，也属于别出机杼，与《论语》当中的"君子以文会友，以友辅仁"算是一脉相承。

本篇关于君臣关系的论断，主要集中在强调对待贤人之关键在于可以让贤者得其位谋其政，其次才是俸禄方面的供养。如果国君召见臣子不符合礼，臣子可以拒绝见君主，即"明君圣主应有不召之臣"。

（一）

原 文

孟子曰："伯夷，目不视恶色，耳不听恶声。非其君不事，非其民不使。治则进，乱则退。横政之所出①，横民之所止②，不忍居也。思与乡人处③，如以朝衣朝冠坐于涂炭也。当纣之时，居北海之滨，以待天下之清也。故闻伯夷之风者，顽夫廉④，懦夫有立志。

注 释

①**横政**：暴政。

②**横民**：暴民。

③**乡人**：乡下人，这里指乡间的暴民。

④**顽夫**：贪婪的人。

译 文

孟子说："伯夷这样的人，眼睛不看丑恶的事物，耳朵不听淫靡的声音。不是他理想当中的君主，不去侍奉，不是他理想当中的百姓，不去役使。世道太平，就入朝为官；世道混乱，就辞官隐居。实行暴政的国家，暴民聚居的地方，他都不会去居住。他觉得与乡下的暴民住在一起，就像穿着礼服、戴着礼帽坐在泥土炭灰上面一样。在纣王当政时，他隐居于北海边，等待天下变得太平。所以听说过伯夷风尚节操的人，贪心的人变得廉洁了，懦弱的人也懂得了自立。

原 文

"伊尹曰:'何事非君,何使非民。'治亦进,乱亦进,曰:'天之生斯民也,使先知觉后知,使先觉觉后觉。予,天民之先觉者也,予将以此道觉此民也。'思天下之民匹夫匹妇有不与被尧舜之泽者,若己推而内之沟中。其自任以天下之重也。

"柳下惠不羞污君①,不辞小官。进不隐贤,必以其道。遗佚而不怨②,阨穷而不悯③。与乡人处,由由然不忍去也。'尔为尔,我为我,虽袒裼裸裎于我侧,尔焉能浼(měi)我哉④?'故闻柳下惠之风者,鄙夫宽,薄夫敦。

"孔子之去齐,接淅而行;去鲁,曰:'迟迟吾行也。'去父母国之道也。可以速而速,可以久而久,可以处而处,可以仕而仕,孔子也。"

注 释

①**柳下惠**:春秋时代鲁国大夫,以品行高洁著称。
②**遗佚**:得不到君主的任用。
③**悯**:忧愁。
④**浼**:污染。

译 文

"伊尹说:'哪位君主不可以辅佐,哪里的百姓不可以役使?'世道太平他可以在朝为官,世道混乱,他也可以在朝为官,还说:'上天生养这些民众,让先知的人教育后知的人,让先觉悟的人启迪后觉悟的人,我是上天所生民众当中的先觉者,我将用尧舜之道使这些民众首先觉悟。'每当想到天下民众当中还有一个人没有得到尧舜之道的恩泽,就像是自己把他们推下悬崖一般。他把天下的重担都挑在了肩上。

"柳下惠并不认为侍奉昏君是羞耻的事,不因为官职低微而推辞。在朝做官不隐藏自己的才能，一定要按自己的原则去办事。被君主遗弃而没有怨恨，处境困窘而不悲伤。同乡里的人相处，自得其乐而不忍离去。他说：'你是你，我是我，即使你裸露身体出现在我身旁，又哪能玷污到我呢？'所以听说柳下惠的风尚节操的人，狭隘的人变得心胸宽广了，刻薄的人变得温和敦厚了。

"孔子离开齐国时，不等做好饭就捞起正在淘洗的米上路了；离开鲁国时却说：'我们慢慢走吧。'这就是离开祖国的态度。该快些离开就快些离开，该久留就要久留，该隐居就隐居，该做官就做官，这样的人便是孔子。"

原 文

孟子曰："伯夷，圣之清者也；伊尹，圣之任者也；柳下惠，圣之和者也；孔子，圣之时者也。孔子之谓集大成。集大成也者，金声而玉振之也①。金声也者，始条理也②；玉振之也者，终条理也。始条理者，智之事也；终条理者，圣之事也。智，譬则巧也；圣，譬则力也。由射于百步之外也，其至，尔力也；其中，非尔力也。"

注 释

①**金**：这里指以青铜铸造的镈钟，镈钟是一种形状似钟的乐器，演奏时单独悬挂（这是与编钟的区别）。**玉**：这里指玉制的磬，一种乐器，演奏时也单独悬挂。古代奏乐，以钟声开始，以击磬收尾。

②**条理**：这里指乐曲的节奏。

译 文

孟子说："伯夷是圣人当中清高的人，伊尹是圣人当中尽责任的人，柳下惠是圣人当中随和的人，孔子是圣人当中重时势的人。孔子可以说是圣人当中的集大成者。所谓集大成，犹如奏乐时先由镈钟演奏出声音，后用玉磬收束全曲。镈钟的声音，是旋律节奏的起始；玉磬收束全曲，是旋律的终结。开始奏出的旋律，是靠智慧；最后奏出的旋律，靠的是圣德。智慧好比是技巧，圣德好比是力气。犹如在百步外射箭，射到哪个地方，是依靠力气；射中哪个目标，靠的就不只是力气了。"

(二)

原　文

北宫锜问曰①："周室班爵禄也②，如之何？"

孟子曰："其详不可得闻也，诸侯恶其害己也，而皆去其籍；然而轲也，尝闻其略也。天子一位，公一位，侯一位，伯一位，子、男同一位，凡五等也。君一位，卿一位，大夫一位，上士一位，中士一位，下士一位，凡六等。天子之制，地方千里；公侯皆方百里，伯七十里，子、男五十里，凡四等。不能五十里③，不达于天子，附于诸侯，曰附庸。天子之卿受地视侯，大夫受地视伯，元士受地视子、男④。大国地方百里，君十卿禄，卿禄四大夫，大夫倍上士，上士倍中士，中士倍下士，下士与庶人在官者同禄，禄足以代其耕也。次国地方七十里，君十卿禄，卿禄三大夫，大夫倍上士，上士倍中士，中士倍下士，下士与庶人在官者同禄，禄足以代其耕也。小国地方五十里，君十卿禄，卿禄二大夫，大夫倍上士，上士倍中士，中士倍下士，下士与庶人在官者同禄，禄足以代其耕也。耕者之所获：一夫百亩，百亩之粪⑤，上农夫食九人，上次食八人，中食七人，中次食六人，下食五人。庶人在官者，其禄以是为差⑥。"

注　释

①**北宫锜**：卫国人。

②**班**：排列。

③**不能**：不足。

④**元士**：天子直辖区域内的上士。

⑤ 粪：这里是动词，施肥。

⑥ 差：等级。

译 文

北宫锜问道："周朝规定的官爵、俸禄的等级是怎样的呢？"

孟子说："详细的情况已经不得而知了，诸侯讨厌这些等级制度妨害自己，把那些典籍都毁掉了；不过，我曾听说过这些等级制度的大致情况：天子一级，公爵一级，侯爵一级，伯爵一级，子爵、男爵同为一级，共分为五个等级。诸侯国当中，国君一级，卿一级，大夫一级，上士一级，中士一级，下士一级，共为六个等级。天子下辖的土地规模是方圆千里；公爵、侯爵都是方圆百里，伯爵是方圆七十里，子爵、男爵方圆五十里，共四等。不足方圆五十里的国家，不与天子直接联系，而是附属于诸侯，称为'附庸'。天子的卿，受封土地与侯爵相同，大夫受封的土地与伯爵相等，元士受封的土地与子爵、男爵相同。公侯大国的土地有方圆百里的，国君的俸禄是卿的十倍，卿的俸禄是大夫的四倍，大夫是上士的两倍，上士是中士的两倍，中士是下士的两倍，下士的俸禄与在官府当中当差的百姓相同，数量足以代替他种田的收入。稍小国家的土地有方圆七十里的，国君的俸禄是卿的十倍，卿的俸禄是大夫的三倍，大夫是上士的两倍，上士是中士的两倍，中士是下士的两倍，下士与在官府当差的人享有同等俸禄，俸禄足以代替他种田的收入。小国的土地有方圆五十里的，国君的俸禄是卿的十倍，卿的俸禄是大夫的两倍，大夫是上士的两倍，上士是中士的两倍，中士是下士的两倍，下士与在官府当差的人享有同等俸禄，俸禄足以代替他种田的收入。种田人的收入：耕田之人每户负责耕田一百亩，一百亩地经过施肥耕种，上等的农夫可以养活九个人，稍差的可以养活八个人，中等的农夫可以养活七个人，稍差一些的可以养活六个人，下等的农夫可以养活五个人。为官府当差的百姓，其俸禄是按这种标准来分等级的。"

● 周公

（三）

原　文

万章问曰："敢问友。"

孟子曰："不挟长①，不挟贵，不挟兄弟而友。友也者，友其德也，不可以有挟也。孟献子②，百乘之家也，有友五人焉，乐正裘、牧仲，其三人，则予忘之矣。献子之与此五人者友也，无献子之家者也；此五人者，亦有献子之家，则不与之友矣。非惟百乘之家为然也，虽小国之君亦有之。费惠公曰③：'吾于子思，则师之矣；吾于颜般，则友之矣；王顺、长息则事我者也。'非惟小国之君为然也，虽大国之君亦有之。晋平公之于亥唐也④，入云则入，坐云则坐，食云则食；虽蔬食菜羹⑤，未尝不饱，盖不敢不饱也。然终于此而已矣。弗与共天位也，弗与治天职也，弗与食天禄也，士之尊贤者也，非王公之尊贤也。舜尚见帝，帝馆甥于贰室⑥，亦飨舜，迭为宾主，是天子而友匹夫也。用下敬上，谓之贵贵；用上敬下，谓之尊贤。贵贵、尊贤，其义一也。"

注　释

① **挟**：倚仗、依靠。
② **孟献子**：鲁国大夫。
③ **费惠公**：战国时小国费的国君。
④ **晋平公**：春秋时代晋国的国君，姓姬名彪。**亥唐**：晋国人。
⑤ **蔬食**：粗糙的饭。蔬：通"疏"。
⑥ **甥**：女婿。**贰室**：行宫。

译　文

万章问道:"请问如何交友。"

孟子说:"不倚仗年龄大,不倚仗身份尊贵,不倚仗兄弟的富贵去结交朋友。所谓交友,看中的是他的品德,是不可以倚仗其他东西的。孟献子是拥有百辆马车的大夫,他有五个朋友,其中有乐正裘、牧仲,其他三人我忘记了名字。献子同这五个人交友,是因为他们并非看重自己的家世;这五个人如果只是看重他的家世,孟献子也就不会同他们交友了。不仅是拥有百辆马车的大夫是这样,就算是小国的君主也有如此。费惠公说:'我对于子思,把他看作是老师;对于颜般,就把他当作朋友了;王顺、长息是侍奉我的人。'不仅小国的君主是这样,就是大国的君主也是如此。晋平公去拜访亥唐,亥唐让他进去就进去,让他坐就坐,让他吃就吃,就算是粗茶淡饭,也没有吃不饱的时候,因为不敢不吃饱。然而最终也就到这种程度罢了。没有与他共享官位,没有与他一起处理政务,没有与他一起分享俸禄,这只是如同士人般的尊贤,而不是王公般的尊贤。舜去见尧帝,尧帝把这位女婿安排在行宫居住,并且款待他,有时舜也宴请尧,两人轮流担任宾主,这是天子同平民交友。地位低的人尊敬地位高的,叫作尊敬有地位的人;地位高的人尊敬地位低的人,叫作尊敬贤人。尊敬有地位的人和尊敬贤人,其中的道理是相同的。"

(四)

原　文

万章曰:"敢问交际何心也^①?"

孟子曰:"恭也。"

曰:"'却之却之为不恭^②',何哉?"

曰:"尊者赐之,曰:'其所取之者义乎,不义乎?'而后受之。以是为不恭,故弗却也。"

曰:"请无以辞却之,以心却之,曰:'其取诸民之不义也',而以他辞无受,不可乎?"

曰:"其交也以道,其接也以礼,斯孔子受之矣。"

注释

①**交际**:通过赠送礼物来互相交往。

②**却**:推辞,不能接受。

译文

万章问道:"请问,同别人交往时要抱有什么样的心态?"

孟子说:"恭敬的心态。"

万章问:"有人说'一再拒绝别人的礼物是不恭敬的',这是为什么呢?"

孟子说:"如果有地位的人赐予礼物,接受前却要想他送来的这些东西是否符合义,然后才接受,认为这样做是不恭敬的,所以才不拒绝。"

万章说:"如果不用言语拒绝,而在心里拒绝,'他从百姓那里取来这些东西是不义的',然后用别的理由拒绝,难道不可以吗?"

孟子说:"他与人交往遵守规则,以符合礼节的方式与人接触,这样就是孔子也会接受礼物的。"

原文

万章曰:"今有御人于国门之外者①,其交也以道,其馈也以礼,斯可受御与?"

曰:"不可。《康诰》曰②:'杀越人于货③,闵不畏死④,凡民罔不譈(duì)⑤。'是不待教而诛者也。殷受夏,周受殷,所不辞也;于今为烈,如之何其受之?"

注释

①**御人**:强盗。

②**《康诰》**:《尚书》中的一篇。

③**于货**:抢走别人的东西。

④闵：《尚书》中作"暋"，指态度强硬。
⑤谏：憎恨，怨恨。

译文

万章说："如果有个在城外抢劫的强盗，与人交往符合礼节，按礼节赠送礼物，这样也可以接受他抢来的东西吗？"

孟子说："不行。《尚书·康诰》上说：'杀人抢劫，强横不怕死的人，人们没有不痛恨的。'这种人是不必教化就可以直接处死的。夏商周三代都沿袭了这种规定。现在抢劫为盗的人越来越猖獗，怎么还能接受他的礼物呢？"

●得贤弭盗

原文

曰："今之诸侯取之于民也，犹御也。苟善其礼际矣，斯君子受之，敢问何说也？"

曰："子以为有王者作，将比今之诸侯而诛之乎？其教之不改而后诛之乎？夫谓非其有而取之者盗也，充类至义之尽也。孔子之仕于鲁也，鲁人猎较①，孔子亦猎较。猎较犹可，而况受其赐乎？"

注释

①猎较：古代的风俗，打猎时争夺猎物，以所得猎物来祭祀。

译文

万章说："现在的诸侯从百姓那里掠夺财产，与拦路抢劫没有什么区别。如果他们遵照礼节与人交往，君子接受他们的礼物，请问这又如何解释呢？"

孟子说："你认为如果有圣王出现，他将会把现在的诸侯都杀掉呢，还是先进行教化，再把绝不悔改的诸侯杀掉呢？拿了本不该他所拥有的东西，这就是抢劫，这是把'抢劫'的含义范围扩大到最大的结果。孔子在鲁国做官时，鲁国人有打猎时争抢猎物的习俗，孔子也参与争夺了。争夺猎物都可以，何况是接受别人赠给的礼物呢？"

原文

曰："然则孔子之仕也，非事道与？"

曰："事道也。"

"事道奚猎较也？"

曰："孔子先簿正祭器①，不以四方之食供簿正。"

注释

①**簿正祭器**：用文书来规定祭祀所用的祭品。

译文

万章说："那么孔子做官，不是为了推广道义吗？"

孟子说："是为了推广道义。"

万章问："推广道义何必去争夺猎物呢？"

孟子说："孔子先用文书规定应当使用的祭品，而不用别处得来的食物。"

原文

曰："奚不去也？"

曰："为之兆也①。兆足以行矣，而不行，而后去。是以未尝有所终三年淹也②。孔子有见行可之仕，有际可之仕③，有公养之仕也④。于季桓子⑤，见行可之仕也；于卫灵公⑥，际可之仕也；于卫孝公⑦，公养之仕也。"

注释

①**兆**：开端。

②**淹**：停留。

③**际可**：用很高的规格进行接待。

④**公养**：国君厚待贤人。

⑤**季桓子**：鲁国权臣。
⑥**卫灵公**：卫国国君，前534年—前493年在位。
⑦**卫孝公**：不见于史书记载，可能是卫出公辄，即卫灵公之孙。

译　文

万章说："孔子为什么不辞官离开呢？"

孟子说："为了推行自己的主张。如果自己的主张足以推广，君主却不加以推行，这才离开那里。所以孔子从来没在一个国家停留三年以上。孔子或者看到有行道的可能而去做官，或者因为君主对他以礼相待而去做官，或者因为君主能供养贤士而去做官。对于季桓子，是有行道的可能而去做官；对于卫灵公，是他能以礼相待而去做官；对于卫孝公，是他能供养贤士而去做官。"

（五）

原　文

孟子曰："仕非为贫也，而有时乎为贫；娶妻非为养也，而有时乎为养。为贫者，辞尊居卑，辞富居贫。辞尊居卑，辞富居贫，恶乎宜乎？抱关击柝①。孔子尝为委吏矣②，曰：'会计当而已矣。'尝为乘田矣③，曰：'牛羊茁壮长而已矣。'位卑而言高，罪也；立乎人之本朝，而道不行，耻也。"

注　释

①**抱关**：守门的小吏。**击柝**：巡夜值更的人。
②**委吏**：管理仓库的小官。
③**乘田**：管理牲畜的小官。

译　文

孟子说："做官不是由于贫穷，但有时是由于贫穷；娶妻不是为了赡养父母，但有时却是为了赡养父母。如果是因为贫穷而去做官，就该不做大官而去做小官，不要丰厚的俸禄只求微薄的俸禄。不做大官而去做小官，不要丰厚的俸禄只求微薄的俸禄，担任什么样的职位是适宜的呢？守门打更这种职务就行了。孔子曾经做过管仓库的小吏，说道：'每天的账目核算准确就行了。'又曾经做过管理牲畜的小吏，说道：'牛羊长得肥壮就可以了。'地位卑微而议论朝政，是罪过；在君主的朝廷上做官，而政治主张不能得到推行，是耻辱。"

（六）

原　文

万章曰："士之不托诸侯，何也？"

孟子曰："不敢也。诸侯失国，而后托于诸侯，礼也；士之托于诸侯，非礼也。"

万章曰："君馈之粟，则受之乎？"

曰："受之。"

"受之何义也？"

曰："君之于氓也①，固周之②。"

曰："周之则受，赐之则不受，何也？"

曰："不敢也。"

曰："敢问其不敢何也？"

曰："抱关击柝者，皆有常职以食于上，无常职而赐于上者，以为不恭也。"

注　释

①氓：从别的国家逃亡到这里的人。
②周：救济。

译　文

万章问道："士人不能寄居别国，靠别国的诸侯提供的禄米生活，这是为什么呢？"

孟子说："因为不敢。诸侯失去了自己的国家后，寄居到别国诸侯那里，是合乎礼的；士人寄居别国，靠别国的诸侯提供的禄米生活，是不合乎礼的。"

万章问："如果是国君送给他谷米，那么可以接受吗？"

孟子说："可以接受。"

万章问："可以接受是因为什么呢？"

孟子说："国君对于别国迁居来的人，本来就是应该接济的。"

万章说："接济他，就接受，赏赐他，就不接受，这又是什么道理呢？"

孟子说："因为不敢。"

万章问："请问，不敢接受是因为什么呢？"

孟子说："守门打更的人都有一定的职务，因此可以接受国君的俸禄供养，没有职务而接受上面的赏赐，这样做被认为是不恭的。"

原 文

曰："君馈之，则受之，不识可常继乎？"

曰："缪公之于子思也①，亟问，亟馈鼎肉②。子思不悦。于卒也，摽使者出诸大门之外，北面稽首再拜而不受③，曰：'今而后知君之犬马畜伋。'盖自是台无馈也④。悦贤不能举，又不能养也，可谓悦贤乎？"

注 释

①**缪公**：鲁穆公。

②**鼎肉**：朱熹《四书集注》云："鼎肉，熟肉也。"

③**稽首再拜**：稽首，古代跪拜礼，行礼时两手拱至地，头至手，不触及地。再拜，拜两次。据考，稽首再拜称为"凶拜"，而下文再拜稽首称为"吉拜"。

④**台**：通"始"。

译 文

万章问："国君送来的就接受，不知是否可以经常这么做？"

孟子说："鲁缪公对于子思，多次加以问候，多次赠送肉食。子思对此很不高兴。最后，把缪公派来的人赶出门外，面朝北跪下磕头，然后拱手拜了两次，拒绝了礼物，说：'如今才知道君王是将我当作犬马一样喂养的。'从此以后，鲁缪公就不给子思送东西了。喜爱贤士，却既不提拔任用他，又不能以恰当的方式供养他，能说是喜爱贤士吗？"

原 文

曰："敢问国君欲养君子，如何斯可谓养矣？"

曰："以君命将之[1]，再拜稽首而受。其后廪人继粟，庖人继肉，不以君命将之。子思以为鼎肉，使己仆仆尔亟拜也[2]，非养君子之道也。尧之于舜也，使其子九男事之，二女女焉，百官牛羊仓廪备，以养舜于畎亩之中，后举而加诸上位，故曰，王公之尊贤者也。"

注 释

[1] 将：送。

[2] 仆仆尔：烦扰的模样。

译 文

万章说："请问，国君希望供养君子，怎样做才是适宜的供养方式呢？"

孟子说："起初以国君名义送去，他便拱手拜两拜，跪下叩首接受。以后就应让粮仓的小吏不断送粮过去，厨师不断送肉过去，而不必再用国君名义送东西。子思认为，那点儿肉，使得自己不断跪拜行礼，这并非是供养君子的恰当做法。尧对于舜，派自己的九个儿子去侍奉他，将两个女儿嫁给他，百官、牛羊、粮食都已齐备，在田野里供养他，然后提拔他，让他身居高位，所以这才是天子与诸侯尊敬贤人的正确方式。"

（七）

原 文

万章曰："敢问不见诸侯，何义也？"

孟子曰："在国曰市井之臣，在野曰草莽之臣，皆谓庶人。庶人不传质为臣①，不敢见于诸侯，礼也。"

注 释

①传质：求见君主的人，将献给君主的见面礼交给负责通报的人，由他送进去，这种方式被称为"传质"。

译 文

万章说："请问，士人不去拜谒诸侯，这其中有什么道理吗？"

孟子说："住在都城的士人，称作市井之臣，住在乡野的人，称作草莽之臣，都算是百姓。百姓不向诸侯送见面礼而称臣，就不敢拜谒诸侯，这是合乎礼制的。"

原 文

万章曰："庶人，召之役，则往役；君欲见之，召之，则不往见之，何也？"

曰："往役，义也；往见，不义也。且君之欲见之也，何为也哉？"

曰："为其多闻也，为其贤也。"

曰："为其多闻也，则天子不召师，而况诸侯乎？为其贤也，则吾未闻欲见贤而召之也。缪公亟见于子思，曰：'古千乘之国以友士，何如？'子思不悦，曰：'古之人有言，曰事之云乎①，岂曰友之云乎？'子思之不悦也，岂不曰：'以位，则子，君也；我，臣也，何敢与君友也？以德，则子事我者也，奚可以与我友？'千乘之君求与之友，而不可得也，而况可召与？齐景公田，招虞人以旌，不至，将杀之②。志士不忘在沟壑，勇士不忘丧其元③。孔子奚取焉？取非其招不往也。"

注释

①云乎：句末语气词，没有实际含义。
②参见《滕文公下》第一章注。
③元：头颅。

译文

●晏子见齐景公

万章说："百姓，国家召他服役，就去服役；国君要见他，召他去，却不去拜谒，这是为什么呢？"

孟子说："去服役，是应该的；不是臣属而去拜谒国君，是不应该的。再说国君要召见他，是因为什么呢？"

万章说："因为他见识广博，因为他贤能。"

孟子说："如果是由于他见识广博，天子都不能召见自己的老师，何况是诸侯呢？如果是由于他贤能，那么我还没听说过要见贤人竟去召唤他的。鲁缪公多次去拜见子思，对他说：'古代有千辆兵车的国君去跟士人交友，这样做如何？'子思对此很不高兴，说：'古人说的是侍奉国君，哪能声称是同他交朋友呢？'子思之所以会不高兴，难道不是说：'论地位，你是国君，我是臣，我怎么敢与国君交朋友呢？论德行，那么你该把我当老师加以侍奉，怎么可以说同我交朋友呢？'有千辆兵车的国君要同他交朋友都办不到，更何况召他来拜谒呢？齐景公打猎，用旌旗召唤管理猎场的小吏，小吏没有前来，齐景公要杀他。志士不怕被弃尸于山沟，勇士不怕丢掉头颅。孔子赞扬齐国小吏的哪一点呢？赞扬他不接受不符合礼制的召唤。"

原文

曰："敢问招虞人何以①？"

曰："以皮冠。庶人以旃②，士以旂③，大夫以旌。以大夫之招招虞人，虞人死不敢往；以士之招招庶人，庶人岂敢往哉？况乎以不贤人之招招贤人乎？欲见贤人而不以其道，犹欲其入而闭之门也。夫义，路也；礼，门也。惟君子能由是路，出入是门也。《诗》云：'周道如砥④，其直如矢；君子所履，小人所视'⑤"

万章曰："孔子，君命召，不俟驾而行。然则孔子非与？"

曰："孔子当仕有官职，而以其官召之也。"

注释

①虞人：管理猎场的官员。

②旃：红色的曲柄旗帜。

③旂：带有铃铛的旗帜。

④周道：大道。砥：同"砥"。

⑤以上四句出自《诗经·小雅·大东》。

译文

万章问："请问，召唤管理猎场的小吏该用什么方式？"

孟子说："应当用皮帽子。召唤百姓用红色的曲柄旗帜，召唤士人用带有铃铛的旗帜，召唤大夫用饰有羽毛的旌旗。用召唤大夫的旌旗去召唤管理猎场的小吏，小吏当然宁死也不敢去；用召唤士人的旗子去召唤百姓，百姓难道敢去吗？更何况用不尊重人的召唤方式去召唤贤人呢？想见贤人而不按合适的方式，那就像要人进来却又把他关在门外。义，犹如路；礼，犹如门。只有君子能沿着义这条路行走，进入礼这座门。《诗经》上说：'大路平得像磨刀石，直得像箭；君子所走的道路，小人在一旁也会观看、效仿。'"

万章说："国君召见孔子，孔子不等车马准备好就动身。那么，孔子错了吗？"

孟子说:"孔子当时正在做官,是有官职的人,而国君是按他的官职来召见他的。"

(八)

原文

孟子谓万章曰:"一乡之善士①,斯友一乡之善士,一国之善士,斯友一国之善士;天下之善士,斯友天下之善士。以友天下之善士为未足,又尚论古之人②。颂其诗③,读其书,不知其人,可乎?是以论其世也。是尚友也。"

注释

①**善士**:优秀的人。

②**尚**:通"上",向上追溯。

③**颂**:朗诵。

译文

孟子对万章说:"一乡当中的优秀人物,会与乡里的优秀人物交朋友;一国当中的优秀人物,会和国内的优秀人物交朋友;天下的优秀人物,会和天下间的优秀人物交朋友。认为同天下的优秀人物交朋友还不够,就要上溯历史,评论古代的优秀人物。但只是吟诵古人的诗,读古人的著作,却不了解古人的为人,这样做可以吗?所以还要研究古人在对应的时代里的行为。这就是与古人交朋友。"

(九)

原文

齐宣王问卿。孟子曰:"王何卿之问也?"

王曰:"卿不同乎?"

曰:"不同。有贵戚之卿①,有异姓之卿。"

王曰:"请问贵戚之卿。"

曰:"君有大过则谏,反复之而不听,则易位。"

王勃然变乎色。

曰:"王勿异也。王问臣,臣不敢不以正对。"

王色定,然后问异姓之卿。

曰:"君有过则谏,反复之而不听,则去。"

注释

①**贵戚之卿**:国君的近亲属。

译文

齐宣王向孟子询问关于公卿的问题。

孟子说:"大王问的是哪一种公卿呢?"

宣王问:"公卿还有区别吗?"

孟子说:"是有不同的。有与国君同宗的贵戚之卿,有异姓之卿。"

宣王说:"请问贵戚之卿是怎样的人。"

孟子说:"身为贵戚之卿,国君犯下重大错误,就要加以劝谏,反复劝谏还不听从,就要另立新的国君。"

宣王马上变了脸色。

孟子说:"大王不要见怪。大王问我,我不敢不以实相告。"

宣王脸色变得正常了,然后问异姓之卿是怎样的人。

孟子说:"国君有过错时,异姓之卿就要加以劝谏,反复劝谏而不听从,就辞官离开这个国家。"

告子上

本篇共二十章，集中论述了"行善"的问题，用来反驳告子等人关于人性本无善恶的观点。

孟子认为人的本性就是善良的，"人性之善也，犹水之就下也。人无有不善，水无有不下"。还举出"孺子将入于井"的例子说明人性的善良是与生俱来的，其实也为孟子提出的人人可为尧舜的观点提供依据。孟子还提出恻隐之心、羞恶之心、恭敬之心、是非之心，分别是仁、义、礼、智的根源与出发点。

但为什么人的行为善恶都有呢？因为"若夫为不善，非才之罪也"，也就是后天因素导致人们的行为与本性出现了偏差。

这样一来，人对于本性的后天修养就要努力把持自己的善心不变，同时由于周边环境的影响，善心被消磨又难以避免，所以要努力将善心补回来，所以孟子提出"学问之道无他，求其放心而已矣"。但不是从外界去寻求善心，而是"反求诸己"，要本心当中寻求善良。这和后世王守仁所说的"此心光明，夫复何言"其实也是一脉相承的。

（一）

原　文

告子曰："性，犹杞柳也①，义，犹桮棬也②；以人性为仁义，犹以杞柳为桮棬。"

孟子曰："子能顺杞柳之性而以为桮棬乎？将戕贼杞柳而后以为桮棬也③？如将戕贼杞柳而以为桮棬，则亦将戕贼人以为仁义与？率天下之人而祸仁义者，必子之言夫！"

注　释

①**杞柳**：树名，其枝条非常柔韧，可以编制箱筐等器物。
②**桮棬**：器名。先用枝条编成杯盘之形，再以漆加工制成杯盘。
③**戕贼**：戕害、损害。

译　文

告子说："人的本性犹如杞柳，义犹如杯盘；使人性变得仁义，就像将杞柳制作成杯盘一样。"

孟子说："你能顺着杞柳的特性把它制成杯盘呢，还是要悖逆其特性将其做成杯盘呢？如果是悖逆了其特性而把它做成杯盘，那么也要戕害人的本性使它变得仁义吗？率领天下人去戕害仁义的人，必定是你的这种论调吧！"

（二）

原　文

告子曰："性犹湍水也①，决诸东方则东流，决诸西方则西流。人性之无分于善不善也，犹水之无分于东西也。"

孟子曰："水信无分于东西②，无分于上下乎？人性之善也，犹水之就下也。人无有不善，水无有不下。今夫水，搏而跃之③，可使过颡④；激而行之⑤，可使在山。是岂水之性哉？其势则然也。人之可使为不善，其性亦犹是也。"

注　释

①湍水：水流湍急的地方。

②信：确实。

③搏：拍打。

④颡：额头。

⑤激：用戽斗抽水。

译　文

告子说："人性犹如湍急的水流，在东边打开缺口就会往东流，在西边打开缺口就会往西流。人性本来就不分善恶，就像水流本来不分向东或向西一样。"

孟子说："水流确实是没有确定的流向，难道也不分向上或向下吗？人性的善，就好比水向下流一样。人性没有不善的，水没有不向下流的。水，拍打一下让它飞溅起来，也能让它高过人的额头；用戽斗抽水，也可以使水流到山上。这难道是水的本性吗？是形势导致这样的情况的。人的本性可以变得不善，也是由于其

●忠信济水

本性受到外在形势的影响。"

（三）

原文

告子曰："生之谓性。"

孟子曰："生之谓性也，犹白之谓白与？"

曰："然。"

"白羽之白也，犹白雪之白；白雪之白犹白玉之白与？"

曰："然。"

"然则犬之性犹牛之性，牛之性犹人之性与？"

译文

告子说："天生的资质称作人的本性。"

孟子说："天生的资质称作人的本性，就像所有白色的东西都可以称作白吗？"

告子说："是的。"

孟子说："白羽毛的白，与白雪的白是一样的；白雪的白，与白玉的白是一样的吗？"

告子说："是的。"

孟子说："那么，狗的天性就与牛的天性一样，牛的天性就与人的天性是一样的吗？"

（四）

原文

告子曰："食、色，性也。仁，内也，非外也；义，外也，非内也。"

孟子曰："何以谓仁内义外也？"

曰："彼长而我长之①，非有长于我也；犹彼白而我白之，从其白于外也，故谓之外也。"

曰："异于白马之白也，无以异于白人之白也；不识长马之长也，无以异于长人之长与？且谓长者义乎？长之者义乎？"

曰："吾弟则爱之，秦人之弟则不爱也，是以我为悦者也，故谓之内。长楚人之长，亦长吾之长，是以长为悦者也，故谓之外也。"

曰："耆秦人之炙②，无以异于耆吾炙，夫物则亦有然者也，然则耆炙亦有外与？"

注释

① 彼长而我长之：他比我年纪大，我就要尊重他。
② 耆：同"嗜"。

译文

告子说："食欲、性欲，是人的天性。仁是从内心产生的，不是外因导致的；义是源自外因，不是源自内心。"

孟子说："凭什么说仁是源自内心的，而义是源自外因的呢？"

告子说："看到比我年长的人，我便尊敬他，不是事先就有'尊敬他'的念头在我心里；犹如他的肤色白，我便认为他白，是由于他的白显露于外的缘故，所以义是源自外因。"

孟子说："白马的白与人的肤色白没有区别；那么我不知道对老马的尊敬，与对长者的尊敬有什么区别吗？而且你认为是长者拥有义呢，还是尊敬长者的人拥有义呢？"

告子说："是我的弟弟，我就爱他；是秦国人的弟弟，我就不会爱他，这是由我来决定爱什么人的，所以仁是源自于内心的。尊敬楚国人中的长者，也尊敬我自己的长辈，这是由对方的年长决定的，所以义是源自外在的。"

孟子说："爱吃秦国的烤肉，同爱吃自己烤的肉是没有区别的，其他事物也有这种情况，那么爱吃烤肉的心也是源于外在因素吗？"

（五）

原文

孟季子问公都子曰①："何以谓义内也？"

曰："行吾敬，故谓之内也。"

曰："乡人长于伯兄一岁，则谁敬？"

曰："敬兄。"

"酌则谁先②？"

曰："先酌乡人。"

"所敬在此，所长在彼，果在外，非由内也。"

注释

①**孟季子**：朱熹云："疑是孟仲子之弟也。"或说为任国国君之弟季任。**公都子**：孟子弟子。

②**酌**：斟酒。

译文

孟季子问公都子说："为什么说义是源自内心呢？"

公都子说："因为表现出恭敬是源于内心存在恭敬，所以说是源自内心的。"

孟季子问："有个同乡要比你的大哥年长一岁，那么你对谁更恭敬呢？"

公都子说："对大哥恭敬。"

孟季子又问："如果大家在一起喝酒，你先为谁斟酒？"

公都子说："先给那个同乡斟酒。"

孟季子说："你内心中敬重大哥，但斟酒时要对同乡表示尊重，可见义果然是源自外在，而不是源自内心。"

原 文

公都子不能答，以告孟子。

孟子曰："敬叔父乎，敬弟乎？彼将曰：'敬叔父。'曰，'弟为尸①，则谁敬？'彼将曰，'敬弟。'子曰：'恶在其敬叔父也？'彼将曰：'在位故也。'子亦曰：'在位故也。庸敬在兄②，斯须之敬在乡人③。'"

季子闻之，曰："敬叔父则敬，敬弟则敬，果在外，非由内也。"

公都子曰："冬日则饮汤，夏日则饮水，然则饮食亦在外也？"

注 释

①**尸**：古代祭祀时，代死者受祭、象征死者神灵的人，以臣下或死者的晚辈充任。后世改为用神主、画像。

②**庸**：平时。

③**斯须**：暂时。

译 文

公都子回答不上来，把这件事告诉了孟子。

孟子说："你反问他，应当尊敬叔父呢，还是尊敬弟弟？他会说：'要尊敬叔父。'你再问：'弟弟担任祭祀典礼上的尸，那你该尊敬谁？'他会说：'要尊敬弟弟。'你就再问：'如果是这样，尊敬叔叔又体现在何处呢？'他会说：'是因为弟弟担任祭祀典礼上的尸的缘故。'你就说：'因为那个同乡处在该受尊敬的地位上的缘故。平时尊敬的是大哥，此时该尊敬的是同乡。'"

季子听了这番话，说："该尊敬叔父时就尊敬叔父，该尊敬弟弟时就要尊

● 祭礼服

敬弟弟，可见义果然源自外在，不是源自内心。"

公都子说："冬天喝热水，夏天喝凉水，那么饮食也是由于外因吗？"

（六）

原　文

公都子曰："告子曰：'性无善无不善也。'或曰：'性可以为善，可以为不善；是故文、武兴，则民好善；幽、厉兴①，则民好暴。'或曰：'有性善，有性不善；是故以尧为君而有象；以瞽瞍为父而有舜；以纣为兄之子，且以为君，而有微子启、王子比干②。'今曰'性善'，然则彼皆非与？"

注　释

①幽、厉：指周幽王、周厉王，周代两个暴君。

②微子启、王子比干：微子启，据《左传》《史记》记载，是纣王的庶兄。王子比干，纣王叔父，因劝谏而被纣王剖心而死。

译　文

公都子说："告子说：'人的本性没有善良与否的区别。'有人说：'人的本性可以变得善良，也可以变得不善良。所以在文王、武王的时代，百姓就喜欢向善；幽王、厉王统治了天下，百姓就喜欢凶暴。'又有人说：'有本性善良的人，也有本性不善良的人；所以尧当君主的时代，却有象这样的恶人；瞽瞍当父亲，却有舜这样贤良的儿子；有纣这样的侄儿，并且以他为君主，却有微子启、王子比干这样的贤臣。'现在您说'人的本性是善良的'，那么这些人所说的都错了吗？"

原　文

孟子曰："乃若其情，则可以为善矣，乃所谓善也。若夫为不善，非才之罪也①。恻隐之心，人皆有之；羞恶之心，人皆有之；恭敬之心，人皆有之；是非之心，人皆有之。恻隐之心，仁也；羞恶之心,义也;恭敬之心,礼也;是非之心,智也。仁义礼智,非由外铄我也②,我固有之也,弗思耳矣。故曰,'求则得之,舍则失之。'或相倍蓰而无算者③,不能尽其才者也。《诗》曰:'天生蒸民,有物有则。民之秉彝,好是懿德。'④孔子曰:'为此诗者,其知道乎!故有物必有则;民之秉彝也,故好是懿德。'"

注释

①才:天生的禀赋。
②铄:从外界给予。
③蓰:五倍。
④以上四句出自《诗经·大雅·烝民》。

译文

孟子说:"从人的资质来看,都是可以使其向善的,这便是我说的人的本性是善良的。如果有人不善,并非是天性的过错。同情心,是人人都有的;羞耻心,是人人都有的;恭敬心,是人人都有的;是非心,是人人都有的。同情心便是仁;羞耻心便是义;恭敬心便是礼;是非心便是智。可见仁、义、礼、智不是外界给予我的,是我的本性本来就拥有的,只是没有好好加以思考罢了。所以说,'探求就可以得到它们,放弃就会失去它们。'有些人与别人相比差一倍、五倍乃至无数倍,这是无法充分展现其天性的缘故。《诗经》上说:'上天生养了众生,有事物便会有法则。民众保持常性,因此爱好美德。'孔子说:'写这首诗的人,懂得道啊!有事物就有法则;民众保持常性,因此喜好美德。'"

(七)

原文

孟子曰:"富岁,子弟多赖①;凶岁,子弟多暴,非天之降才尔殊也,其所以陷溺其心者然也。今夫䍩(móu)麦②,播种而耰(yōu)之③,其地同,树之时又同，浡然而生，至于日至之时④，皆熟矣。虽有不同，则地有肥硗⑤，雨露之养、人事之不齐也。故凡同类者，举相似也，何独至于人而疑之？圣人与我同类者。故龙子曰⑥：'不知足而为屦，我知其不为蒉也。'屦之相似，天下之足同也。口之于味，有同耆也；易牙先得我口之所耆者也⑦。如使口之于味也，其性与人殊，若犬马之与我不同类也，则天下何耆皆从易牙之于味也？至于味，天下期于易牙，是天下之口相似也。惟耳亦然，至于声，天下期于师旷⑧，是天下之耳相似也。惟目亦然，至于子都，天下莫不知其姣也；不知子都之姣者⑨，无目者也。故曰，口之于味也，有同耆焉；耳之于声也，有同听焉；目之于色也，有同美焉。至于心，独无所同然乎？心之所同然者何也？谓理也、义也。圣人先得我心之所同然耳。故理、义之悦我心，犹刍豢之悦我口⑩。"

注释

① 赖：通"懒"。

② 辫麦：大麦。

③ 耰：一种农具，这里是动词，用耰来平整土地，将种子掩埋在土下。

④ 日至：夏至。

⑤ 硗：贫瘠的土地。

⑥ 龙子：见《滕文公上》第三章注。

⑦ 易牙：齐桓公的宠臣，传说他擅长烹饪。

⑧ 师旷：春秋时晋平公手下的乐师，生而目盲，善辨音律。

⑨ 子都：传说是古代的美男子。

⑩ 刍豢：泛指各类牲畜。

译文

孟子说:"粮食收成好的时候,青年子弟大多懒惰;粮食收成不好的时候,青年子弟大多凶暴,并非人的本性有所不同,是影响思想的环境使他们变得有区别。例如种大麦,播了种,平整了土地,耕种的地方相同,种的时间也相同,麦子蓬勃生长,到夏至时,都成熟了。就算有所不同,也是由于土地的肥沃或贫瘠、雨露的滋养、人的管理不同的缘故。所以凡是同类的,全都是类似的,为什么一说到人的本性,偏偏要怀疑这种观点呢?圣人和我们是同类人,所以龙子说:'不知道脚样而编鞋,我也知道不会将它编成草筐。'草鞋的相似,是因为天下人的脚形都是类似的。嘴对于味道,有着同样的嗜好;易牙是率先掌握了我们口味上的嗜好的人。假使嘴对于味道,生来就与别人不一样,就如狗、马和我们是不同的生物一样,那么天下人为什么都喜欢易牙烹调的食物呢?说到食物的味道,天下的人都渴望吃到易牙烹调的菜肴,这说明天下人的口味是相近的。耳朵也是同样的道理,说到声音,天下的人都希望听到师旷的乐曲,这说明天下之人的听觉是相似的。眼睛也是同样的道理,说到子都,天下没有不知道他是美男子;不知道子都是美男子的,只有盲人。所以说,嘴对于味道,有着相同的嗜好;耳朵对于声音,有同样的听觉;眼睛对于容貌,有着相同的审美。说到本性,难道会没有相同的爱好吗?本性的共同爱好是什么?便是理与义。圣人最先发现人心相同的爱好罢了。所以理义可以让我们的内心愉悦,正像肉能使我们享受口福一样。"

(八)

原文

孟子曰:"牛山之木尝美矣①,以其郊于大国也,斧斤伐之,可以为美乎?是其日夜之所息,雨露之所润,非无萌蘖之生焉②,牛羊又从而牧之,是以若彼濯濯也③。人见其濯濯也,以为未尝有材焉,此岂山之性也哉?虽存乎人者,岂无仁义之心哉?其所以放其良心者,亦犹斧斤之于木也,旦旦而伐之,可以为美乎?其日夜之所息，平旦之气④，其好恶与人相近也者几希，则其旦昼之所为，有梏亡之矣⑤。梏之反复，则其夜气不足以存；夜气不足以存，则其违禽兽不远矣。人见其禽兽也，而以为未尝有才焉者，是岂人之情也哉？故苟得其养，无物不长；苟失其养，无物不消。孔子曰：'操则存，舍则亡；出入无时，莫知其乡⑥。'惟心之谓与？"

注释

① **牛山**：山名，位于齐国首都临淄附近，位于今山东淄博。
② **萌蘖**：萌芽。
③ **濯濯**：没有草木生长的秃山。
④ **平旦**：清晨。
⑤ **梏亡**：由于受到束缚而灭亡。
⑥ **乡**：通"向"。

译文

孟子说："牛山的树木曾非常繁茂，因为它处于大都市的郊外，如果人们时常以刀斧砍伐它，那里的树木还可以保持繁茂吗？在山上日夜生长，接受雨露滋润的树木，有着嫩芽新枝不断长出，但牛羊接着被放牧到那里，因此变得光秃秃了。人们看到那里光秃秃的，就以为这山没有长过成材的大树，这难道是牛山原本的样子吗？对人来说，难道会不存在仁义之心吗？有些人之所以会失去善心，也就犹如刀斧砍伐树木一般，整天砍伐，还能保持植物的繁茂吗？他尽管日夜有滋生的善心，在清晨呼吸到的清气，而使他本性的善恶与其他人接近，可是到了第二天，他的善心又被行为毁灭了。反复地毁灭，那么他夜里滋生的善心就不足以保留下来；夜里滋生的善心不足以保存下来，那他距离禽兽也就不远了。人们见他像禽兽，就认为他从未有过善良的天性，这难道是人的本性的实情吗？所以如果得到很好的养护，没有东西无法生长；假如失去养护，没有东西不会消亡。孔子说：'把握住就存在，放弃了就消失；来去没有定时，无人知道其去向。'说的大概就是人心吧？"

（九）

原　文

孟子曰："无或乎王之不智也①。虽有天下易生之物也，一日暴之②，十日寒之，未有能生者也。吾见亦罕矣，吾退而寒之者至矣，吾如有萌焉何哉？今夫弈之为数③，小数也；不专心致志，则不得也。弈秋④，通国之善弈者也。使弈秋诲二人弈，其一人专心致志，惟弈秋之为听。一人虽听之，一心以为有鸿鹄将至，思援弓缴（zhuó）而射之⑤，虽与之俱学，弗若之矣。为是其智弗若与？曰：非然也。"

注　释

① 或：通"惑"，疑惑。
② 暴：曝晒。
③ 数：技巧。
④ 弈秋：当时著名的围棋高手。
⑤ 缴：原义是拴在箭上的丝绳，这里指代箭。

译　文

孟子说："君王不明智也没什么奇怪的。就算有天下最容易生长的植物，如果暴晒它一整天，再冻它十天，没有任何生物能生长。我见君王的次数很少，我一离开他，那些小人马上包围了他，君王就算有善心，我又能做到什么呢？比如下棋，下棋只是一种小技艺；但如果不专心致志，就学不好。弈秋是全国最善于下棋的人。让弈秋教两个人下棋，其中一人专心致志，专心听弈秋的讲解。另外一人虽然也在听，却想着如果有只天鹅飞来，想拿弓箭去射它，虽然他与另一人一起学习，却不如人家学得好了。是因为他的智力不如另一个人吗？我认为并非如此。"

（十）

原文

孟子曰："鱼，我所欲也，熊掌亦我所欲也。二者不可得兼，舍鱼而取熊掌者也。生亦我所欲也，义亦我所欲也。二者不可得兼，舍生而取义者也。生亦我所欲，所欲有甚于生者，故不为苟得也；死亦我所恶，所恶有甚于死者，故患有所不辟也①。如使人之所欲莫甚于生，则凡可以得生者，何不用也？使人之所恶莫甚于死者，则凡可以辟患者，何不为也？由是则生而有不用也，由是则可以辟患而有不为也，是故所欲有甚于生者，所恶有甚于死者。非独贤者有是心也，人皆有之，贤者能勿丧耳。

"一箪食②，一豆羹③，得之则生，弗得则死，嘑尔而与之④，行道之人弗受；蹴尔而与之⑤，乞人不屑也；万钟则不辨礼义而受之⑥。万钟于我何加焉？为宫室之美、妻妾之奉、所识穷乏者得我与⑦？乡为身死而不受，今为宫室之美为之；乡为身死而不受，今为妻妾之奉为之；乡为身死而不受，今为所识穷乏者得我而为之，是亦不可以已乎？此之谓失其本心。"

注释

①辟：通"避"，逃避。
②箪：古代一种用来盛饭的圆形竹器。
③豆：古代一种盛食物的器皿，形似高脚盘。
④嘑尔：轻蔑地呵斥。
⑤蹴：践踏。

⑥**钟**：古代量器，六石四斗为一钟。
⑦**得**：通"德"，这里指感激。

译 文

孟子说："鱼是我所喜欢的食物，熊掌也是我所喜欢的食物。两种东西不可能同时获得，就要舍弃鱼而获得熊掌。生存是我喜欢的，道义也是我喜欢的。两样无法同时兼顾，就放弃生存而选择道义。生命是我所热爱的，但我还有比生命更加热爱的东西，所以不会做苟且偷生的事；死亡是我所憎恶的，但我所憎的事有胜过死亡的，所以有些灾祸是我不会去躲避的。假如人们所喜爱的事物没有超过生命的，那么凡是可以用来保命的手段，还有什么不会采用呢？假使人们所憎恶的事物没有超过死亡的，那么凡是能够避开灾祸的事，还有什么不会去干呢？这样做就可以生存下去，然而有人却不去做，这样做就可以避开灾祸，然而有人却不干，由此可见，人们所喜爱的事物有更胜生命的，所憎恶的事情有更胜死亡的。不仅仅是贤人有这种思想，人人都有这种思想，只是贤人可以不丧失它而已。

"一筐饭，一碗汤，得到就可以生存，得不到就必然饿死，但如果有人吆喝着施舍给别人，路边极度饥饿的人也不肯接受；如果用脚踢着食物要施舍给别人，那就连乞丐也会不屑一顾。可是有人为了一万钟的丰厚俸禄，不辨是否合乎礼义就接受了。万钟的俸禄对我有什么用处呢？是为了获得华美的住宅、侍奉的妻妾，让自己认识的穷人都感激我吗？本该宁死也不去接受的事物，现在却为了华美的住宅接受了；本该宁死也不愿意接受的事物，现在却为了侍奉的妻妾接受了；本该宁死也不愿意接受的事物，现在却为了让自己认识的穷人感激我而接受了，这些行径不也应当停止了吗？这是他丧失了本性。"

（十一）

原 文

孟子曰："仁，人心也；义，人路也。舍其路而弗由，放其心而不知求①，哀哉！人有鸡犬放，则知求之；有放心而不知求。学问之道无他，求其放心而已矣。"

注释

①放：丢失。

译文

孟子说："仁，是人的善心，义，是人的正路。放弃了正路不走，丢失了善心而不去追寻，可悲啊！有人丢失了鸡狗还知道要去寻找；有人丢失善心却不知道要去寻找。求学的道理不在于其他，在于找回他丢失了的善心而已。"

（十二）

原文

孟子曰："今有无名之指屈而不信①，非疾痛害事也，如有能信之者，则不远秦、楚之路，为指之不若人也。指不若人，则知恶之；心不若人，则不知恶，此之谓不知类也②。"

注释

①信：同"伸"。

②不知类：朱熹《四书集注》云："言不知轻重之等也。"

译文

孟子说："如果有个人的无名指弯曲而无法伸直，尽管不痛又不影响做事，但如果有人可以使手指伸直，那么就算赶到秦国、楚国去治疗，也不会嫌弃路远，因为自己的手指不如别人的。手指不如别人的，心里就会厌恶它；善心不如别人，却不知道厌恶，这就是不懂轻重。"

（十三）

原文

孟子曰："拱把之桐梓①，人苟欲生之，皆知所以养之者。至于身，而不知所以养之者，岂爱身不若桐梓哉？弗思甚也。"

注释

① **拱把**：形容树木很细小。

译文

孟子说："细小的桐树、梓树，人们希望它们生长，都知道应当怎样去培养。至于人本身，反倒不知道如何培养自己，岂不是爱自身还不如爱护桐树、梓树吗？真是太不加思量了。"

（十四）

原文

孟子曰："人之于身也，兼所爱。兼所爱，则兼所养也。无尺寸之肤不爱焉，则无尺寸之肤不养也。所以考其善不善者，岂有他哉？于己取之而已矣。体有贵贱，有小大①。无以小害大，无以贱害贵。养其小者为小人，养其大者为大人。今有场师②，舍其梧槚③，养其樲棘④，则为贱场师焉。养其一指而失其肩背，而不知也，则为狼疾人也⑤。饮食之人，则人贱之矣，为其养小以失大也。饮食之人无有失也，则口腹岂适为尺寸之肤哉？"

注释

① **体有贵贱，有小大**：朱熹《四书集注》云："贱而小者，口腹也；贵而大者，心志也。"

② **场师**：管理场圃的人。

③ **梧槚**：梧桐与楸树。这两种树都能提供优良的木材。

④ **樲棘**：酸枣树与荆棘。这两种植物对提供木材都没有什么用。

⑤ **狼疾**：同"狼藉"，散乱、错杂的样子。这里指昏聩糊涂。

译文

孟子说："人对自己的身体，是每个部分都十分爱护的。都爱护，就都会善加保养。要看保养得是否好，还有其他方法来考察吗？只要看他保养好的地方是哪里就行了。身体有重要部分和次要部分，有小的部位和大的部位。不能因为保养好了小的部位而损害了大的部位，不能因为保养好了次要部位而损害了重要部位。只保养小的部位的，是小人，能保养好大的部位的，是君子。如果如今有这么一位园艺师，放弃培植梧桐、楸树，转而去培植酸枣、荆棘，那他就是个极度蹩脚的园艺师。如有人保养好了自己一根手指却丧失了肩背的功能，自己还不知道，那他就是个极度糊涂的人。只知道吃喝的人，人们都会鄙视他，是因为他保养了小的部分而丧失了大的部分。如果只知道吃喝的人没有丧失其他的东西，那么他的吃喝难道还只是为了满足口腹之欲吗？"

（十五）

原文

公都子问曰："钧是人也①，或为大人，或为小人，何也？"

孟子曰："从其大体为大人，从其小体为小人。"

曰："钧是人也，或从其大体，或从其小体，何也？"

曰："耳目之官不思②，而蔽于物。物交物，则引之而已矣。心之官则思，思则得之，不思则不得也。此天之所与我者。先立乎其大者，则其小者弗能夺也。此为大人而已矣。"

注释

①钧：同"均"。
②官：器官。

译文

公都子问道："同样是人，有些人成了君子，有些人成了小人，这是什么原因呢？"

孟子说："能满足身体重要部分的就成为君子，满足身体次要部分的就成为小人。"

公都子又问:"同样是人,有人能满足重要部分,有人却只能满足次要部分,这是为什么呢?"

孟子说:"耳朵、眼睛这类器官没办法思考,容易被外物所蒙蔽。因此一与外物接触,就被引诱到歧途上去。心这个器官是懂得思考的,思考就能获得善性,不思考无法得到善性。这是上天赋予我们的重要器官。先确立了重要的部分,那么次要的部分就无法与之抗衡了。这样就成为君子了。"

(十六)

原文

孟子曰:"有天爵者,有人爵者①。仁义忠信,乐善不倦,此天爵也;公卿大夫,此人爵也。古之人修其天爵,而人爵从之。今之人修其天爵,以要人爵;既得人爵,而弃其天爵,则惑之甚者也,终亦必亡而已矣。"

注释

①**天爵、人爵**:天爵指仁义忠信等品质,孟子认为这些品质是天然值得尊敬的。人爵指通常所说的爵位。

译文

孟子说:"有天赐的爵位,有人赐的爵位。仁义忠信,行善不倦,这便是天赐的爵位;公卿大夫,这些是人赐的爵位。古代的人修养其天赐的爵位,而人赐的爵位就随着天赐的爵位来了。现在的人修养天赐的爵位,是用它来获取人赐的爵位;一旦得了人赐的爵位,就丢弃了天赐的爵位,实在是太糊涂了,最终人赐的爵位也一定会丧失的。"

(十七)

原文

孟子曰:"欲贵者,人之同心也。人人有贵于己者,弗思耳。

人之所贵者，非良贵也。赵孟之所贵①，赵孟能贱之。《诗》云：'既醉以酒，既饱以德。'②言饱乎仁义也，所以不愿人之膏粱之味也；令闻广誉施于身，所以不愿人之文绣也。"

注释

①赵孟：即赵盾，字孟。春秋时晋国正卿，掌握晋国的实权，因而他的子孙后来也称为赵孟。

②以上两句出自《诗经·大雅·既醉》，是周代祭祖时祭辞中的两句。今人高亨认为"德"字当作"食"，古德字作"悳"，与食字形近而误。

译文

孟子说："想要变得尊贵，这是大家共同的心理。人人都有值得尊贵的东西，只是没有好好思考罢了。别人给予的尊贵，并非真的尊贵。赵孟使其尊贵的人，赵孟也能使他变得低贱。《诗经》上说：'酒已经喝醉了，德行也已具备。'这是说有了仁义就满足了，所以就不羡慕别人拥有的美味佳肴；自己拥有了美誉，所以不羡慕别人的锦绣华服了。"

（十八）

原文

孟子曰："仁之胜不仁也，犹水胜火。今之为仁者，犹以一杯水救一车薪之火也；不熄，则谓之水不胜火，此又与于不仁之甚者也①，亦终必亡而已矣。"

注释

①与：助长。

译文

孟子说："仁可以战胜不仁，就犹如水可以战胜火一样。而现在一些实行仁的人，好比用一杯水去浇灭一整车木柴所燃起的大火；火没能熄灭，就说水无法战胜火。这反而助长了那些不仁的人的气焰，最后的一点仁义也最终会丧失。"

（十九）

原文

孟子曰："五谷者,种之美者也,苟为不熟,不如荑稗①。夫仁,亦在乎熟之而已矣。"

注释

①荑：即稊,野草的一种。

译文

孟子说："五谷是庄稼中最好的品种,但如果不成熟,那还不如稗子这类野草。仁,也在于使其成熟罢了。"

（二十）

原文

孟子曰："羿之教人射,必志于彀①；学者亦必志于彀。大匠诲人必以规矩,学者亦必以规矩。"

注释

①彀：把弓拉满。

译文

孟子说："羿教人射箭,一定要求将弓拉满；学射箭的人也力求将弓拉满。高明的工匠教人手艺,必定要使用圆规和曲尺；学习的人也必须努力依照规矩。"

告子下

本篇共十六章，主要内容依然是对于"性善论"的剖析与解读，以学习和生活乃至从政的角度为切入点，重点强调了诚信的重要性。

孟子把诚信运用到个人修养和生活当中的各个层面：在政治层面上，孟子把如今诸侯争霸，战乱无休止的现状，归结于人心不诚，所以导致礼崩乐坏，王道衰微，所以才说"五霸者三王之罪人也，今之诸侯五霸之罪人也，今之大夫今之诸侯之罪人也"。而当今的君子，身处这样一个乱世，就算再艰难，也必须坚持自己的操守，并提出君子出仕的原则，认为实行善道最基本的就是君子的操守，尤其是君子身处逆境时，"天将降大任于是人也，必先苦其心志，劳其体肤，空乏其身，行拂乱其所为，然后动心忍性，增益其所不能"。

孟子除了从理论上对性善进行阐释外，还从现实层面提出要求，反对白圭提高税率和以邻为壑的做法，强调做事要以善为动机，也要强调善的结果，不能将眼光局限于一时一地，而是要通盘考虑自己行为的影响。

（一）

原　文

任人有问屋庐子曰①："礼与食孰重？"

曰："礼重。"

"色与礼孰重？"

曰："礼重。"

曰："以礼食，则饥而死；不以礼食，则得食，必以礼乎？亲迎②，则不得妻；不亲迎，则得妻，必亲迎乎？"

屋庐子不能对，明日之邹以告孟子。

注　释

①屋庐子：姓屋庐，名连，孟子弟子。

②亲迎：古代结婚六礼之一，新郎亲自来到女方家，迎新娘入室，行交拜合卺之礼。

译　文

任国有个人问屋庐子："礼节与吃饭哪样重要？"

屋庐子说："礼节重要。"

那人又问："娶妻与礼节哪样重要？"

屋庐子回答："礼节重要。"

那人又问:"按照礼节要饭吃,却吃不上最终饿死;不按礼节要饭吃,却吃上了饭,那么也必须要按礼节做事吗?按亲迎礼去娶亲,却娶不到妻子;不按亲迎礼,却娶到了妻子,那么也必须要行亲迎礼吗?"

屋庐子无法回答,第二天就前往邹国,把这一问题告诉孟子。

原 文

孟子曰:"于答是也,何有?不揣其本①,而齐其末,方寸之木可使高于岑楼②。金重于羽者,岂谓一钩金与一舆羽之谓哉③?取食之重者与礼之轻者而比之,奚翅食重④?取色之重者与礼之轻者而比之,奚翅色重?往应之曰:'紾兄之臂而夺之食⑤,则得食;不紾,则不得食,则将紾之乎?逾东家墙而搂其处子,则得妻;不搂,则不得妻,则将搂之乎?'"

注 释

①**揣**:衡量。
②**岑楼**:尖顶的楼阁。
③**一钩**:很少的一点。
④**翅**:通"啻",只有。
⑤**紾**:扭转。

译 文

孟子说:"回答这个问题困难吗?如果不把事物的底端放在一个平面上,只比较其顶端的高低,那么一寸厚的木头也可以高过楼阁。金属比羽毛重,难道可以用一只金属带钩与一车羽毛相比吗?用吃饭的重要问题与礼仪的微小方面相比,何止是食物重要?用娶妻的重要问题与礼节的细微方面相比,何止是娶妻更为重要?你这样去回答他:'拧断哥哥的胳膊抢他的饭吃,就可以得到饭;不拧断就得不到饭吃,那么就该拧断他的胳膊吗?翻过东边人家的墙,搂抱他家的女儿,这样就可以娶到妻子;不去搂抱,就娶不到妻子,那么就该去搂抱她吗?'"

（二）

原　文

曹交问曰①："人皆可以为尧、舜，有诸？"

孟子曰："然。"

"交闻文王十尺，汤九尺，今交九尺四寸以长，食粟而已，如何则可？"

曰："奚有于是？亦为之而已矣。有人于此，力不能胜一匹雏②，则为无力人矣；今日举百钧，则为有力人矣。然则举乌获之任③，是亦为乌获而已矣。夫人岂以不胜为患哉？弗为耳。徐行后长者谓之弟，疾行先长者谓之不弟。夫徐行者，岂人所不能哉？所不为也。尧、舜之道，孝弟而已矣。子服尧之服，诵尧之言，行尧之行，是尧而已矣。子服桀之服，诵桀之言，行桀之行，是桀而已矣。"

曰："交得见于邹君，可以假馆④，愿留而受业于门。"

曰："夫道，若大路然，岂难知哉？人病不求耳。子归而求之，有余师。"

注　释

①**曹交**：曹国国君的弟弟，名交。

②**雏**：小鸡。

③**乌获**：古代的一位大力士。

④**假馆**：借住。

译文

曹交问道:"人人都能够成为尧、舜,有这种说法吗?"

孟子说:"有。"

曹交又问:"我听说文王身高十尺,汤身高九尺,我曹交身高九尺四寸有余,只知道吃饭而已,怎样才能成为尧、舜那样的人呢?"

孟子说:"这有什么困难的呢?只要去做就行了。如果有个人,连小鸡都拎不起来,那他就是个缺乏力气的人;如能举起三千斤的东西,那就是很有勇力的人了。既然如此,那么只要可以举起乌获举过的重量,这样也能成为乌获那样的人了。所以人哪里需要担心无法胜任呢?慢慢跟随在长者的身后,这称为悌,快步抢在长者的前面走,这称为不悌。慢慢走,难道是一个人无法做到的事吗?只是这个人不去做罢了。尧、舜之道,就算孝和悌。如果你穿尧穿的衣服,说尧说的话,做尧做的事,也就能够成为尧那样的人了。如果你穿桀穿的衣服,说桀说的话,做桀做的事,就变成桀那样的人了。"

曹交说:"我去拜见邹国国君,向他借宿,我愿意留在您门下学习知识。"

孟子说:"尧、舜之道就犹如大道一样,哪里有什么不好懂的呢?只怕人们不去寻求罢了。你自己回去寻求吧,会有很多老师的。"

(三)

原文

公孙丑问曰:"高子曰①:'《小弁》②,小人之诗也。'"

孟子曰:"何以言之?"

曰:"怨。"

曰:"固哉,高叟之为诗也!有人于此,越人关弓而射之,则己谈笑而道之;无他,疏之也。其兄关弓而射之,则己垂涕泣而道之;无他,戚之也。《小弁》之怨,亲亲也;亲亲,仁也。固矣夫,高叟之为《诗》也！"

注释

① **高子**：生平不详。孟子的弟子当中也有一位叫高子的，但应该不是同一人。

② **《小弁》**：《诗经·小雅》中的一篇，据说这是一首指责周幽王的诗。周幽王先娶申后，生宜臼，立为太子；后宠爱褒姒，改立褒姒之子伯服为太子，废申后及太子宜臼。此诗讲述的就是宜臼的哀伤、怨恨之情。

译文

公孙丑问道："高子说：'《小弁》是小人写的诗。'"

孟子说："为什么要这样说呢？"

公孙丑说："因为诗中显露出怨恨之情。"

孟子说："高老先生对诗的论断太呆板了！如果有一个人，越国人用弓箭射他，事后他可以有说有笑地谈这件事；没有其他原因，只因为与越国人的关系疏远。如果是他的哥哥用弓箭射他，事后他就会哭泣着讲这件事；没有其他原因，只是因为与哥哥的关系亲近。亲近亲人，这就是仁。高老先生对《诗》的评判过于拘泥了！"

原文

曰："《凯风》何以不怨①？"

曰："《凯风》，亲之过小者也；《小弁》，亲之过大者也。亲之过大而不怨，是愈疏也；亲之过小而怨，是不可矶也②。愈疏，不孝也；不可矶，亦不孝也。孔子曰：'舜其至孝矣，五十而慕。'"

注释

① **《凯风》**：《诗经·邶风》中的一篇，据说此诗是卫国一位已有七个儿子的母亲想改嫁，七个儿子作此诗来自责。

② **矶**：激怒。

译文

公孙丑问："《凯风》这首诗为什么不含有怨恨之情？"

孟子说："《凯风》这首诗是在写母亲的小错；《小弁》写的是父亲的大错。父母的过错大而没有怨恨,这是越发疏远父母;父母过错小而怨恨,这是不该有的愤怒。更加疏远父母,这是不孝;不该有的愤怒,也是不孝。孔子说过:'舜是最孝顺的人,五十岁时还依恋父母。'"

(四)

原文

宋牼(kēng)将之楚①,孟子遇于石丘,曰:"先生将何之?"

曰:"吾闻秦、楚构兵②,我将见楚王说而罢之。楚王不悦,我将见秦王说而罢之。二王我将有所遇焉。"

曰:"轲也请无问其详,愿闻其指③。说之将何如?"

曰:"我将言其不利也。"

注释

①**宋牼**:宋国人,也叫宋荣,战国时著名学者。

②**构兵**:交战。

③**指**:通"旨",大意,主旨。

译文

宋牼要前往楚国,孟子在石丘遇到他,问道:"先生准备去哪里?"

宋牼说:"我听说秦国与楚国正在打仗,我想去见楚王,劝说他停战,假如楚王不愿意听,我再去见秦王,劝说他停战。两位君王当中,总会有人听从我的意见吧。"

孟子说:"我不想问得很详细,只是想了解你的主要观点。你打算如何去劝说两国国君呢?"

宋牼说:"我将为他们指出交战的不利所在。"

原文

曰:"先生之志则大矣,先生之号则不可①。先生以利说秦、楚之王,秦、楚之王悦于利,以罢三军之师,是三军之士乐罢而悦于利也。为人臣者怀利以事其君,为人子者怀利以事其父,为人弟者怀利以事其兄,是君臣、父子、兄弟终去仁义,怀利以相接,然而不亡者,未之有也。先生以仁义说秦、楚之王,秦、楚之王悦于仁义,以罢三军之师,是三军之士乐罢而悦于仁义也。为人臣者怀仁义以事其君,为人子者怀仁义以事其父,为人弟者怀仁义以事其兄,是君臣、父子、兄弟去利,怀仁义以相接也,然而不王者,未之有也。何必曰利?"

●楚昭王疏者下船

注 释

①号:名义。

译 文

孟子说:"先生的志向是远大的,先生的说法却行不通。先生用利去劝说秦王、楚王,如果秦王、楚王从利的角度出发而休战,也就使军队的将士因为追求利才乐于停战。身为臣子怀着求利之心侍奉国君,身为儿子怀着求利之心侍奉父亲,做弟弟的怀着求利之心侍奉哥哥,这会导致君臣、父子、兄弟最终背离仁义之道,只是为了利益而做事。这样的国家却不灭亡,是从来没有过的事情。先生如以仁义去劝说秦王、楚王,秦王、楚王喜好仁义而让军队休战,这就会让三军将士因为喜爱仁义而乐于停战。如果都能做到这样,臣子心怀仁义侍奉国君,儿子心怀仁义侍奉父亲,弟弟心怀仁义侍奉哥哥,这样就可以让君臣、父子、兄弟舍弃求利的想法,而怀着仁义之心彼此相待了。这样的国家还无法称王天下,是从来没有过的事情。何必以利来游说呢?"

（五）

原　文

孟子居邹，季任为任处守①，以币交，受之而不报。处于平陆②，储子为相，以币交，受之而不报。他日，由邹之任，见季子；由平陆之齐，不见储子。屋庐子喜曰："连得间矣③。"问曰："夫子之任，见季子；之齐，不见储子，为其为相与？"

注　释

①**季任**：任国国君的弟弟。
②**平陆**：齐国地名，即今山东省汶上县。
③**连**：屋庐子的名。

译　文

孟子住在邹国时，季任在任国代理国政，送礼物以结交孟子，孟子收了礼物却没有加以回报。孟子居住在平陆时，储子任齐国的相，送礼物以结交孟子，孟子收了礼也没有回报。后来，孟子从邹国到了任国，拜访季子；从平陆到齐国，却没有拜访储子。屋庐子高兴地说："我找到老师的过错了。"问道："老师来到任国，拜访了季子；到了齐国，没有拜访储子，是因为储子的身份是相国吗？"

原　文

曰："非也。《书》曰①：'享多仪，仪不及物曰不享②，惟不役志于享。'为其不成享也。"屋庐子悦。或问之，屋庐子曰："季子不得之邹，储子得之平陆。"

注　释

①此三句出自《尚书·洛诰》。
②**享**：诸侯朝见天子的礼仪。

译　文

孟子说："不是这样的。《尚书》上说：'进献礼品最看重的就是礼仪，礼仪配不上礼品，就不算有所进献，因为心意没有放在进献之礼上。'我不去拜访储子，是因为他没有完成进献之礼。"屋庐子听后很高兴。有人问他这件事，屋庐子说："季子代理国政，无法亲自来邹国，而储子作为相国是可以亲自来平陆的。"

（六）

原文

淳于髡曰："先名实者①，为人也；后名实者，自为也。夫子在三卿之中②，名实未加于上下而去之，仁者固如此乎？"

孟子曰："居下位，不以贤事不肖者，伯夷也；五就汤，五就桀者，伊尹也；不恶污君，不辞小官者，柳下惠也。三子者不同道，其趋一也。一者何也？曰：仁也。君子亦仁而已矣，何必同？"

注释

① **名**：名誉。**实**：事功，为国勤奋努力奋斗的功勋。
② **三卿**：指上卿、亚卿、下卿，都是爵位名。

译文

淳于髡说："重视名誉功勋的人，是为了天下；轻视名誉功勋的人，是为了独善其身。先生位列齐国的三卿，但就名誉功勋来说，上无法匡正君主，下不能拯救百姓，就辞职而去了，仁人应当这样做事吗？"

孟子说："处在卑微的位置，不以自己的贤才侍奉不贤的君主，这是伯夷的做法；五次投奔汤，五次投奔桀，这是伊尹的做法；不讨厌污浊的君主，不拒绝卑微的官职，这是柳下惠的做法。三个人的做法不同，方向却是一致的。一致的是什么呢？便是仁。君子只要拥有仁德就行了，为什么要处处相同呢？"

原文

曰："鲁缪公之时，公仪子为政①，子柳、子思为臣②，鲁之削也滋甚。若是乎,贤者之无益于国也!"曰:"虞不用百里奚而亡,秦穆公用之而霸。不用贤则亡,削何可得与?"

曰:"昔者王豹处于淇③,而河西善讴;绵驹处于高唐④,而齐右善歌⑤;华周、杞梁之妻善哭其夫而变国俗⑥。有诸内,必形诸外。为其事而无其功者,髡未尝睹之也。是故无贤者也,有则髡必识之。"

注释

①**公仪子**:即公仪休,曾任鲁国相国。

②**子柳、子思**:子柳,即泄柳,曾担任鲁缪公的卿。子思:孔子之孙,名汲。

③**王豹**:卫国人,善于唱歌。**淇**:卫国河流名。

④**绵驹**:一位善于唱歌的人。**高唐**:齐国地名。

⑤**齐右**:齐国的西部。

⑥**华周、杞梁**:齐国大夫,在齐国攻打莒国时战死,传说他们的妻子闻讯后,对着城墙痛哭,把城墙哭塌了。齐国人都受到感染,以至哭泣成为风气。

译文

淳于髡说:"鲁缪公在位时,公仪子掌管政务,子柳、子思也在朝为臣,然而鲁国的疆土被别国侵夺的情况却更严重,贤人无益于国家就如这样呀!"孟子说:"过去,虞国因为不任用百里奚而亡国,秦穆公任用他就得以称霸,可见不任用贤人就会亡国,到那时只靠割让土地能办到吗?"

淳于髡说:"从前王豹居住在淇水边,河西的人因此善于唱歌;绵驹居住在高唐,齐国西部的人因此也善于唱歌;华周、杞梁的妻子,为丈夫的去世而哭得非常伤心,整个齐国的风俗都为此改变。内心有什么东西,必然会显露于外在。做了那件事而没有看到那件事的成效,我还没有看到过这种情况。所以现在是没有贤人,如果有的话,我一定会知道他们的存在。"

原　文

曰："孔子为鲁司寇①，不用，从而祭，燔肉不至②，不税冕而行③。不知者以为为肉也，其知者以为为无礼也。乃孔子则欲以微罪行④，不欲为苟去。君子之所为，众人固不识也。"

●因膰去鲁

注　释

①司寇：主管司法的官员。

②燔肉：祭祀时所用的熟肉。古礼，天子和诸侯在祭祀后，要将一部分祭肉赏赐给大夫。

③税冕：脱下礼帽。税：通"脱"。

④乃孔子则欲以微罪行：孔子不想让人觉得自己弃官离去都是鲁国执政者的过错，因为这样做是有违礼法的。

译　文

孟子说："孔子担任鲁国的司寇，得不到信任，有一次跟随鲁君去参加祭祀典礼，祭肉不按规定送来，孔子于是顾不上脱掉祭祀时戴的礼帽就离开了。不了解孔子的人，认为他是为了祭肉而离开；了解孔子的人，只认为他是由于鲁国无礼而离开的。至于孔子，却正想找到一些小的错误借此离开鲁国，不想随便弃官而去。君子所做的事，一般人本来就无法理解。"

（七）

原　文

孟子曰："五霸者①，三王之罪人也②；今之诸侯，五霸之罪人也；今之大夫，今之诸侯之罪人也。天子适诸侯曰巡狩，诸侯朝于天子曰述职。春省耕而补不足③,秋省敛而助不给。入其疆,土地辟,田野治,养老尊贤,俊杰在位,则有庆,庆以地。入其疆,土地荒芜,遗老失贤,掊克在位④,则有让⑤。一不朝,则贬其爵;再不朝,则削其地;三不朝,则六师移之⑥。是故天子讨而不伐,诸侯伐而不讨。五霸者,搂诸侯以伐诸侯者也,故曰。五霸者,三王之罪人也。五霸,桓公为盛。葵丘之会⑦,诸侯束牲载书而不歃血（shà）⑧。初命曰,诛不孝,无易树子⑨,无以妾为妻。再命曰,尊贤育才,以彰有德。三命曰,敬老慈幼,无忘宾旅。四命曰,士无世官,官事无摄,取士必得,无专杀大夫。五命曰,无曲防⑩,无遏籴,无有封而不告。曰,凡我同盟之人,既盟之后,言归于好。今之诸侯皆犯此五禁,故曰,今之诸侯,五霸之罪人也。长君之恶其罪小,逢君之恶其罪大。今之大夫皆逢君之恶,故曰,今之大夫,今之诸侯之罪人也。"

注释

①**五霸**：指春秋时代先后称霸天下的五位诸侯,具体是哪五位诸侯,说法不一。一说指齐桓公、晋文公、楚庄王、吴王阖闾、越王勾践,一说指齐桓公、晋文公、宋襄公、秦穆公、楚庄王。

②**三王**：指大禹、商汤、周文王。

③**省**：考察。

④**掊克**：这里指聚敛民财的人。

⑤**让**：责罚。

⑥**六师**：天子的军队。周天子手下设有六军。

⑦**葵丘之会**：指前651年,齐桓公在葵丘会盟诸侯,其霸主地位由此确立。葵丘,地名,在今河南省兰考县东。会：盟会,古代诸侯间聚会而结盟。盟会时要用牛作祭品。

⑧ **歃血**：结盟时的仪式。立盟时杀牲取血，盟誓者口含其血，或将血涂于口旁，表示诚信。

⑨ **树子**：确立下来的太子。

⑩ **曲防**：沿河建立的堤坝。

译文

孟子说："五霸是三王的罪人，如今的诸侯是五霸的罪人，如今的大夫是诸侯的罪人。天子前往诸侯那里称为巡狩，诸侯朝觐天子称为述职。天子巡狩，春天要视察粮食耕种的情况，补贴那些有困难的农户；秋天视察粮食收获的情况，救济那些收成不好的农户。进入某个诸侯国，那里的土地开垦得多，田地整治得好，老人得到充分的赡养，贤人受到尊敬，有才能的人能够做官，那就给予奖赏，以土地作为奖赏。进入某个诸侯国，如果那里的土地荒芜，遗弃老人，排挤贤人，贪官污吏在位，那就给予责罚。诸侯一次没有去朝见天子，就降其爵位；两次不去朝见，就削减其封地；三次不朝见，就派军讨伐。所以，天子对有罪的诸侯，只是发布命令声讨其罪行，而不亲自率军征伐；诸侯奉天子之命去征伐而不是声讨。五霸却胁迫诸侯去讨伐其他诸侯，破坏三王的规矩，因此五霸是三王的罪人。五霸当中，齐桓公的势力最强。在葵丘会盟的时候，诸侯们捆住牺牲，将盟书放在牺牲身上，并没有歃血。盟书的第一条说，责罚不孝之人，不得擅自改换太子，不许将妾立为正妻。第二条说，尊重贤人，培育人才，表彰有德之人。第三条说，要敬老爱幼，不要怠慢来宾。第四条说，士人不可以世代为官，不能兼任多职，选用士人必须任用贤良，不得擅自诛杀大夫。第五条说，不得四处修筑堤坝，不得阻止邻国来购买粮食，不能私自封赏而不报告盟主。盟书最后说，凡是同盟的成员，盟约订立后都要恢复友好的关系。现在的诸侯都违背了这五条誓约，所以如今的诸侯都是五霸的罪人。助长君主的恶行，这个罪行还算是小的；逢迎君王的恶行，这个罪行就大了。如今的大夫都逢迎君王的恶行，因此如今的大夫是诸侯的罪人。"

（八）

原　文

鲁欲使慎子为将军①。孟子曰："不教民而用之，谓之殃民。殃民者，不容于尧、舜之世。一战胜齐，遂有南阳②，然且不可。"慎子勃然不悦曰："此则滑釐所不识也。"曰："吾明告子。天子之地方千里；不千里，不足以待诸侯。诸侯之地方百里；不百里，不足以守宗庙之典籍③。周公之封于鲁，为方百里也；地非不足，而俭于百里④。太公之封于齐也，亦为方百里也；地非不足也，而俭于百里。今鲁方百里者五，子以为有王者作，则鲁在所损乎？在所益乎？徒取诸彼以与此，然且仁者不为，况于杀人以求之乎？君子之事君也，务引其君以当道，志于仁而已。"

注　释

①**慎子**：名滑釐，善于用兵。

②**南阳**：地名，在泰山西南，本属于鲁国，后被齐国侵夺。

③**典籍**：这里指记载先祖典章法度的文献。

④**俭**：少于。

译　文

鲁国想让慎子担任将军。孟子说："不首先训练百姓就利用他们打仗，这是坑害百姓。坑害百姓的人，在尧、舜时代是不允许的。鲁国即使可以一仗击败齐国，占据南阳，这样做也还是不可以。"

慎子顿时不高兴地说："这真的是我滑釐所不明白的事了。"

孟子说："我明确地告诉你。天子的土地方圆千里；方圆不足千里，就不能接待诸侯。诸侯的土地方圆百里；方圆不足百里，就不能奉守宗庙礼制。过去，周公被分封在鲁国，是方圆百里的土地；土地不是不足，但也只不过方圆百里。太公被分封在齐地，也是方圆百里的一块土地；也不是土地不足，但也只不过方圆百里。现在鲁国的土地有方圆五百里，你认为，假如有圣王出现，那么鲁国的土地是应被削减呢，还是增加呢？不费力就把那里的土地取来并入这里，这样的事仁人尚且不干，何况用杀人来求取土地呢？君子侍奉君主，只该专心一意地引导君主走正道，立志在仁义上罢了。"

（九）

原文

孟子曰："今之事君者皆曰：'我能为君辟土地，充府库。'今之所谓良臣，古之所谓民贼也。君不乡道①，不志于仁，而求富之，是富桀也。'我能为君约与国，战必克。'今之所谓良臣，古之所谓民贼也。君不乡道，不志于仁，而求为之强战，是辅桀也。由今之道，无变今之俗，虽与之天下，不能一朝居也。"

注释

①乡：通"向"，向往。

译文

孟子说："如今那些侍奉君主的人都在说：'我可以为君主开疆拓土，充实府库。'现在人们认为的良臣，正是古代人所说的民贼啊。君主不向往治国大道，不立志行仁，臣子却谋求让其富足，这犹如是让夏桀富足。这些人又说：'我能帮君主广结盟友，每战必胜。'现在我们所说的良臣，正是古代人所说的民贼啊。君主不向往大道，不立志行仁，臣子却为他到处征伐，这犹如帮夏桀打仗。沿着如今这条路走，不改变这种风气，就算把天下给他，也是一天都坐不稳的。"

（十）

原　文

白圭曰①："吾欲二十而取一，何如？"

孟子曰："子之道，貉道也②。万室之国，一人陶，则可乎？"

曰："不可，器不足用也。"

曰："夫貉，五谷不生，惟黍生之；无城郭、宫室、宗庙、祭祀之礼，无诸侯币帛饔飧③，无百官有司，故二十取一而足也。今居中国，去人伦，无君子，如之何其可也？陶以寡，且不可以为国，况无君子乎？欲轻之于尧舜之道者，大貉小貉也；欲重之于尧、舜之道者，大桀小桀也。"

注　释

①**白圭**：姓白，名丹，字圭，曾任魏相，主张用商业经营改变国力。

②**貉**：北方的一个小国名。

③**饔飧**：用饭食来招待客人。

译　文

白圭说："我想把税率改为二十抽一，怎么样？"

孟子说："你的做法是貉国的做法。有一万户的国家，只有一个人在制作陶器，这样做可以吗？"

白圭说："不可以，那样的话，陶器会不够用。"

孟子说："那个貉国，五谷无法生长，只有黍可以生长；没有城墙、宫室、宗庙与祭祀的礼仪，没有诸侯间赠礼宴请一类的往来，没有各级官府、官吏，所以二十抽一也就够了。而你现在居住在中国，却想像貉国那样摒弃人伦，废掉官吏，怎么可以呢？制作陶器的人少了，尚且无法治国，何况是没有官吏呢？想使税率比尧、舜时代的标准还低，是大貉、小貉那样的国家；想使税率比尧、舜时代还高的，是大桀、小桀那样的暴君。"

（十一）

原　文

白圭曰："丹之治水也愈于禹。"孟子曰："子过矣。禹之治水，水之道也，是故禹以四海为壑。今吾子以邻国为壑①。水逆行，谓之洚水②，洚水者，洪水也，仁人之所恶也。吾子过矣。"

注　释

①以邻国为壑：据《韩非子·喻老》记载，白圭治水注重修筑和保护堤防，致使水无出路，流入邻国。

②洚水：洪水泛滥。

●大禹会见诸侯

译　文

白圭说："我治水的方法胜过大禹。"

孟子说："你错了。大禹治水的方法，是顺应水性，所以大禹将洪水导入四海。现在你却把邻国当作排水沟。倒流泛滥的水称为洚水，洚水便是洪水，是仁人最讨厌的事物。你错了！"

（十二）

原　文

孟子曰："君子不亮①，恶乎执？"

注　释

①亮：同"谅"，诚信。

译 文

孟子说:"君子不讲求诚信,又怎能保持操守呢?"

(十三)

原 文

鲁欲使乐正子为政①。孟子曰:"吾闻之,喜而不寐。"

公孙丑曰:"乐正子强乎?"

曰:"否。"

"有知虑乎?"

曰:"否。"

"多闻识乎?"

曰:"否。"

"然则奚为喜而不寐?"

曰:"其为人也好善②。"

"好善足乎?"

曰:"好善优于天下,而况鲁国乎?夫苟好善,则四海之内皆将轻千里而来告之以善;夫苟不好善,则人将曰:'訑訑③(yí),予既已知之矣。'訑訑之声音颜色拒人于千里之外。士止于千里之外,则谗谄面谀之人至矣。与谗谄面谀之人居,国欲治,可得乎?"

注 释

①**乐正子**:复姓乐正,名克,是孟子的弟子。
②**好善**:喜欢听好的意见。
③**訑訑**:听别人意见时发出不耐烦的声音。

译　文

鲁国想让乐正子管理国家的政务。孟子说:"我听到这一消息,高兴得睡不着。"

公孙丑问:"乐正子刚强吗?"

孟子答道:"不。"

公孙丑说:"有智慧与谋略吗?"

孟子答道:"不。"

公孙丑说:"见多识广吗?"

孟子答道:"不。"

公孙丑于是说:"既然如此,先生为何会高兴得睡不着呢?"

孟子答道:"他这个人喜欢听好的意见。"

公孙丑问:"喜欢听好的意见就足以治理好国家了吗?"

孟子答道:"喜欢听好的意见,治理天下就足够了,何况是治理鲁国?如果喜欢听好的意见,那么天下的人都愿意不远千里前来把好意见告诉他;如果不喜欢听好的意见,那么人们就会模仿其语调说:'唔,我早知道了。'那种腔调与嘴脸早将别人拒之千里之处了。士人于千里外止步不前,那么喜欢进谗言与阿谀献媚的小人就会围绕他了。与这种人混在一起,想治理好国家,可能吗?"

(十四)

原　文

陈子曰①:"古之君子何如则仕?"

孟子曰:"所就三,所去三。迎之致敬以有礼;言,将行其言也,则就之。礼貌未衰②,言弗行也,则去之。其次,虽未行其言也,迎之致敬以有礼,则就之。礼貌衰,则去之。其下,朝不食,夕不食,饥饿不能出门户,君闻之,曰:'吾大者不能行其道,又不能从其言也,使饥饿于我土地,吾耻之。'周之③。亦可受也,免死而已矣。"

注释

①**陈子**：即陈臻，孟子弟子。

②**礼貌**：礼仪。

③**周**：接济。

译文

陈子问道："古代的君子怎样才愿意出仕？"

孟子说："出仕有三种情况，辞官有三种情况。君主恭敬而礼貌地迎接他，并按他所说的建议去处理政务，那就去当官。礼遇没有变化，却不再按他说的去做了，那便辞官。其次，尽管没有按他的建议去做，但也恭敬礼貌地迎接他前去，那就去做官。一旦礼遇也不如前，那就辞官。最差的是，早上没饭吃，晚上也没饭吃，饿得都没力气出门；君主知道这件事后说：'我在国家大事上，不能实行其主张，又不能听从他的言论，致使他在我的国土上忍饥挨饿，对此我感到耻辱。'于是接济他。这也是能接受的，是为了免于被饿死罢了。"

（十五）

原文

孟子曰："舜发于畎亩之中，傅说（yuè）举于版筑之间①，胶鬲举于鱼盐之中②，管夷吾举于士③，孙叔敖举于海④，百里奚举于市⑤。故天将降大任于是人也，必先苦其心志，劳其筋骨，饿其体肤，空乏其身，行拂乱其所为⑥，所以动心忍性，曾益其所不能。人恒过，然后能改；困于心，衡于虑，而后作；征于色，发于声，而后喻。入则无法家拂（bì）士⑦，出则无敌国外患者，国恒亡。然后知生于忧患而死于安乐也。"

注释

①**傅说**：传说是商代中后期的贤人，因罪服刑，在傅岩这个地方筑墙；后被商王

武丁访求到而提拔为相。**版筑**：古代筑墙的方法，用两板相夹，往其中的空隙填入泥土，用杵捣实，拆板后形成土墙。

②**胶鬲**：传说是商纣王时代的贤人，曾以贩卖鱼和盐为生，被周文王举荐给商纣王。

③**管夷吾**：即管仲。原是齐国公子纠的家臣，纠与公子小白（齐桓公）争夺君位，失败后逃至鲁国而被杀；管仲也被鲁人囚禁押解回齐国。后由鲍叔牙推荐，被桓公提拔为相。

④**孙叔敖**：楚国隐士，后被楚庄王提拔为令尹。

●孙叔敖

⑤**百里奚**：春秋时期的秦国大臣，曾当过养牛的奴隶，后来被秦穆公提拔为相。

⑥**拂**：不顺利。

⑦**拂**：通"弼"，辅佐。

译　文

孟子说："舜在田地当中兴起，傅说曾担任筑墙的苦役并被提拔，胶鬲身为鱼盐贩子被提拔，管夷吾从狱官手中释放后被提拔，孙叔敖是在海边隐居时被发现提拔的，百里奚作为奴隶被提拔。所以上天要把重大的责任交托给某个人，必定要先磨砺其心志，使他的筋骨受到劳累，使其肌体受饥饿，使他的身体受困乏，使他每做一事都受到干扰、被打乱，以此来使其内心得到触动，性格变得坚忍，增加他所缺少的才能。一个人时常有过失，才能改正缺点；心志受到困苦，思维被阻塞，才能发愤而有所作为；表露在外表，流露在言语中，才能使人了解他。国内没有严格执法的大臣、辅佐君主的士人，国外没有能够与其抗衡国家的威胁，国家常常会灭亡。这样就能明白忧患能使人生存，而身处安乐会招致灭亡的道理了。"

（十六）

原　文

孟子曰："教亦多术矣，予不屑之教诲也者，是亦教诲之而已矣。"

译　文

孟子说："教育也是有多种形式的，对某些人，我不屑去教诲他，这其实也是在教诲他啊。"

尽心上

本篇共四十六章，主要阐释孟子对于"尽心""知性""知天"的认知过程，最终达到"天人合一"的境界，还有就是通过"存心""养性""事天"的过程，实现人格与道德层面的自我完善。

　　孟子提出："尽其心者，知其性也。知其性，则知天矣。"孟子相信天命的存在，认为天命不可违背，但同时并不认为人只能消极地等待天命的安排，而是可以通过对自身道德的自律来实现"立命"（"修身以俟之，所以立命也"）。对于孟子来说，所谓"天命"其实是义理之天，带有浓厚的道德色彩，人的"心"与"性"也都是以道德为内在，所以存心养性是事天的重要实践。

　　存心养性只是一个根基，要想真的依靠这一根基达到立命的目的，还必须推己及人，形成一套完备的修养自身道德品行的功夫。孟子提出普通人只要"反身而诚"，每个人都可以是尧、舜。此外，孟子虽然非常强调原则性，但在紧急情况下也并非不懂得变通，即权变，权变也是对立命的一种服从与完善，体现了孟子灵活而不僵化的思维。

（一）

原文

孟子曰："尽其心者①，知其性也②。知其性，则知天矣③。存其心，养其性，所以事天也④。夭寿不贰⑤，修身以俟之，所以立命也。"

注释

①心：本心，指人生来就拥有的恻隐、羞恶、辞让、是非这四种善心。
②性：本性，指与善心对应的仁、义、礼、让四种道德。
③天：天道。
④事天：遵循天道做事。
⑤不贰：不怀疑天道。

译文

孟子说："尽力发展自己的善良本心，就是觉悟到人的本性。觉悟到人的本性，就懂得了上天好善的道理。保持自己的善心，养护人的本性，这才是侍奉天道的正道。不论长寿还是短命，都不怀疑天道，只是修身养性等待天命的到来，这才是确立正确命运的方法。"

（二）

原文

孟子曰："莫非命也，顺受其正①；是故知命者不立乎岩墙之下②。尽其道而死者,正命也;桎梏死者③,非正命也。"

注释

①正:原本的命运。

②岩墙:即将倾塌的墙。

③桎梏:拘禁犯人的手铐与脚镣。

译文

孟子说:"世间万物都是由天命决定的,顺从天命,接受的就是本来的命运;因此懂天命的人不会站在危墙之下。尽力行道而为此牺牲的人,接受的是本来的命运;犯罪受刑而死的,接受的不是本来的命运。"

(三)

原文

孟子曰:"求则得之,舍则失之;是求有益于得也,求在我者也。求之有道,得之有命,是求无益于得也,求在外者也。"

译文

孟子说:"寻求就可以得到它,舍弃就会丧失它;说明追求有助于得到,因为所追求的事物有助于获得。按一定的方法去追求,能否得到要靠命运,这说明追求无益于得到,因为所寻求的事物是身外之物的缘故。"

(四)

原文

孟子曰:"万物皆备于我矣。反身而诚①,乐莫大焉。强恕而行②,求仁莫近焉。"

注释

①诚:真实,没有虚妄。

②恕：推己及人的忠恕之道。

【译文】

孟子说："万物的本原我都具备了。自我反省，只要觉得自己是真实没有虚妄的，就拥有最大的快乐。努力按推己及人的恕道去做事，是求仁的最便捷之路。"

（五）

【原文】

孟子曰："行之而不著焉①，习矣而不察焉，终身由之而不知其道者，众也②。"

【注释】

①著：显明。
②众也：多数人都是这样。

【译文】

孟子说："做了事却不明白为何要这样做，习惯了就不会去探究，终生都在走这条路，却不知道其中的道理，多数人都是这种情况。"

（六）

【原文】

孟子曰："人不可以无耻。无耻之耻，无耻矣。"

【译文】

孟子说："人不能没有羞耻心。把没有羞耻心看作是羞耻，这样就不会有感到羞耻的事了。"

（七）

【原文】

孟子曰："耻之于人大矣。为机变之巧者①，无所用耻焉。不耻不若人,何若人有?"

注释

①机变：机谋巧诈。

译文

孟子说："羞耻对人们来说太重要了。玩弄权术诡计的人,是从来不会有羞耻感的。不认为不如别人是羞耻,怎么能赶得上别人呢?"

(八)

原文

孟子曰："古之贤王好善而忘势;古之贤士何独不然？乐其道而忘人之势,故王公不致敬尽礼,则不得亟见之①。见且由不得亟,而况得而臣之乎？"

注释

①亟：多次。

译文

孟子说："古代的贤君喜欢善良的言论与行为,因此时常忘记自己拥有权势；古代的贤士何尝不是这样呢？他们对行道乐在其中而忘记了其他人的权势,所以王公大臣如不能恭敬有礼,就无法时常见到贤士。见面的次数都有限,更何况要让他们当自己的臣属呢？"

(九)

原文

孟子谓宋句践曰①："子好游乎②？吾语子游。人知之,亦嚣嚣③；人不知,亦嚣嚣。"

曰："何如斯可以嚣嚣矣？"

曰："尊德乐义,则可以嚣嚣矣。故士穷不失义④,达不离道⑤。穷不失义,故士得己焉⑥;达不离道,故民不失望焉。古之人,得志,泽加于民;不得志,修身见于世。穷则独善其身,达则兼善天下。"

注释

①**宋句践**：人名,生平不详。
②**游**：游说。
③**嚣嚣**：悠然自得其乐。
④**穷**：政治上不得意。
⑤**达**：政治上春风得意。
⑥**得己**：自得。

译文

孟子对宋句践说："你喜欢游说吗？我和你说说游说的事。别人能理解你,你可以悠然自得；别人不理解你,你也要悠然自得。"

宋句践问："怎样才能做到悠然自得呢？"

孟子说："崇尚德,喜好义,就能悠然自得。所以士人穷困时不会丧失义,富贵时不会背离道。穷困时不丧失义,所以士人可以保持自身操守；富贵时不背离道,所以不会让百姓失望。古代的人,得志时,给予百姓恩泽；不得志时,修养品德以此生存于世间。穷困时独善其身,得志时就显达于天下。"

（十）

原文

孟子曰："待文王而后兴者,凡民也。若夫豪杰之士,虽无文王犹兴。"

译文

孟子说："等文王那种圣君出世才奋发的,是平凡的百姓。至于才智过人的贤人,即使没有文王出现,也是能够奋发有为的。"

（十一）

原文

孟子曰："附之以韩、魏之家①，如其自视欿然②，则过人远矣。"

注释

①**韩、魏之家**：指春秋末期晋国六卿当中的韩、魏两家。这两家很富有，权势也很大。

②**欿然**：这里指谦虚。欿："坎"的假借字。

译文

孟子说："把韩、魏两家的财富都给他，如果他还能很谦虚，那他就远超普通人了。"

（十二）

原文

孟子曰："以佚道使民，虽劳不怨。以生道杀民，虽死不怨杀者。"

译文

孟子说："为了让百姓安逸而去役使百姓，百姓就算很劳累也不会怨恨；为了让百姓生存下去而杀人，被杀的人虽死也不会有怨恨之情。"

（十三）

原文

孟子曰："霸者之民，驩虞如也①，王者之民，皞皞如也②。杀之而不怨，利之而不庸③，民日迁善而不知为之者。夫君子所过者化，所存者神，上下与天地同流，岂曰小补之哉？"

注释

①驩虞：欢愉。

②皞皞：广大自得的样子。

③庸：酬劳。

译文

孟子说："以武力称霸的君主，其百姓欢乐欣喜。以仁德治国的君主，其百姓过着悠然自得的生活，这些人就算被杀也不会有所怨恨，得到好处也不会感谢别人，逐渐趋于向善，却不知道是谁使他们这样做的。圣人经过哪里，哪里就受到感化；住在哪里，哪里就有神奇的变化，造化之功与天地共同运转，怎么能说只是微小的补益呢？"

（十四）

原文

孟子曰："仁言不如仁声之入人深也①，善政不如善教之得民也。善政，民畏之；善教，民爱之。善政得民财，善教得民心。"

注释

①声：音乐。

译文

孟子说："仁德的言辞比不上仁德的音乐那样深入人心，良好的政治举措比不上良好的教育能获得民心。良好的政治举措只能让百姓畏惧它；良好的教育，百姓热爱它。良好的政治可以聚敛百姓的财富，良好的教育可以赢得民心。"

（十五）

原文

孟子曰："人之所不学而能者，其良能也①；所不虑而知者，其良知也。孩提之童②，无不知爱其亲者，及其长也，无不知敬其兄也。亲亲,仁也;敬长,义也;无他,达之天下也。"

注释

①**良能**:天然的善良本性。

②**孩提之童**:两三岁的孩子。

译文

孟子说:"有些事人们不经学习就可以做到,这是人所拥有的良能;不经思考就能知道的,这是人拥有的良知。年幼的孩子,没有不知道应当爱父母的;长大后,没有不知道要敬重兄长的。爱父母就是仁,敬兄长就是义,这种情况出现的原因,只因为仁和义是通行天下的品质。"

(十六)

原文

孟子曰:"舜之居深山之中,与木石居,与鹿豕游,其所以异于深山之野人者几希。及其闻一善言,见一善行,若决江河,沛然莫之能御也①。"

注释

①**沛然**:水势浩大的样子。

译文

孟子说:"舜居住在深山里时,生活在树木、石头之间,与鹿、猪相处,他与深山里不开化百姓的差别是很小的。等他听到一句善言,见到一种善行,就能马上实行,犹如决口的江河一般,澎湃之势无人可挡。"

(十七)

原文

孟子曰:"无为其所不为,无欲其所不欲,如此而已矣。"

译文

孟子说:"不让他干不想干的事,不让他想不想要的东西,这就可以了。"

(十八)

原文

孟子曰:"人之有德、慧、术、知者,恒存乎疢疾^{chèn}①。独孤臣孽子②,其操心也危,其虑患也深,故达。"

注释

①疢疾:义同"灾患"。

②孤臣孽子:孤臣,受疏远的臣子。孽子,非正妻所生之子,即庶子,地位较低。

译文

孟子说:"有德行、智慧、道术、见识的人,是由于他生活在祸患之中。只有那些孤臣和孽子,他们有着警惕不安的心理,考虑忧患非常深远,所以才能显达。"

(十九)

原文

孟子曰:"有事君人者,事是君则为容悦者也;有安社稷臣者,以安社稷为悦者也;有天民者①,达可行于天下而后行之者也;有大人者②,正己而物正者也。"

注释

①天民:朱熹《四书集注》云:"民者,无位之称,以其全尽

● 圣门四科

天理，乃天之民，故谓之天民。"

②**大人**：圣人。

译 文

孟子说："只为侍奉君主这个人的臣子，侍奉君主就是为了取悦君主；有安定国家的臣子，就是以安定国家为乐；有不做官而懂得大道的人，那是等自己的'道'能在天下推行之时出来行道的人；有圣人，那是端正了自己，而外物随之得以端正的人。"

（二十）

原 文

孟子曰："君子有三乐，而王天下不与存焉。父母俱存，兄弟无故①，一乐也；仰不愧于天，俯不怍于人②，二乐也；得天下英才而教育之，三乐也。君子有三乐，而王天下不与存焉。"

注 释

①**故**：灾厄疾病。

②**怍**：惭愧。

译 文

孟子说："君子有三件乐事，称王天下这件事是不包括在内的。父母都健在，兄弟没病灾，这是第一件乐事；抬头无愧于天，低头无愧于人，这是第二件乐事；得到天下间的优秀人才并教育他们，这是第三件乐事。君子有这三件乐事，称王天下这件事是不包括在内的。"

（二十一）

原 文

孟子曰："广土众民，君子欲之，所乐不存焉；中天下而立，定四海之民，君子乐之，所性不存焉。君子所性，虽大行不加焉，虽穷居不损焉,分定故也。君子所性,仁、义、礼、智根于心,其生色也睟然①,见于面,盎于背②,施于四体③,四体不言而喻。"

注释

①睟然:润泽的样子。

②盎:充沛。

③施:延伸到。

译文

孟子说:"辽阔的土地,众多的人口,是君子想得到的,但他的快乐不在于这些东西;站在天下的中央,安定天下百姓,君子为此感到快乐,但他的本性不在这里。君子的本性,即使他的理想都实现了,也不会因此而增加,就算窘困也不会减少,这是由于其本性已经确定的缘故。君子的本性,仁、义、礼、智扎根于其中,它们产生的颜色是纯正润泽的,显现在脸上,充盈于脊背,延伸到四肢。只是通过四肢的动作,无须话语,别人就明白该怎样做了。"

(二十二)

原文

孟子曰:"伯夷辟纣①,居北海之滨,闻文王作,兴曰:'盍归乎来,吾闻西伯善养老者。'太公辟纣,居东海之滨,闻文王作,兴曰:'盍归乎来,吾闻西伯善养老者。'天下有善养老,则仁人以为己归矣。五亩之宅,树墙下以桑,匹妇蚕之,则老者足以衣帛矣。五母鸡,二母彘,无失其时,老者足以无失肉矣。百亩之田,匹夫耕之,八口之家足以无饥矣。所谓西伯善养老者,制其田里,教之树畜,导其妻子使养其老。五十非帛不暖,七十非肉不饱。不暖不饱,谓之冻馁。文王之民,无冻馁之老者,此之谓也。"

注释

①辟：通"避"。

译文

孟子说："伯夷躲避商纣王，隐居在北海边，听说周文王兴起，就说：'何不去他那里呢，我听说西伯善于奉养老人。'姜太公躲避商纣王，隐居在东海边，听说文王兴起，就说：'何不去他那里呢，我听说西伯善于奉养老人。'天下有善于奉养老人的人，仁人便把他当作是自己应当去投奔的人了。五亩大小的院落，在墙下栽上桑树，妇女用它养蚕，老人就可以穿上丝绸衣服了。养五只母鸡、两头母猪，让它们繁殖后代，老人就不会缺肉吃了。一百亩的耕地，由男子辛勤耕种，八口之家就不会饥饿了。所谓西伯善于奉养老人，就在于他规定了土地制度，教育百姓栽桑养畜，引导晚辈奉养老人。五十岁的人，不穿丝棉就感觉不到温暖，七十岁的人，没有肉就吃不饱。不暖不饱，就算是挨饿受冻。文王的百姓中没有挨饿受冻的老年人，说的就是这种情况。"

（二十三）

原文

孟子曰："易其田畴①，薄其税敛，民可使富也。食之以时，用之以礼，财不可胜用也。民非水火不生活，昏暮叩人之门户求水火，无弗与者，至足矣。圣人治天下，使有菽粟如水火。菽粟如水火，而民焉有不仁者乎？"

注释

①易：整理修治。

译文

孟子说："让百姓修整好土地，减轻赋税，就可以使百姓富足。按一定时令来安排饮食，按礼的规定安排花销，财物就用不完了。百姓没有水和火就无法生存，晚上敲别人的门求水讨火，没有人会不给，因为每户人家的水、火都很充裕。圣人治理天下，就要让百姓的粮食多得犹如水火。粮食多得犹如水火，那么老百姓哪里会不仁爱呢？"

（二十四）

原文

孟子曰："孔子登东山而小鲁，登泰山而小天下，故观于海者难为水，游于圣人之门者难为言。观水有术，必观其澜。日月有明，容光必照焉①。流水之为物也，不盈科不行②；君子之志于道也，不成章不达。"

注释

①**容光**：很小的缝隙。

②**科**：坑洼之处。

译文

孟子说："孔子登上东山，觉得鲁国变小了，登上泰山，觉得天下变小了，所以看过大海的人，就难以被河流所吸引，在圣人门下学习的人，就难以被其他言论所吸引。观赏水有一定的方法，一定要观赏其波澜。日月都有光，连细小的缝隙都可以照亮。流水这种东西，不流满坑洼之处就不再向前流淌；君子寻求道的志向，不到一定的程度就无法通达。"

（二十五）

原文

孟子曰："鸡鸣而起，孳孳为善者①，舜之徒也；鸡鸣而起，孳孳为利者，跖之徒也②。欲知舜与跖之分，无他，利与善之间也③。"

注释

①**孳孳**：勤勉。

②跖：盗跖。

③间：差异，不同之处。

译 文

孟子说："鸡鸣时分就起身，孜孜不倦来行善的，是舜这样的人；鸡鸣时分就起身，孜孜不倦追求利益的，是跖这样的人。要想知道舜和跖的区别，没有别的东西，只在目的是行善还是求利罢了。"

（二十六）

原 文

孟子曰："杨子取为我①，拔一毛而利天下，不为也。墨子兼爱，摩顶放踵利天下②，为之。子莫执中③；执中为近之。执中无权，犹执一也。所恶执一者，为其贼道也，举一而废百也。"

注 释

①杨子：即杨朱。

②摩顶放踵：从头到脚都有伤。

③子莫：战国时鲁国的贤人。

译 文

孟子说："杨子奉行'为我'的主张，拔根毛发就对天下有利，他都不愿意去做。墨子主张'兼爱'，只要对天下有利，即便让头发光秃，脚跟磨破也要去做。子莫主张中道，认为中道是最接近仁义之道的。但持中道却不知变通，就与偏执无异。厌恶偏执的原因是其会损害仁义之道，抓住了局部而丢弃了其他的一切。"

（二十七）

原 文

孟子曰："饥者甘食，渴者甘饮，是未得饮食之正也，饥渴害之也。岂惟口腹有饥渴之害？人心亦皆有害。人能无以饥渴之害为心害，则不及人不为忧矣。"

译文

孟子说："饥饿的人会感觉吃什么都好，口渴的人觉得喝什么都棒，这并没有尝到饮食原本的味道，是饥渴损害了人的味觉。难道只有嘴巴与肚子会受到饥渴的损害吗？人心也都会受到这种损害。人们能够不把饥渴的损害转化为对心的损害，那么就算不如别人，也不必为此忧虑了。"

（二十八）

原文

孟子曰："柳下惠不以三公易其介。"

译文

孟子说："柳下惠不会因为身处三公的高位而改变其操守。"

（二十九）

原文

孟子曰："有为者辟若掘井①，掘井九轫而不及泉②，犹为弃井也。"

注释

①辟若：通"譬若"，犹如。
②轫：同"仞"。古代七尺（一说八尺）为一仞。

译文

孟子说："做事好比挖井，挖了七八丈深还没挖出泉水，依然是口废井。"

（三十）

原文

孟子曰："尧、舜，性之也；汤、武，身之也；五霸，假之也。久假而不归，恶知其非有也？"

译文

孟子说："尧、舜将仁义作为自己的本性，商汤、武王是亲身体验实践仁义，五霸是假借仁义为己所用。假借久了而没有归还，哪能知道他们原本是没有仁义的呢？"

（三十一）

原文

公孙丑曰："伊尹曰：'予不狎于不顺①，放大甲于桐②，民大悦。大甲贤，又反之③，民大悦。'贤者之为人臣也，其君不贤，则固可放与？"

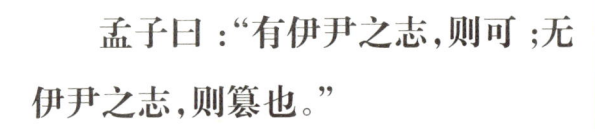

孟子曰："有伊尹之志，则可；无伊尹之志，则篡也。"

注释

①狎：过于亲昵而不够庄重。

②大甲：商代第四任国君太甲。大：通"太"。

③反：通"返"。太甲改过自新后，伊尹重新让他当上了国君。

译文

公孙丑说："伊尹说：'我不会亲近不能

遵循仁义的人，将太甲放逐到桐邑，百姓很高兴；太甲改过，又让他回来当国君，百姓很高兴。'贤人作为臣子，其君主不贤明，就可以放逐国君吗？"

孟子说："有伊尹那样的心志，就可以；没有伊尹那样的心志，那便是篡位了。"

（三十二）

原文

公孙丑曰："《诗》曰：'不素餐兮①。'君子之不耕而食，何也？"

孟子曰："君子居是国也，其君用之，则安富尊荣；其子弟从之，则孝悌忠信。'不素餐兮'，孰大于是？"

注释

①此句出自《诗经·魏风·伐檀》。

译文

公孙丑说："《诗经》上说：'不能白吃饭啊。'君子不耕种，却也能吃饭，这是什么道理呢？"

孟子说："君子居住在这个国家，君主任用他，便能得到安定、富足、尊贵、荣耀；其弟子追随他，就可以孝顺父母、尊敬兄长、忠诚守信。'不能白吃饭啊'，有什么比能做到这些更重要呢？"

（三十三）

原文

王子垫问曰①："士何事？"

孟子曰："尚志。"

曰："何谓尚志？"

曰："仁义而已矣。杀一无罪，非仁也；非其有而取之，非义也。居恶在？仁是也；路恶在？义是也。居仁由义，大人之事备矣。"

[注释]

①王子垫：齐王之子，名垫。

[译文]

王子垫问道："士人该做哪些事？"

孟子说："使自己的志行高尚。"

王子垫问："什么叫使自己志行高尚？"

孟子说："遵行仁义。杀一个无罪的人是不仁的；占有不属于自己的东西，是不义的。住所在哪里？以仁为家；该走的道路在哪里？以义为路。以仁为家，以义为路，居高位者所需要具备的素质就都有了。"

（三十四）

[原文]

孟子曰："仲子①，不义与之齐国而弗受，人皆信之。是舍箪食豆羹之义也。人莫大焉亡亲戚、君臣、上下。以其小者信其大者，奚可哉？"

[注释]

①仲子：即陈仲子。

[译文]

孟子说："陈仲子，如果是不合道义的事，就算把齐国送给他，他也不会接受，人人都相信这一点，不过这只是犹如拒绝一筐饭、一碗羹那样的小义罢了。人的罪过没有比不讲亲属、君臣、尊卑更大的了。因为他有小义就相信他有大义，有这样的想法怎么能行呢？"

（三十五）

[原文]

桃应问曰①："舜为天子，皋陶为士，瞽瞍杀人，则如之何？"

孟子曰："执之而已矣。"

"然则舜不禁与？"

曰："夫舜恶得而禁之？夫有所受之也。"

"然则舜如之何？"

曰："舜视弃天下犹弃敝蹝也。窃负而逃，遵海滨而处，终身䜣然②，乐而忘天下。"

注 释

①桃应：孟子弟子。

②䜣然：高兴的样子。

译 文

桃应问道："舜是天子，皋陶是法官，如果舜的父亲瞽瞍杀了人，那该怎么办？"

孟子说："把他捉起来就可以了。"

桃应问："那么，舜不会去加以阻止吗？"

孟子说："舜哪里会去阻止呢？皋陶是秉公办事的。"

桃应问："那么舜应该怎么做？"

孟子说："舜把抛弃天下看得如同丢弃破草鞋一样。因此他会偷偷背着父亲逃跑，在海边定居，一辈子都高高兴兴的，快乐得忘记了全天下。"

（三十六）

原 文

孟子自范之齐①，望见齐王之子，喟然叹曰："居移气，养移体，大哉居乎！夫非尽人之子与？"

孟子曰："王子宫室、车马、衣服，多与人同，而王子若彼者，其居使之然也；况居天下之广居者乎②？鲁君之宋，呼于垤泽之门③。

守者曰：'此非吾君也，何其声之似我君也？'此无他，居相似也。"

注释

①范：齐国地名，其地在今山东省范县东南。

②广居：仁义。

③垤泽之门：宋国都城的城门。

译文

孟子从范邑前往齐国，远远地看到齐王之子，感慨地说："居住环境可以改变人的气质，奉养能改变体质，人所处的环境真的很重要！他和别人不都是为人子者吗？"

孟子说："王子的宫室、车马、衣服多半跟别人的是一样的，而王子却与众不同，是因为其所处的环境使他变得这样的；何况居住在'仁'这个天地间最广阔的住所中的人呢？鲁君到宋国去，在宋国的垤泽城门下要求开门，守门人议论：'这个人并不是国君，为什么他的声音与我们的国君如此相似呢？'这没有其他的原因，国君所处的环境相似而已。"

（三十七）

原文

孟子曰："食而弗爱，豕交之也；爱而不敬，兽畜之也。恭敬者，币之未将者也。恭敬而无实，君子不可虚拘。"

译文

孟子说："只给吃的东西而不加以爱抚，那就犹如对猪一样；爱抚而不加以恭敬，那就犹如养牲口一样。恭敬之心，是礼物送来前就应当具备的。仅有恭敬的形式，却没有真诚，君子就不可能因为虚伪的礼仪而接受。"

（三十八）

原文

孟子曰："形色①，天性也；惟圣人然后可以践形。"

> 注 释

①形：君子的身体。色：女子的容貌。

> 译 文

孟子说："形体与容貌是上天赋予的，只有成为圣人才可以无愧于形态之美。"

（三十九）

> 原 文

齐宣王欲短丧。公孙丑曰："为期之丧，犹愈于已乎？"

孟子曰："是犹或绍其兄之臂，子谓之姑徐徐云尔，亦教之孝悌而已矣。"

王子有其母死者，其傅为之请数月之丧①。公孙丑曰："若此者，何如也？"

曰："是欲终之而不可得也。虽加一日愈于已，谓夫莫之禁而不为者也。"

> 注 释

①**王子有其母死者，其傅为之请数月之丧**：据《仪礼·丧服记》的记载，王子在母亲（诸侯之妾）死后，因父亲还在，不必服丧，只在下葬时穿麻衣而已，因此"数月之丧"也就不是短丧了。

> 译 文

齐宣王希望能够缩短为时三年的丧期。

公孙丑说："子女为父母服丧一年，总要比不为父母服丧要好吧？"

孟子说："这就犹如有人在扭他哥哥的臂膀，你却对他说暂且慢慢扭这一类的话，还是你只要以孝侍奉父母、尊敬兄长的道理去教育他，避免让他去扭兄长的臂膀就可以了。"

有一位王子的生母去世了，他的老师为他去请求国君，允许他为母服丧几个月。

公孙丑问道:"像这样的事,我们应当怎样去看待?"

孟子说:"这是希望为母服丧三年而无法做到所采取的办法。就算多为之服丧一天也总比没有服丧的好,这是针对那些没有人去禁止他,而他自己不肯去服丧的人来说的。"

(四十)

原文

孟子曰:"君子之所以教者五:有如时雨化之者,有成德者,有达财者①,有答问者,有私淑艾者。此五者,君子之所以教也。"

注释

①财:同"才"。

译文

孟子说:"君子用来教育他人的方法有五种:有如及时雨般滋润他人的,有帮助他人养成良好品德的,有帮助别人发展其才能的,有帮助别人解答疑惑的,有将自己的德行流传后世为后人所学习的。这五种就是君子用来教育他人的方法。"

(四十一)

原文

公孙丑曰:"道则高矣,美矣,宜若登天然,似不可及也;何不使彼为可几及而日孳孳也?"

孟子曰:"大匠不为拙工改废绳墨①,羿不为拙射变其彀率。君子引而不发,跃如也。中道而立,能者从之。"

注释

①绳墨:木工取直所用的工具。

译 文

公孙丑说:"圣人之道是非常崇高的,也近乎完美,但想要追求圣人之道犹如登天一般,似乎是不可能完成的;何不让它变得有希望实现,从而使大家都可以每天不懈追求呢?"

孟子说:"高明的木匠不会由于笨拙的工匠而放弃使用绳墨,羿不会由于笨拙的射手而改变自己拉弓的标准。君子将弓拉满却不将箭射出,仅仅是跃跃欲试地加以示范。君子站立在道路的中间,有能力的人便会跟随他。"

(四十二)

原 文

孟子曰:"天下有道,以道殉身;天下无道,以身殉道。未闻以道殉乎人者也。"

译 文

孟子说:"天下世道清明,大道就可以被我施行;天下混乱黑暗,不惜为大道而献身。没听说我会牺牲大道而去迎合有权势之人的。"

(四十三)

原 文

公都子曰:"滕更之在门也①,若在所礼而不答,何也?"

孟子曰:"挟贵而问,挟贤而问,挟长而问,挟有勋劳而问,挟故而问,皆所不答也。滕更有二焉。"

注 释

①滕更:滕国国君的弟弟,孟子弟子。

译 文

公都子说:"滕更在您门下学习知识时,似乎应该是被以礼相待的人,然而您却没有回答他的问题,这是为什么呢?"

孟子说:"倚仗自己的权位来发问,倚仗自己的才能来发问,倚仗自己的年岁较长来发问,倚仗自己立下了功劳来发问,倚仗与人有故交来发问,这些情况的发问都是我不愿去回答的。滕更的情况对应其中的两点。"

(四十四)

原文

孟子曰:"于不可已而已者,无所不已。于所厚者薄,无所不薄也。其进锐者,其退速。"

译文

孟子说:"对于不应当半途而废的事却放弃了,那就没有什么事是不会半途而废的了。对于该厚待的人却很刻薄,那就对任何人都会刻薄的了。那些进步很快的人,退步起来也很快。"

(四十五)

原文

孟子曰:"君子之于物也,爱之而弗仁;于民也,仁之而弗亲。亲亲而仁民,仁民而爱物。"

译文

孟子说:"君子对于万物,爱惜他们而不施予仁爱;君子对于百姓,施予仁爱而不对他们太亲近。君子首先由亲近亲人,进而将仁爱施予百姓;再由仁爱百姓推广到爱惜万物。"

（四十六）

原　文

　　孟子曰："知者无不知也，当务之为急；仁者无不爱也，急亲贤之为务。尧、舜之知而不遍物，急先务也；尧、舜之仁不遍爱人，急亲贤也。不能三年之丧，而缌、小功之察①；放饭流歠②（chuò），而问无齿决③，是之谓不知务。"

注　释

①**缌、小功**：丧服名。古代丧服分为斩衰、齐衰、大功、小功、缌麻五个等级，服丧期相应分为三年、一年、九个月、五个月、三个月不等。

②**放饭流歠**：大口吃饭、大口喝汤。按礼的规定，在尊长面前这样吃喝，是大不敬的行为。

③**齿决**：此指用牙咬断干肉。这种做法是不礼貌的。

译　文

　　孟子说："智者原本应当无所不知，但当前正在做的事是其最急于了解的；仁人本应无所不爱，但亲人和贤人是他们最急于去爱的目标。尧、舜的智慧无法遍知所有事物，是因为急于去完成当下的大事；尧、舜的仁爱不能遍及所有人，是因为要先爱亲人和贤人。不能为父母服丧三年的人，却对缌麻、小功这类只需要服丧三五个月的丧礼很重视；在尊长面前大吃大喝，却讲究不以牙齿咬断干肉这种小礼节，这就是不识大体。"

尽心下

本篇共三十八章，依然主要以仁为论述的核心，主要围绕"仁"和"不仁"在战争年代及生活当中的具体表现进行阐释，体现孟子的民本思想、教育理念、修养自身品德等理论。

孟子在这一篇当中对于仁进行了新的界定："仁也者，人也，合而言之，道也。"也就是说，人的根本属性就是"仁"，"仁"是人的本心，也是人们处理各类事务的指导原则，而孝悌之道为"仁"的根本。在政治层面上，"仁"的表现就是"民贵君轻"思想，于是才有了那句著名的千古名言"民为贵，社稷次之，君为轻"，这句话也是孟子仁政思想的根源。

此外，孟子在本篇当中还提出了自己理想当中的人格及其体系，他把人格区分为善、信、美、大、圣、神六个层次："可欲之谓善，有诸己之谓信，充实之谓美，充实而有光辉之谓大，大而化之之谓圣，圣而不知之谓神。"

孟子对于教育理论与思想也提出了自己的体系：首先，他有明确的育人宗旨，同时，建立出入自由的教育体制。其次，提出教师应当以身作则，德才兼备。第三，教育方法应当灵活多变，因材施教。

本篇当中，孟子再次对修身的重要性进行了阐释，并将其提升到人生最高价值的高度。希望人们能够谨言慎行，勤奋自信。

（一）

原文

孟子曰："不仁哉，梁惠王也！仁者以其所爱及其所不爱，不仁者以其所不爱及其所爱。"

公孙丑问曰："何谓也？"

"梁惠王以土地之故，糜烂其民而战之，大败，将复之，恐不能胜，故驱其所爱子弟以殉之，是之谓以其所不爱及其所爱也。"

译文

孟子说："梁惠王真的是不仁德啊！仁人将他对所爱的人的恩德推广到他所不爱的人身上，不仁者会把他加给他所不爱的人身上的祸害施加到他所爱的人身上。"

公孙丑问道："为什么要这样说呢？"

孟子说："梁惠王由于争夺土地的原因，驱使百姓去为自己作战而使得他们尸骨腐烂，战败后还准备再打，担心自己不能取胜，所以又驱使他所喜爱的子弟去战场送死，这就叫把他加给他所不爱的人的祸害施加到他所爱的人身上。"

（二）

原文

孟子曰："春秋无义战。彼善于此，则有之矣。征者，上伐下也，敌国不相征也。"

译文

孟子说:"春秋时代没有符合道义原则的战争。那一国要比这一国好一些的情况,还是存在的。所谓征,是指天子带兵去讨伐诸侯,诸侯国之间是不能彼此征讨的。"

(三)

原文

孟子曰:"尽信《书》,则不如无《书》。吾于《武成》①,取二三策而已矣②。仁人无敌于天下,以至仁伐至不仁,而何其血之流杵也?"

注释

①《武成》:《尚书》篇名,已失传。东汉王充在《论衡·艺增》上说:"夫《武成》之篇,言武王伐纣,血流浮杵,助战者多,故至血流如此。"

②策:竹简。

译文

孟子说:"完全相信《尚书》的记载,不如没有《尚书》这本书。我对《尚书》当中的《武成》篇,相信的部分只是其中的二三页罢了。仁人无敌于天下,最有仁德的周武王去讨伐商纣那种最不仁德的人,怎么会使血流得将舂米的木棒都漂起来的程度呢?"

(四)

原文

孟子曰:"有人曰,'我善为陈①,我善为战。'大罪也。国君好仁,天下无敌焉。南面而征,北夷怨;东面而征,西夷怨,曰:'奚为后我？'武王之伐殷也，革车三百两②，虎贲三千人。王曰：'无畏！宁尔也，非敌百姓也。'若崩厥角稽首③。征之为言正也，各欲正己也，焉用战？"

注释

①**陈**：同"阵"。
②**两**：通"辆"。
③**厥角**：磕头。

译文

孟子说："有人说，'我擅长布阵，我擅长打仗。'不清楚这是大罪。国君爱好仁，就可以天下无敌。商汤征伐南方，北方的民族就会抱怨；征伐东方，西方的民族就会抱怨。抱怨说：'为什么要把我们这里放在后来进行征伐？'武王讨伐殷商，拥有战车三百辆、勇士三千人。武王对殷商的百姓说：'不必害怕，我们是来让你们安宁的，不是来与百姓为敌的。'殷商百姓磕头的声音犹如山岩崩塌一样。'征'就是'正'的意思。如果每个人都有端正自己的打算，哪里还用得着打仗呢？"

（五）

原文

孟子曰："梓、匠、轮、舆能与人规矩，不能使人巧。"

注释

①**梓、匠、轮、舆**：梓，制作器具的工匠。匠，建造房屋的工匠。轮，制造车轮的工匠。舆，制造车厢的工匠。

译文

孟子说："制作器具、房屋、车轮与车厢的工匠能教给人圆规、曲尺的使用方法，却不能使人技术精湛。"

（六）

原文

孟子曰："舜之饭糗(qiǔ)茹草也①，若将终身焉；及其为天子也，被袗衣，鼓琴，二女果(wǒ)②，若固有之。"

注释

①饭糗：饭，动词，吃。糗，干粮。
②果：通"婐"，侍女，这里是动词，侍候。

译文

孟子说："舜在吃干粮、咽野菜时，似乎一辈子都要这样度过。等到他当了天子后，穿着细葛布的衣服，弹着琴，尧的两个女儿在一旁侍奉，又似乎从一开始就过着这样的生活。"

（七）

原文

孟子曰："吾今而后知杀人亲之重也：杀人之父，人亦杀其父；杀人之兄，人亦杀其兄。然则非自杀之也，一间(jiàn)耳。"

译文

孟子说："我从现在开始才知道杀害其他人的亲人的严重性：杀害别人的父亲，人家也会杀他的父亲；杀了别人的哥哥，人家也会杀他的哥哥。尽管不是他杀了自己的父亲和哥哥，但也相差无几了。"

（八）

原文

孟子曰："古之为关也，将以御暴；今之为关也，将以为暴。"

> 【译文】
>
> 孟子说:"古代的时候设立关卡,是依靠它抵御残暴的人;而如今设立关卡,却是想用它来实施残暴的事。"

(九)

> 【原文】
>
> 孟子曰:"身不行道,不行于妻子;使人不以道,不能行于妻子。"

> 【译文】
>
> 孟子说:"自己不按道义做事,他的妻子儿女也实行不了道义;不以道义去役使别人,那就连妻子儿女也役使不了。"

(十)

> 【原文】
>
> 孟子曰:"周于利者,凶年不能杀①;周于德者,邪世不能乱。"

> 【注释】
>
> ①杀:困窘。

> 【译文】
>
> 孟子说:"有很多财富的人,就算遇到荒年也不会困窘;道德高尚的人,身处乱世也不会迷惑。"

(十一)

> 【原文】
>
> 孟子曰:"好名之人能让千乘之国,苟非其人,箪食、豆羹见于色。"

译文

孟子说:"喜好名声的人,能够辞让拥有千辆兵车的国家的国君之位,如果不是这样的人,就算让出一小筐饭、一碗汤,脸上也会显得不高兴的神色。"

(十二)

原文

孟子曰:"不信仁贤,则国空虚;无礼义,则上下乱;无政事,则财用不足。"

译文

孟子说:"不信任仁人贤士,国家的实力就会出现空虚;没有礼义,上下级的关系就会混乱;没有政事,国家的财力就会不足。"

(十三)

原文

孟子曰:"不仁而得国者,有之矣;不仁而得天下者,未之有也。"

译文

孟子说:"不仁的人获得一国的情况是有的;不仁的人却得到天下,是从来没有出现过的。"

(十四)

原文

孟子曰:"民为贵,社稷次之,君为轻。是故得乎丘民而为天子①,得乎天子为诸侯,得乎诸侯为大夫。诸侯危社稷,则变置。牺牲既成,粢盛既絜②,祭祀以时,然而旱干水溢,则变置社稷。"

【注释】

① 丘民：众民。
② 粢盛：祭祀时用的饭食。絜：洁净。

【译文】

孟子说："百姓是最重要的，土谷之神的地位次于百姓，再次是君主。所以得到许多百姓的拥护就可以成为天子，获得天子的信任就可以当诸侯，得到诸侯的信任就可以当大夫。诸侯危害了国家，那就改立诸侯。祭祀用的牲畜是肥壮的，谷物是洁净的，又能够按时祭祀，然而这个国家还是出现干旱、洪水，那就改立土谷之神。"

（十五）

【原文】

孟子曰："圣人，百世之师也，伯夷、柳下惠是也。故闻伯夷之风者，顽夫廉，懦夫有立志；闻柳下惠之风者，薄夫敦，鄙夫宽。奋乎百世之上，百世之下，闻者莫不兴起也。非圣人而能若是乎？而况于亲炙之者乎①？"

【注释】

① 亲炙：直接受到熏陶。

【译文】

孟子说："圣人是百代人的老师，伯夷、柳下惠都是这种人。所以，听说过伯夷的风范的，贪婪的人会变得廉洁，懦弱的人会有自立的决心；听说过柳下惠的风范的，刻薄的人会变得敦厚，狭隘的人会变得心胸宽广。圣人在百代之前奋发有为，在百代之后，听说过圣人事迹的人，没有不振作的。不是圣人能做到这样的事情吗？（百代以后的影响尚且如此巨大，）何况是亲身受过他们熏陶的人呢？"

（十六）

原文

孟子曰："仁也者，人也。合而言之，道也。"

译文

孟子说："仁就是人。人和仁结合起来，就是道。"

（十七）

原文

孟子曰："孔子之去鲁，曰：'迟迟吾行也，去父母国之道也。'去齐，接淅而行，去他国之道也。"

译文

孟子说："孔子离开鲁国时，说道：'我要缓慢地走啊。'这是离开祖国的态度。离开齐国时，孔子将淘洗好了的米捞起来就走，这是离开其他国家时的态度。"

（十八）

原文

孟子曰："君子之厄于陈、蔡之间①，无上下之交也。"

注释

①君子之厄于陈、蔡之间：《史记·孔子世家》记载，（哀公四年）楚国想要让孔子来楚国为官，孔子前往楚国，而陈、蔡两国大夫担心孔子被楚任用后对他们不利，于是派人包围孔子，致使孔子和他的弟子断粮多日，险些饿死。君子：指孔子。厄：同"厄"，受困。

译文

孟子说："孔子在陈国与蔡国之间遭到围困，是由于跟这两国的君臣没有交情的缘故。"

（十九）

原文

貉稽曰①："稽大不理于口。"

孟子曰："无伤也。士憎兹多口。《诗》云：'忧心悄悄，愠于群小。'②孔子也。'肆不殄厥愠，亦不殒厥问。'③文王也。"

注释

①貉稽：人名，生平不详。
②以上两句出自《诗经·邶风·柏舟》。
③以上两句出自《诗经·大雅·绵》。

译文

貉稽说："我被别人说了很多坏话。"

孟子说："没关系的。士人憎恶这种诋毁。《诗经》上说：'忧心忡忡，被小人忌恨。'孔子就是这样的人。孟子又说：'虽然不能消除别人的怨恨，也不会丧失自己的好名声。'周文王就是这种人。"

（二十）

原文

孟子曰："贤者以其昭昭，使人昭昭；今以其昏昏，使人昭昭。"

译文

孟子说："贤人自己明白道理，再使别人也明白；现在的人连自己都不明白道理，却想让别人明白。"

(二十一)

原文

孟子谓高子曰:"山径之蹊间,介然用之而成路;为间不用,则茅塞之矣。今茅塞子之心矣。"

译文

孟子对高子说:"山坡上的小路很窄,经常有人走才成了路,隔几天没有人走动,茅草就会堵塞住那里。现在'茅草'已经堵塞住你的心。"

(二十二)

原文

高子曰:"禹之声尚文王之声。"

孟子曰:"何以言之?"

曰:"以追蠡①。"

曰:"是奚足哉?城门之轨,两马之力与?"

注释

①追:钟纽。蠡:要断裂的样子。

译文

高子说:"禹的音乐胜过文王的音乐。"

孟子问:"这么说的依据是什么?"

高子说:"因为禹时代传下来的钟上的钟纽都快断掉了。"

孟子说:"这种证据能说明什么问题呢?城门下的车辙印非常深,是一两匹马的力量造成的吗?"

（二十三）

原文

齐饥。陈臻曰："国人皆以夫子将复为发棠①，殆不可复？"

孟子曰："是为冯妇也。晋人有冯妇者，善搏虎，卒为善士。则之野，有众逐虎，虎负嵎，莫之敢撄。望见冯妇，趋而迎之。冯妇攘臂下车。众皆悦之，其为士者笑之。"

注释

①发：开仓赈济灾民。棠：齐国地名。

译文

齐国出现饥荒。陈臻说："国都当中的人都认为老师会再次劝齐王打开棠邑的粮仓来赈济百姓，恐怕不会再这么做了吧？"

孟子说："这样做，我就成了冯妇。晋国有个叫冯妇的人，擅长打虎，后来行善就不再打虎了，士人都效仿他。一天，野外有许多人在追逐一只虎，老虎背靠山脚，人们没法靠近它。大家远远看见冯妇，就跑上去迎接他。冯妇便挽起袖子下车打虎。大家都很高兴，可是那些士人却讥笑他。"

（二十四）

原文

孟子曰："口之于味也，目之于色也，耳之于声也，鼻之于臭也，四肢之于安佚也，性也。有命焉，君子不谓性也。仁之于父子也，义之于君臣也，礼之于宾主也，知之于贤者也，圣人之于天道也，命也。有性焉，君子不谓命也。"

译文

孟子说："嘴巴对美味，眼睛对美色，耳朵对好听的音乐，鼻子对香味，四肢对安逸，都是非常喜欢的，这是天性。但能否享受到，有命运在安排，所以君子不说这是天性。仁爱对于父子关系，道义对于君臣关系，礼仪对于宾主关系，智慧对于贤者，圣人对于天道，都是极度重要的，这都由命运决定。其中也有天性在起作用，所以君子不说这是命运。"

（二十五）

原 文

浩生不害问曰①："乐正子何人也？"

孟子曰："善人也，信人也。"

"何谓善？何谓信？"

曰："可欲之谓善，有诸己之谓信，充实之谓美，充实而有光辉之谓大，大而化之谓之圣，圣而不可知之之谓神。乐正子，二之中、四之下也。"

注 释

①**浩生不害**：姓浩生，名不害，齐国人。

译 文

浩生不害问道："乐正子是怎样一个人？"

孟子说："这是个善人、信人。"

浩生不害问："什么叫'善'？什么叫'信'？"

孟子说："值得别人喜爱的叫'善'，自己确实拥有'善'的就叫'信'，充实自身的'善'就叫'美'，充实自身的善信并使其光耀四方就称为'大'，大力推行善信使得天下人都能受到教化称为'圣'，'圣'达到不可测的程度就称为'神'。乐正子是在'善'和'信'二者之中，'美''大''圣''神'四者之下的人。"

（二十六）

原文

孟子曰："逃墨必归于杨，逃杨必归于儒。归，斯受之而已矣。今之与杨、墨辩者，如追放豚，既入其苙①，又从而招之②。"

注释

①苙：围栏，这里指猪圈。
②招：羁绊，这里指绑住。

译文

孟子说："避开墨子这一派的学说，必定会归入杨朱这一派学说；避开杨朱这一派学说，必定要回归到儒家这一派学说。回归了，接纳他们就可以了。而如今同杨朱、墨家辩论的人，好像在追赶逃走的猪，已经追回、赶进猪圈了，还要绑住它的脚。"

（二十七）

原文

孟子曰："有布缕之征，粟米之征，力役之征。君子用其一，缓其二。用其二而民有殍，用其三而父子离。"

译文

孟子说："有征收布帛的赋税，有征收粮食的赋税，有征发人力的徭役。君子征收其中一种，就缓征其他的两种；同时征收两种，百姓就会有饿死的；同时征收三种，百姓就会父子离散。"

(二十八)

原文

孟子曰:"诸侯之宝三:土地,人民,政事。宝珠玉者,殃必及身。"

译文

孟子说:"诸侯的宝物有三样:土地、人民、政事。把珍珠美玉当作宝物的,灾祸必将降临到他身上。"

(二十九)

原文

盆成括仕于齐①。

孟子曰:"死矣,盆成括!"

盆成括见杀,门人问曰:"夫子何以知其将见杀?"

曰:"其为人也小有才,未闻君子之大道也,则足以杀其躯而已矣。"

注释

①**盆成括**:姓盆成,名括,曾在孟子门下学习,但学业未成就离开了。

译文

盆成括在齐国当了官。

孟子说:"盆成括要丧命了!"

盆成括被杀后,学生问道:"老师怎么会知道盆成括将丧命?"

孟子说:"他有一些小才智,但不懂做君子的大道理,这就足以招来杀身之祸。"

（三十）

原文

孟子之滕，馆于上宫。有业屦于牖上①，馆人求之弗得。

或问之曰："若是乎从者之廋也②？"

曰："子以是为窃屦来与？"

曰："殆非也。夫子之设科也，往者不追，来者不拒。苟以是心至，斯受之而已矣。"

注释

①业屦：没有编好的草鞋。
②廋：藏匿。

译文

孟子来到滕国，居住在上宫。有一双还没编好的草鞋放在窗台上不见了，旅馆里的人来找也没找到。

有人问孟子："这样看来，是跟着你的人把鞋藏起来了吧？"

孟子说："你认为这些人是为了偷鞋而来到这里的吗？"

那人说道："大概不是。先生开设课程，对离开的学生不予追究，对来的人也不予拒绝。只要怀着求学愿望来的人，您就会接受他。"

（三十一）

原文

孟子曰："人皆有所不忍，达之于其所忍，仁也；人皆有所不为，达之于其所为，义也。人能充无欲害人之心，而仁不可胜用也；人能充无穿逾之心，而义不可胜用也；人能充无受尔汝之实①，无所往而不为义也。士未可以言而言，是以言餂之也②；可以言而不言，是以不言餂之也，是皆穿逾之类也。"

注释

①**尔汝**：尔、汝，都是第二人称代词，是古代尊长对晚辈用的称呼，如果平辈之间如此互相称呼，则是对对方的蔑视。

②**餂**：取。

译文

孟子说："每个人都有不忍心去做的事，把这种不忍心推广到他所忍心去做的事上，就是仁；人人都有不肯去做的事，把它推广到他所肯做的事上，就是义。一个人能把不想害人的心理推广开去，仁就用不尽了；一个人能把不愿扒洞翻墙进行盗窃的心理扩展开去，义就用不尽了；一个人能把不被人轻蔑的心理扩展开去，那么无论到哪里，言行都可以符合道义了。士人，不可以交谈而去与他交谈，这是用言语引诱对方；可以交谈却不去交谈，这是用沉默来引诱对方，这些都是扒洞翻墙之类的行径。"

（三十二）

原文

孟子曰："言近而指远者，善言也；守约而施博者，善道也。君子之言也，不下带而道存焉①；君子之守，修其身而天下平。人病舍其田而芸人之田，所求于人者重，而所以自任者轻。"

注释

①**不下带**：带，腰带。古人视不下带，即只看腰带之上的部分，此处比喻只注意眼前常见的事。

译文

孟子说："言语浅近而意蕴悠远，这就是善言；遵守很简单，施行起来却能广布恩泽，这是善道。君子的言论，说的虽然是眼前的事，而天道却蕴含其中；君子的操

守，是修养自身的，却能使天下太平。普通人的缺陷在于使得自己的田地荒芜，却要去耕种别人的田地，对别人的要求很多，而自己所承担的责任却很少。"

（三十三）

原文

孟子曰："尧、舜，性者也；汤、武，反之也。动容周旋中礼者，盛德之至也。哭死而哀，非为生者也。经德不回，非以干禄也。言语必信，非以正行也。君子行法，以俟命而已矣。"

译文

孟子说："尧、舜，是本性行善的人；商汤、武王，是通过修养自己的品德而回归善性的人。动作、仪容在与人交往时都符合礼的要求，这是美德的最高境界。哀悼死者时真情流露，不是为了让活人看到。遵循道德而没有违背之处，不是用来谋求官职。说的话必须是真实的，不是用来表明自己的品行没有问题的。君子做事要符合法度，以此来等待天命罢了。"

（三十四）

原文

孟子曰："说大人则藐之，勿视其巍巍然。堂高数仞，榱题数尺①，我得志，弗为也。食前方丈，侍妾数百人，我得志，弗为也。般乐饮酒，驱骋田猎，后车千乘，我得志，弗为也。在彼者，皆我所不为也；在我者，皆古之制也，吾何畏彼哉？"

注释

①榱题：屋檐下面的椽子，这里借指屋檐。

译文

孟子说："游说诸侯就要藐视诸侯，不要看他那种身处高位的神气。殿堂几丈高，屋檐几尺宽，我如果事业有成，就不会这么做。面前摆满美食，侍妾多达数百，我如果出人头地，就不这么做。饮酒作乐，驰骋打猎，让上千辆车子跟随，我要是得志了，就不这么做。他们的所作所为，都是我不愿去做的；我所愿去做的，都是符合古代制度的事，我为什么要畏惧他们呢？"

（三十五）

原文

孟子曰："养心莫善于寡欲。其为人也寡欲，虽有不存焉者，寡矣；其为人也多欲，虽有存焉者，寡矣。"

译文

孟子说："修养善心的方法，没有比减少欲望更好的了。一个人的欲望少，那么即使善心有所丧失，损失的部分也是很少的；一个人的欲望多，那么即使善心有存留的部分，也一定是很少的。"

（三十六）

原文

曾晳嗜羊枣①，而曾子不忍食羊枣。公孙丑问曰："脍炙与羊枣孰美？"

孟子曰："脍炙哉！"

公孙丑曰："然则曾子何为食脍炙而不食羊枣？"

曰："脍炙所同也，羊枣所独也。讳名不讳姓，姓所同也，名所独也。"

注释

①**羊枣**：即黑枣，因其形状、色泽类似羊屎，故称羊枣。

译 文

曾皙爱吃羊枣,曾皙死后,他的儿子曾子就不忍心再吃羊枣。公孙丑问道:"烤肉与羊枣,哪种食物的味道好?"

孟子说:"当然是烤肉!"

公孙丑又问:"曾子为什么吃烤肉而不吃羊枣?"

孟子说:"烤肉是大家都爱吃的食物,而羊枣是曾皙个人喜欢的食物。这样做就像避讳是只避讳名而不避讳姓一样,因为姓是很多人共有的,而名是一个人所独有的。"

(三十七)

原 文

万章问曰:"孔子在陈,曰:'盍归乎来!吾党之士狂简,进取不忘其初。'孔子在陈,何思鲁之狂士?"

孟子曰:"孔子'不得中道而与之,必也狂狷乎①!狂者进取,狷者有所不为也'。孔子岂不欲中道哉?不可必得,故思其次也。"

"敢问何如斯可谓狂矣?"

曰:"如琴张、曾皙、牧皮者②,孔子之所谓狂矣。"

"何以谓之狂也?"

曰:"其志嘐嘐然③,曰'古之人,古之人'。夷考其行,而不掩焉者也。狂者又不可得,欲得不屑不絜之士而与之,是獧也④,是又其次也。孔子曰:'过我门而不入我室,我不憾焉者,其惟乡原乎⑤!乡原,德之贼也。'"

曰:"何如斯可谓之乡原矣?"

曰:"'何以是嘐嘐也?言不顾行,行不顾言,则曰古之人,古之人。行何为踽踽凉凉⑥?生斯世也,为斯世也,善斯可矣。'阉然媚于世也者,是乡原也。"

万章曰:"一乡皆称原人焉,无所往而不为原人,孔子以为德之贼,何哉?"

曰:"非之无举也,刺之无刺也,同乎流俗,合乎污世,居之似忠信,行之似廉洁,众皆悦之,自以为是,而不可与入尧、舜之道,故曰'德之贼'也。孔子曰,恶似而非者:恶莠,恐其乱苗也;恶佞,恐其乱义也;恶利口,恐其乱信也;恶郑声,恐其乱乐也;恶紫,恐其乱朱也;恶乡原,恐其乱德也。君子反经而已矣。经正,则庶民兴;庶民兴,斯无邪慝矣。"

注释

①**狂狷**:具有不拘一格、积极进取而又洁身自好的品行的人。

②**琴张、牧皮**:均为人名,生平不详,有人认为均为孔子的学生。

③**嘐嘐**:志向远大、口气不凡。

④**獧**:同"狷"。

⑤**乡原**:指看起来恭谨忠厚,实际上却没有是非原则,苟同世俗,只图博取好名声的人。

⑥**踽踽凉凉**:孤单冷清的样子。

译文

万章问道:"孔子在陈国说:'为何不返回鲁国啊!我乡里的年轻弟子志向远大而狂放,想积极进取而不忘本。'孔子在陈国时,为什么要惦念鲁国那些狂放的人呢?"

孟子说:"孔子说过:'找不到坚持走中正之路的人与其交往,也一定要与狂放的人或狷介的人交往。狂放者能够积极进取,狷介者行事有所不为。'孔子难道不想结交行为符合中庸之道的人吗?但不一定能结交到这种人,所以想结交次一等的人。"

万章问:"请问什么样的人能被称作是狂放的人?"

孟子说:"像琴张、曾皙、牧皮这种人,就是孔子所说的狂放之人。"

万章问:"为什么说他们是狂放之人呢?"

孟子说:"他们志向远大、谈吐不凡,开口就要说'古人啊,古人啊'。然而考察他们的行动,却发现他们的行为与自己所说的话不完全相符。如果结交不到这种狂放之人,就想找到不屑于干肮脏污秽之事的人与其结交,这种人就是狷狷之人,这是又次一等的人物了。孔子说:'路过我门口而不进入我的屋子,我不感到遗憾的,大概只有乡原吧!乡原就是戕害道德的人。'"

万章问:"什么样的人能称他是乡原呢?"

孟子说:"这种人会说:'为什么会志向远大、谈吐不凡?言谈不顾行为,行为不顾言谈,却只会说古人啊,古人啊。行事为什么无人响应?生在这个时代,为这个时代做事,这样做就足够了。'如同阉人一样到处讨好别人的人就是乡原。"

万章问:"同乡都认为他是忠厚的人,他所到之处都被人认为是忠厚的人,孔子却认为这种人戕害道德,这是什么原因呢?"

孟子说:"想要批评这种人,却举不出具体的过错;要指责这种人,却又觉得没什么事情值得指责;这种人只是与污浊的社会和习俗同流合污,为人似乎是忠厚老实的,行事似乎很廉洁,大家都喜欢他,他也自以为自己不错,但是却不能与他一起学习尧舜之道,所以说这种人是'戕害道德的人'。孔子说过,我憎恶似是而非的事物:憎恶莠草,是怕把它与禾苗混淆;憎恶巧舌如簧、谄媚之人,是怕它淆乱了大义;憎恶夸夸其谈者,是怕它淆乱事实;憎恶郑国的音乐,是怕它搅乱了雅乐;憎恶紫色,是怕它使得大红之色混乱;憎恶乡原,是怕他扰乱道德。君子是要回归正道。正道不被扭曲,百姓就会奋发有所作为;百姓奋发有所作为,世间就不会有邪恶了。"

(三十八)

原文

孟子曰:"由尧、舜至于汤,五百有余岁,若禹、皋陶,则见而知之；若汤，则闻而知之。由汤至于文王，五百有余岁，若伊尹、莱朱①，则见而知之；若文王，则闻而知之。由文王至于孔子，五百有余岁，若太公望、散宜生②，则见而知之；若孔子，则闻而知之。由孔子而来至于今，百有余岁。去圣人之世，若此其未远也；近圣人之居，若此其甚也。然而无有乎尔，则亦无有乎尔！"

> [注释]

① **莱朱**：传说是商汤手下的贤臣。

② **太公望**：即吕尚。**散宜生**：姓散宜，名生，周文王手下的贤臣。

> [译文]

孟子说："从尧、舜到商汤，间隔五百多年，禹和皋陶，是亲眼见证过尧、舜之道；至于商汤，则是耳闻尧、舜之道。从商汤到周文王，间隔五百多年，伊尹和莱朱，是亲眼见证过商汤之道的；至于文王，则是耳闻商汤之道。从文王到孔子，又间隔五百多年，太公望和散宜生，是亲眼见证过文王之道；至于孔子，则是耳闻文王之道。从孔子到现在，间隔一百多年，离圣人的时代并不遥远，离圣人的家乡是这样接近，却没有人亲眼见过圣人之道，也就没有人可以耳闻圣人之道了！"